마닐라 갤리온 무역

마닐라 갤리온 무역

동서무역의 통합과 해상 실크로드의 역사

초판 발행일 2017년 6월 30일

지은이 서성철
펴낸이 강수걸
편집장 권경옥
편집 윤은미 정선재 박하늘바다
디자인 권문경
펴낸곳 산지니
등록 2005년 2월 7일 제333-3370000251002005000001호
주소 부산시 해운대구 수영강변대로140 부산문화콘텐츠콤플렉스 613호
전화 051) 504-7070 팩스 051) 507-7543
홈페이지 www.sanzinibook.com
전자우편 sanzini@sanzinibook.com
블로그 http://sanzinibook.tistory.com

ISBN 978-89-6545-427-4 93900

*책값은 뒤표지에 있습니다.
*이 저서는 2008년도 정부(교육과학기술부)의 재원으로 한국연구재단의 지원을 받아
수행된 연구입니다(NRF-2008-362-A00003).
*이 도서의 국립중앙도서관 출판예정도서목록(CIP)은 서지정보유통지원시스템
홈페이지(http://seoji.nl.go.kr)와 국가자료공동목록시스템(http://www.nl.go.kr/
kolisnet)에서 이용하실 수 있습니다. (CIP제어번호: CIP2017014391)

중남미지역원
학술총서 **27**

마닐라 갤리온 무역

동서무역의 통합과 해상 실크로드의 역사

서성철 지음

산지니

머리말

    16세기에서 19세기 초까지, 약 250년간에 걸쳐 진행되었던 마닐라 갤리온 무역은 세계 자본주의 경제의 중요한 이정표였다. 16세기, 포르투갈과 함께 해양왕국의 선두에 선 스페인은 아메리카 대륙을 정복, 식민하면서 지금의 멕시코에 누에바 에스파냐 부왕령을 세웠고, 마젤란의 태평양 루트 개척과 잇따른 원정대의 탐험을 통해 필리핀을 식민화했으며 이곳을 거점으로 아시아, 아메리카, 유럽을 잇는 무역을 유럽 그 어떤 나라보다 먼저 시작할 수 있었다. 이후 필리핀을 중개지로 중국과 멕시코 간의 뱃길이 열리면서 이 태평양의 '실크로드'를 통해 본격적인 갤리온 무역이 시작되었다. 그리고 중국의 비단과 아메리카의 은이 서로 교환되었고 이를 통해 다양한 문물 및 인적 교류가 이루어졌다.

    이렇게 중국의 비단과 아메리카의 은을 매개로 멕시코의 아카풀코와 필리핀의 마닐라 사이에 이루어진 이 무역은 아시아, 유럽, 아메리카의 끊어진 고리를 연결하면서 세계일주의 무역 루트를 완성했는데, 이런 점에서 마닐라 갤리온 무역은 요즈음 흔히 말하는 세계화나 세계무역의 통합을 이미 실천한 선구자적인 좋은 예라고 할 수 있다.

프랑크에 따르면 1400년경부터 1800년경까지 근세에는 세계경제 차원에서의 분업이 존재했었고, 지금처럼 복잡하고 다양하지는 않았지만 단일한 글로벌 경제 테두리 안에서 다양한 지역과 국가들이 상품, 서비스, 산업 부문에서 서로 경쟁하고 있었다. 사실, 이런 분업에 입각한 국제 간의 무역은 오랜 역사를 가지고 있지만 그것이 전 세계적인 현상으로 퍼진 것은 아메리카의 은이 유럽으로 이동하기 시작한 16세기 이후부터라고 할 수 있다. 그 글로벌 무역의 대표적인 예가 바로 이 책에서 보게 되는 갤리온 선을 통한 삼각무역이라고 할 수 있다. 그 무역의 원동력은 은으로서, 막대한 양의 아메리카산 은이 유럽으로 유입되면서 유럽에 가격혁명이 일어났던 것은 주지하는 바와 같다.

한편, 갤리온 무역은 단순히 상업적인 행위라기보다는 3개 대륙 또는 더 나아가 전 세계적인 차원에서 일어난 문화나 문명의 교류였고, 이를 통해 당사자들은 많은 영향을 서로 주고받았다. 예를 들어 스페인, 스페인의 식민지였던 멕시코나 페루를 비롯한 아메리카 대륙에서의 동양 문화에 대한 붐, 중국의 비단과 도자기, 일본의 병풍과 쥘부채, 필리핀의 마닐라 숄에 대한 선호나 열광적인 반응 등은 단순한 상품의 교환을 넘어 아시아와 유럽, 아메리카 대륙 간의 문화적 교류의 기반이 되었고 그 파급 효과는 대단히 컸다. 이런 점에서 마닐라 갤리온 무역은 단순한 개별적 사건이라기보다는 당시 세계경제의 축을 이루었던 스페인으로 대변되는 유럽, 누에바 에스파냐(멕시코)로 대변되는 아메리카 그리고 중국으로 대변되는 아시아, 이 세 대륙이 역사, 경제, 문화 등 총체적으로 만난 거대한 사건이었다.

이 책을 쓰면서 내내 생각했던 것은 조선이라는 나라의 존재였다. 스페인을 비롯해 포르투갈, 영국, 네덜란드 등 유럽 여러 나라들이 이 교역에 참여하였고, 아메리카 여러 나라들, 그리고 필리핀을 비롯한 베트남, 타이, 캄보디아, 인도네시아, 몰루카 등 동남아시아, 인도 및 페르시아 등 중동의 여러 나라들, 중국은 물론 일본, 심지어 류큐 왕국까지 참여했던, 조금 과장해서 말하면 전 세계가 직간접적으로 관여했던 이 거대한 세계사적 흐름에 홀로 빗장 걸고 동참하지 못했던 나라가 바로 조선이었다. 이는 우리 역사가 반성해야 할 부분이지만, 기껏해야 중국과의 조공무역이나 국경 부근에서 밀무역을 했던 조선 사회에도 자본주의의 맹아가 있었다고 주장하는 학자들을 보면 실소할 뿐이다.

갤리온 무역과 관련한 국내 연구는 일천한 편으로, 연구 성과도 그리 많지 않다. 주로 필리핀을 비롯한 동남아 연구, 특히 동남아의 화교 연구, 중세 일본의 무역이나 상업 활동을 다룬 산발적인 업적들은 있으나 이 분야에 대한 총체적인 접근은 아직은 없는 편이다. 갤리온 무역의 성격과 내용상 학제 간 연구가 필요하다는 것을 이번 기회에 새삼 느낀다. 저자 역시 어찌 하다 이 주제에 관련된 몇 편의 논문을 쓴 연고로 책까지 쓰게 되었지만 탈고하고 보니 결과적으로 만용을 부린 셈이 되었다. 지식의 한계, 공부의 부족을 절감한다. 다만 우리에게는 생소할지도 모를 주제를 담고 있는 이 책이 독자 누군가에게 흥미를 불러일으키거나, 더 나아가 역사의 지평이나 인문학적 인식을 넓히는 데 자그마한 기여라도 한다면 저자로서는 그저 만족할 뿐이다.

2017년 6월

차례

16. 페루의 갤리온 무역

17. 무역의 규제

18. 갤리온 무역의 쇠퇴와 종말

1

태평양 횡단과 무역 루트의 발견

태평양 횡단의 꿈이 실현되다

15세기 말, 포르투갈의 바스코 다 가마(Vasco da Gama)는 희망봉을 우회하여 인도에 도달했다. 이후 이곳을 기지로 삼아 알폰소 데 알브케르케(Afonso de Albuquerque) 인도 부왕(副王)은 몰루카 제도를 점령했고, 그의 부하인 안토니오 데 아브레우(António de Abreu)가 이끄는 원정대를 동쪽으로 파견했다. 귀로에 원정대 중의 한 명이었던 프란시스코 세라옹(Francisco Serrão)이 1512년 민다나오 섬을 발견했고, 유럽인 최초로 필리핀에 상륙했다.

한편, 스페인이 아메리카 신대륙을 정복한 뒤 1513년 누네스 데 발보아(Nuñez de Balboa)는 파나마 지협을 횡단했고 지금의 태평양(처음에는 남해[Mar del Sur]로 불렸다)을 발견했다. 이후 스페인의 지원을 받은 마젤란(Magellan : 스페인 이름은 마가야네스[Magallanes]이다)은 1519년 아메리카 대륙에서 태평양으로 빠지는 해협을 발견했고 마침내 태평양을 건넌 뒤 1521년 필리핀에 도착했다. 그러나 그는 세부 앞바다의 막탄 섬에서 원주민에 의해서 살해되

그림 1. 루이 로페스 데 비야로보스
(1500~1544)

었고, 이에 스페인의 카를로스 1세(신성 로마 제국 황제 카를 5세)는 다시 1525년 가르시아 호프레 데 로아이사(Garcia Jofre de Loaísa)에게 마젤란의 세계일주 항해를 하도록 명령을 내렸다. 로아이사는 항해 중 태평양에서 사망했지만, 부하였던 엘카노(El Cano)는 그의 뒤를 이어 필리핀과 몰루카 제도에 도착했다.

이런 상황에서 당시 유럽의 향신료 무역을 독점하고 있었던 포르투갈과 스페인 양국이 향신료를 둘러싸고 서로 충돌하게 되면서 카를로스 5세는 1529년 포르투갈과 사라고사(Zaragoza) 조약을 체결하고 몰루카의 영유권을 포르투갈에 양도했다. 아시아에 대한 스페인의 관심은 이제 태평양 해역에서 새로운 향신료나 귀금속 산지를 획득하는 것이었다. 이에 새롭게 등장한 곳이 필리핀 제도였다.

한편, 누에바 에스파냐(멕시코)의 초대 부왕이었던 안토니오 데 멘도사(Antonio de Mendoza)는 카를로스 1세로부터 직접 태평양 횡단 및 극동을 탐험하라는 명을 받았다. 이 명에 따라서 1542년에 루이 로페스 데 비야로보스(Ruy López de Villarobos)가 지휘하는 원정대가 멕시코의 나비닷(Navidad) 항구를 출발했다. 이듬해 비야로보스는 필리핀에 도착했고 펠리페 왕자(뒤에 펠리페 2세)의 이름을 따 그 섬을 필리피나스(Filipinas), 즉 필리핀(Philippine)으로 명명

했다.[1]

그러나 그들은 원주민의 저항으로 식민지를 건설할 수 없었고 필리핀에서 다시 태평양을 횡단하여 아메리카로 돌아가고자 했으나, 성공하지 못했다. 그리고 스페인 탐험대는 포르투갈인들과 충돌을 일으켰고 그들의 적대적인 대응에 민다나오 섬을 떠날 수밖에 없었다. 일부는 몰루카로 갔지만 포르투갈인들의 포로가 되었고, 비야로보스 역시 그곳에 있던 같은 스페인인인 프란시스코 하비에르(Francisco Xabier) 신부의 보호를 받다가 그곳에서 죽었다.

1559년에 펠리페 2세는 멕시코의 제2대 부왕인 루이스 데 벨라스코(Luis de Velasco)에게 필리핀을 영구히 점령할 것을 명령했고, 필리핀에서 향신료를 적재한 뒤 태평양을 건너 서에서 동으로 횡단하는 귀환 루트를 확보하라고 지시했다. 이 과업은 1564년에 미겔 로페스 데 레가스피(Miguel López de Legaspi)가 이끈 스페인 원정대가 멕시코를 떠나 필리핀에 도착하면서 실현되었다.

마닐라에서 아카풀코로의 동쪽 항로 : 우르다네타와 아레야노

아메리카 대륙이 새롭게 발견된 섬들과 교역을 하고 또 그곳에 스페인인들을 정주시키기 위해서는 동쪽으로 가는 해상 귀환 루트를 발견해야만 했다. 1529년 알바로 데 사아베드라 세론(Alvaro de Saavedra Cerón)은 필리핀에서 동쪽으로 항해했지만, 태평양을 가로지르는 동풍을 발견할 수 없었고, 1543년에는 베르나르도 델라

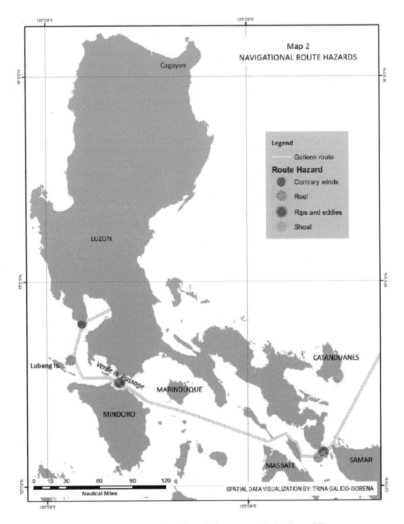

그림 2. 마닐라에서 태평양으로 빠지는 루트. 출처: Isorena(2015), p.57

토레(Bernardo de la Torre)도 같은 시도를 했지만 실패했다. 1542년,
후안 로드리게스 카브리요(Juan Rodríguez Cabrillo)는 태평양 연안
을 탐험하면서 멕시코 북쪽으로 항해하여 북위 38도선 위쪽의 지금

의 캄차카 북쪽 인근까지 도달했다. 그러나 동쪽으로의 귀환 루트를 발견한 사람은 1565년 스페인의 항해자였던 알론소 데 아레야노(Alonso de Arellano)와 탐험가이자 아우구스티누스 수도회의 수도사였던 안드레스 데 우르다네타(Andrés de Urdaneta)였다. 레가스피 원정대의 일원이었던 이 두 사람에게 주어진 임무는 동쪽으로의 귀환 루트를 찾는 것이었다.

그림 3. 안드레스 데 우르다네타

레가스피는 1565년 6월 초, 손자인 펠리페 데 살세도(Felipe de Salcedo)를 명목상의 지휘자로, 그러나 실질적으로는 우르다네타에게 지휘를 맡겨 약 500톤의 갤리온 선인 산 페드로(San Pedro)호에 소량의 육계를 싣고 멕시코로의 귀항 항로를 찾아 출발했다. 이 산 페드로 호는 이후 약 2세기 반에 걸쳐 마닐라와 멕시코 사이를 왕복하게 될 갤리온 무역 역사에서 최초로 태평양을 건넌 배로 남게 되었다. 아무튼 우르다네타는 레이테(Leyte) 섬을 지나 마스바테(Masbate) 섬과 사마르(Samar) 섬 사이를 통과했고, 산베르나르디노(San Bernardino) 해협을 통해서 필리핀을 빠져 나갔다. 7월 하루에 라드로네스(Ladrones) 제도 위쪽 북위 24도에 도착했고, 일본 방향으로 북상한 뒤 그곳에서 쿠로시오(黑潮) 해류를 발견했다. 그리고 다시 일본 동쪽 해안을 거쳐 북위 38도 위쪽 북동쪽으로 항해했고, 거기서 배의 진로를 동쪽으로 취해 계속 가다가 편서풍을 만났다.

그는 계속 동쪽으로 전진하여 마침내 북미의 서쪽 해안에 도달했고, 이어 캘리포니아 멘도시노 곶(Cabo Mendocino)을 거쳐, 남쪽 해안을 따라서 산 블라스(San Blas)를 경유한 다음, 마닐라를 출발하여 1565년 10월 8일에 아카풀코에 도착했다. 당시 우르다네타와 함께 배를 탄 선원들은 장기간의 항해에서 먹을 것이 부족하여 대부분 죽었다.

그러나 우르다네타보다 앞서 서쪽에서 동쪽으로 태평양 횡단을 한 사람은 사실은 아레야노였다고 할 수 있다. 그는 레가스피의 귀환 함대에 소속되었지만, 갤리온 선이 아닌 40톤급의 파타체(Patache) 선인 산 루카스(San Lucas) 호를 타고 어찌된 영문인지 우르다네타의 귀환 함대로부터 떨어져 나와 단독으로 민다나오섬을 빠져나왔고, 다른 배들을 따돌리면서 북위 43도까지 북상하여 위도 40도를 지속적으로 유지하면서 동쪽으로 항해했다. 중간에 괴혈병, 반란 등에 시달리긴 했지만, 7월 16일에 북위 27도 지점에서 캘리포니아 해안에 도착했고, 8월 9일 나비닷 항구로 귀환했다. 그는 멕시코의 아우디엔시아(Audiencia, 행정사법원)에 가서 자신의 항해 성공을 설명하고 동쪽으로의 항해 루트 발견에 대한 보상금을 받으려고 했으나, 그 시점에 우르다네타도 돌아와 그를 함대를 이탈한 반역자로 고발하게 되면서 그의 기도는 수포로 돌아가게 되었다.[2] 당시 아레야노의 항해 기록은 우르다네타의 그것에 비해 부정확했고 엉성했다. 결국 우르다네타 루트가 더 신뢰를 받았고 이후 유명해졌다.[3]

그러나 이렇게 새롭게 마닐라 항에서 아카풀코 항까지의 항로가

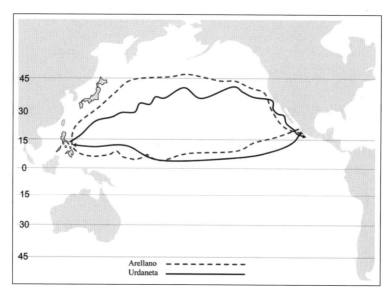

그림 4. 우르다네타와 아레야노의 항해 노선. 출처: Borao Mateo(2007), p.19

개척되었지만, 스페인은 여전히 필리핀을 안전하게 빠져나오고 그리고 아카풀코까지의 항해 기간을 단축할 새로운 루트를 계속 찾고 있었다. 따라서 방금 위에서 언급한 통상적인 루트보다 루손 섬의 서안을 북상하는 루트가 아무래도 안전하고 빠르다고 생각하여 몇 차례나 항로를 개척하게 되었다. 이런 상황에서 1613년 스페인 국왕 펠리페 3세는 항해 기간을 단축할 새로운 루트를 탐험하라고 허가했지만, 실행에는 옮겨지지 못했다. 1세기 이상이 지난 1730년에 이 루트는 다시 검토되었고 국왕은 모로코의 보자도르(Bojador) 곶 루트를 답사하라고 명령했다. 그 뒤 1754년 필리핀의 프란시스코 호세 데 오반도(Francisco José de Ovando) 총독은 새로운 항해 루트를 찾으라고 했고, 그의 후임인 시몬 데 안다(Simón de Anda y Salazar), 호세 바스코 이 바르가스(José Basco y Vargas) 같은 총독들도 새로운 루트 발견에 열을 올리게 되었다. 심지어 안다 총독은 이 루트를 이용하면 2~3일 안에 북위 20도까지 올라갈 수 있어 항해 기간을 3개월 단축할 수 있다고 주장했다.

그러나 새로운 루트를 찾고자 했던 시도는 여러 가지 이유로 무위로 돌아갔다. 우선, 섬 사이를 누비고 다녔던 통상적인 루트에서는 밀수를 할 수 있는 기회가 많이 있었지만, 새로운 루트에서는 밀수를 할 수 없게 되자 상인은 물론이거니와 상인연합, 그리고 이들로부터 뇌물을 받은 관리들, 그리고 배의 선원들까지 여러 가지 이유를 들어 반대했다.

1777년에 스페인 국왕은 앞으로는 이 변경된 루트로만 항해를 해야 한다는 칙령을 내렸지만, 이를 지키는 배는 거의 없었다. 두 번째 이유로, 루손 연안을 북상하는 루트를 이용하려면 적절한 바람을 받고 태풍을 피하기 위해서 늦어도 5월 중에 배는 마닐라를 출항해야 했지만, 상품 하적과 수속을 하는 데에 많은 시간과 노력이 필요했기 때문에 그것은 불가능했다. 또 칙령에 따르면 갤리온 선은 아카풀코에 입항하기 전에 스페인이 마련한 새로운 기지의 활성화 정책으로 샌프란시스코와 몬테레이에 기항해야 했지만 아카풀코 항에 배가 늦게 들어오는 것을 꺼린 멕시코의 상인들은 이를 따르지 않았다. 이 칙령은 9년 후에도 다시 공포되었지만, 사태는 개선되지 않았다.[4]

아카풀코에서 마닐라로의 서쪽 루트

태평양에 면한 아카풀코에서 마닐라로 향하는 서쪽 항로(마닐라 갤리온 선에서 보면 귀로에 해당된다)는 동쪽 항로에 비해 그리 어렵지는 않았다. 이 항로를 통해서 아카풀코로부터 동북쪽의 미풍(微風, brisa)을 받아 북위 10도에서 14도 사이의 무역풍을 타고 마리아나 제도로 순조롭게 항해하여 필리핀에 도착할 수 있었다.

그림 5. 안토니오 데 모르가

스페인의 법률가로서 43년간 스페인의 필리핀 총독부, 멕시코와 페루에서 고위 관리로 일했던 안토니오 데 모르가(Antonio de Morga Sánchez Garay, 1559~1636)는 1609년 자신의 필리핀 경험담을 담은 『필리핀 제도에서 일어난 일(*Sucesos de las Islas Filipinas*)』이라는 책을 썼는데, 이 책에 의하면 아카풀코에서 필리핀으로 파견하는 선단은 대개 11월에 바람이 불기 시작하여 3월 말까지 이어지는 동북풍이 부는 계절에 출발했다. 그 외의 계절에 배는 출항할 수 없었는데, 그 이유는 6월부터는 남서풍(vendavar)이 불고, 또 그것이 역풍으로 바뀌어 항해에 지장을 주었기 때문이었다. 이런 연유로 갤리온 선은 2월 말, 또는 늦어도 3월 20일까지는 출범하는 것이 보통이었다. 그리고 라스 베라스(Las Veras) 제도, 즉 라드로네스 제도를 목적지로 서쪽 방향으로 나아갔다. 이 섬까지 가는 데에는 보통 70일이 걸렸다. 그리고 괌과 사이판을 통과하여 필리핀 제도의 에스피리투 산토(Espíritu Santo) 곶을 향해 나아갔다.

이렇게 초기 갤리온 선은 라드로네스 제도 아래를 통과하면서 나아갔다. 그러다가 17세기 후반이 되면 필리핀으로 가는 도중에 괌 섬에 정박하는 것이 일반화되었다.[5] 원래 이곳은 마젤란에 의해서 발견되었는데, 이 제도는 주민들의 도벽 때문에 '도둑섬', 즉 라드로네스 제도(Islas de Ladrones)로 불렸고, 또 스페인인들이 삼각 돛의 배를 사용했다고 해서 '라틴 돛의 섬', 즉 이슬라스 데 베라스 라티나스(Islas de Veras Latinas)로 알려지기도 했다. 또 괌 섬을 발견하는 데에 후원을 아끼지 않은 스페인의 마리아나(Mariana) 공주에 경의를 표하기 위해서 이후 마리아나 제도(Islas de Mariana)로 불리게 되었다.

그리고 이곳 역시 레가스피에 의해서 정식으로 스페인의 영토로 선언되었으나, 이후 이주는 이루어지지 않았다. 1668년 예수회가 현지인을 교화하기 위해서 주거지를 마련했고, 1681년에 왕실의 통치관이 파견되었으며 요새가 구축되어 20~80명의 수비대가 주재했다. 1688년에 스페인은 칙령을 통해서 이들 수비대에 보급이 이루어지도록 마닐라 갤리온 선을 반드시 기항하게끔 했다. 괌의 수역은 낮은 여울로서 배는 항구의 앞바다에 정박했다. 또 야간에 일어날지도 모를 위험을 배에 알리기 위해서 섬의 높은 지점에서는 6개월간 모닥불을 피웠다.[8]

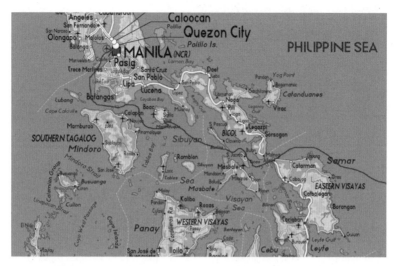

그림 6. 서쪽 항로로 태평양을 횡단한 뒤 마닐라로 들어가는 갤리온선의 루트

　항해가 순조롭게 진행되면 동북풍을 계속 받고 나갈 수 있었지만, 만약 항해가 늦어져 남서풍을 만나게 되면 배는 위험에 처하게 되었고, 필리핀 제도로 진입할 때 엄청난 고생과 어려움을 겪게 되었다. 이렇게 다시 사마르 섬 왼쪽의 에스피리투 산토 곶에서 산베르나르디노 해협을 지나 부리아스(Burias) 섬으로 들어가서, 거기서 다시 마린두케(Marinduque)를 거쳐 민도로(Mindoro) 해협을 통과한 뒤 마닐라 만의 입구에 진입하여 카비테(Cavite) 항으로 들어갔다. 필리핀 제도의 입구에서 항구까지는 100레구아(legua : 1레구아는 스페인의 거리 단위로 약 4.82킬로미터) 거리로 8일이 걸렸다. 이것으로 서쪽으로의 항해는 끝나게 되었다.

갤리온 무역 항로의 정착

마닐라 갤리온은 통상 2척이 매년 7월에 마닐라의 외항인 카비테 항에서 출항하여 12월 또는 이듬해 2월까지 아카풀코에 도착했다. 그리고 다시 6월 전까지 아카풀코를 떠나 7월 말까지 마닐라에 귀환하는 것으로 되어 있었다. 매년 이루어지는 1회의 항해가 중단되는 일이 없도록 마닐라에는 몇 척의 예비선이 배치되어 있었다.

태평양 횡단의 항해는 통상 왕복 8개월이 걸렸고 갤리온 무역 역시 영국과 네덜란드의 해적선들의 습격을 피해 스페인이 인디아스(Indias) 제도에서 했던 것처럼 군함이 호위하는 선단제도를 취하게 되었다. 그리고 갤리온 선의 주요 일정은 필리핀에 도착하여 화물을 하역한 다음, 곧바로 아시아 전역에서 온 산물들을 싣고 다시 아카풀코로 회항하면 그것으로 끝났다.

필리핀에서 화물을 싣고 아메리카로 돌아갈 때 갤리온 선들은 왜구(倭寇)의 위협을 피해서 여러 번 여정을 바꾸어야만 했고 반드시 일본 동쪽 해안에서 태평양 북쪽으로 흐르는 해류인 쿠로시오 조류를 거쳐야만 했다. 이 모든 항행은 위험하고 불확실한 상태에서 수행되었다. 마지막 여정으로 갤리온 선이 산 디에고(San Diego) 요새나 산 블라스 같은 아메리카 대륙의 항구에 일시 기착한 다음, 아카풀코에 도착하면 일단 태평양 횡단은 끝나지만 전체 여정에서 보면, 이것은 반 정도의 항해에 불과했다.[6]

아시아에서 온 물건들을 유럽을 보내기 위해서는 두 가지 방법이

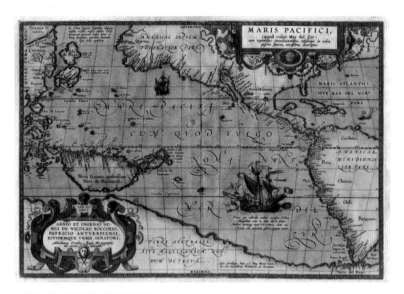

그림 7. 갤레온 무역 지도(1598)

있었다. 하나는 아카풀코 항에서 하역한 물건을 육로로 멕시코 만에 면한 베라크루스(Veracruz) 항으로 가지고 가거나, 아니면 파나마 남부 해안을 따라가다가 파나마 지협을 빠져나와 대서양을 건너는 것이었다. 아무튼 이 두 노선을 이용하여 필리핀에서 온 아시아 산품들은 갤리온 선에 다시 실려 스페인으로 향했다.

2

갤리온 무역

마닐라 갤리온, 아카풀코 갤리온 또는 나오 데 치나

'마닐라 갤리온(Galeón de Manila)'이라는 용어는 사실 마닐라와 멕시코의 무역, 혹은 무역선을 가리키는 정식 명칭이 아니라 통칭 또는 속칭이라고 할 수 있다. 다른 통칭으로서 '나오 데 치나(Nao de China)'도 자주 사용되었는데, 스페인어 '나오(Nao)'는 일반적인 배를 지칭하는 말로서 나오 데 치나는 '중국배'를 의미했다. 한편, 마닐라로 가는 갤리온 선과 구별 짓기 위해서 아카풀코에서 마닐라로 귀환하는 교역선은 '아카풀코 갤리온(Galeón de Acapulco)'으로 불렸다. 당초 이 교역에 사용된 배는 주로 갤리온 선이었지만, 때때로 소형 파타체 선에도 갤리온이라는 이름이 붙여졌다. 한편, 17세기 말이 되면 갤리온 선은 점점 프리깃 선(frigate, 스페인어로 프라가타 [fragata])으로 바뀌어 갔는데, 이 경우에도 무역선으로서의 마닐라 갤리온이라는 용어는 계속 사용되었다.

아무튼 마닐라 갤리온이라는 용어는 일반적으로 1565년에서 1815년까지 아시아-아메리카-유럽 간의 해상 루트를 통해서 무역을 담당

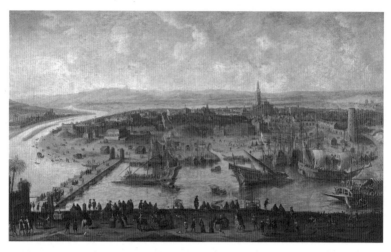

그림 8. 1660년경 세비야 항구의 모습. 멕시코에서 온 갤리온 선이 스페인의 과달키비르 강(Guadaquivir)으로 들어오는 모습이 보인다. 알론소 산체스 코에요(Alonso Sánchez Coello) 작

했던 배들을 일컫는 말이다. 이 갤리온 선들의 해상 루트를 통해서 마닐라, 아카풀코, 베라크루스 및 스페인의 세비야(Sevilla), 또는 카디스(Cádiz)와 같은 주요 항구들은 서로 연결되었다.[7]

사실 마닐라 갤리온의 항해 무대였던 태평양 루트는 동쪽의 육로나 아프리카의 희망봉을 돌아 아시아 동방시장과 유럽을 연결시켰던 기존의 루트를 대체하는 새로운 루트로서 탄생했다. 그리고 마닐라 갤리온은 스페인 왕실에 의해서 주도된, 기본적으로는 스페인 제국이 지배한 식민지를 통해서 복잡하고 다양한 동기나 조직이 배제된, 그리고 특별한 상업적 패턴이 없이 오로지 당시로서는 귀한 아시아 상품을 구하는 상업적 행위였다.[8]

1565년 필리핀에서 동쪽 아메리카 대륙으로의 귀환 노선이 발견

되면서 무역풍을 피해 태평양 북쪽 방향으로 항행하는 이 루트는 곧바로 유명한 갤리온 무역의 루트로 바뀌었다.[9] 반면에 멕시코에서 필리핀까지 아시아로 가는 서쪽 방향의 루트는 아프리카를 통한 포르투갈의 해상 루트보다 상대적으로 안전하고 빨랐으며, 이 루트의 발견으로 필리핀과 멕시코는 약 250년에 걸쳐 정기적인 소통을 가지게 되었다.[10]

마젤란이 이끈 선단의 필리핀 침공이 실패한 후, 스페인 정부는 다섯 차례에 걸쳐 지속적으로, 필리핀에 원정대를 보냈다. 1564년 11월 21일에 스페인 함대가 태평양을 건넜고, 1571년에 마닐라를 점령했다. 이때부터 필리핀은 스페인의 식민지로 바뀌었다. 1565년 6월 갤리온 선 산 파블로(San Pablo) 호는 129일간의 항해 끝에 아카풀코에 도착했다. 이렇게 해서 필리핀과 멕시코 간에 북태평양 항로가 열렸다. 1566년 10월에는 산 헤로니모(San Jerónimo) 호는 멕시코에서 필리핀에 도착했고, 1567년 7월에는 산 후아니요(San Juanillo) 호가 멕시코를 향해 필리핀을 출항했다. 1568년에는 두 갤리온 선이 아카풀코를 떠나 필리핀에 도착하면서 비단과 은을 가득 실은 갤리온 선들이 태평양을 횡단하며 갤리온 무역이라는 새로운 역사의 한 장이 열리게 되었다.

갤리온 무역이 탄생하게 된 역사적 · 정치적 배경

마닐라 갤리온 무역의 탄생은 16세기 당시의 정치적 상황과 밀접한 관계가 있다. 당시 중동에는 오스만 제국이라는 막강한 이슬람 세력이 기독교 유럽을 위협하고 있었는데, 이는 유럽이 아시아와 교역을 하는 데에 커다란 장애물로 등장했다. 1453년 동로마 제국을 멸망시키고 서아시아에서 동유럽, 북아프리카에 이르는 방대한 영토를 확보하게 된 오스만 제국(1299~1922)은 이스탄불을 수도로 하여 유럽과 대치하고 있었다. 이제 유럽은 이 강력한 이슬람 세력을 피해 아시아로 향하는 새로운 무역로를 찾아야만 했다.

한편, 이탈리아의 도시국가들, 즉 이전의 베네치아나 제노바와 같은 해상교역 국가들의 정치적, 경제적 힘은 쇠락하고 있었고 유럽 대부분의 나라들은 종교전쟁에 돌입했다. 이베리아 반도의 두 왕국, 즉 당시 아프리카 루트를 통해서 아시아 무역을 독점하고 있었던 포르투갈과 신세계 정복 및 식민을 통해서 경제적 이익을 취했던 스페인은 서로 충돌했고, 이 싸움은 결국 전쟁에서 승리한 스페인의 펠리페 2세가 1580년에 필리페 1세(Filipe I)로서 포르투갈 왕을 겸함으로써 종결되었다.

펠리페 2세는 아버지인 카를로스 5세로부터 스페인 제국을 물려받았다. 스페인의 힘이 절정에 달했을 때는 포르투갈을 포함한 이베리아 반도, 나폴리 왕국(지금의 세르데냐, 시칠리아, 몰타), 프랑스 동쪽의 중심 지역, 밀라노 공국, 저지대 국가들(지금의 벨기에, 룩셈부르크, 네덜란드)이 스페인의 영토였다.[11] 1535년에서 1540년 사이, 스페인은 서반구 인구의 반을 지배하게 되었다. 이제 스페인은 아메리카 대륙, 필리핀, 그리고 스페인 영토였던 유럽의 몇몇 나라를

포함하여 막강한 제국으로 등장하면서 아시아 무역을 선점하게 되었다.[12]

중상주의 : 귀금속에 대한 열망과 상업 문화

중상주의 시대의 사회는 귀금속에 대한 열망과 광범위한 상업 선호 문화로 특징지워진다고 할 수 있다. 이런 점에서, 당시 유럽의 자본주의는 금과 은의 획득을 통한 부의 축적에 기반하고 있었다. 스페인 제국의 갤리온 무역 역시, 중상주의 원칙(doctrinas mercantilistas), 즉 교역에서의 스페인의 독점과 신대륙의 항해 및 귀금속의 수출이라는 두 가지 기준에 의해서 추진되었다.[13] 다시 말해서, 16세기에서 18세기까지 약 3세기에 걸쳐 이루어진 갤리온 무역은 국가의 통제와 무역장벽에 기반을 둔 중상주의의 원칙 아래에서 이루어졌다는 점이 그 특징이었다.

그런데 중상주의를 실현할 수 있는 최적의 조건이 방대한 영토의 소유에 있다고 한다면, 스페인은 유럽의 어떤 나라보다도 교역에서 유리한 위치를 차지하고 있었다. 당시, 스페인 본국과 식민지 간의 교역에서 100~200퍼센트의 높은 세금이 부과되었지만, 정치적, 행정적으로 관련이 없는 다른 영토에 부과된 세금만큼은 높지 않았다. 스페인 제국의 방대한 식민지에서 생산된 산품들은 제국의 내부에서 생산된 "지방(local)" 상품으로 간주되어 상대적으로 낮은 가격을 유지하고 있었다.[14]

여기에 덧붙여 스페인은 거대한 해외 시장의 경제적 활용에 힘입어 아메리카나 아시아의 상품들을 재수출하는 데에 유럽 어느 나라보다도 유리했다. 당시의 정치적 지형을 고려해볼 때, 스페인의 이런 교역은 월러스틴(Emmanuel Wallerstein)이 지적했듯이 국제간(international) 교역이라기보다는 지역 간(intra-regional) 교역이었다. 동시에 국제 간 교역의 고전적 모델의 양태와 비슷한, 기본적으로는 산업 간(inter-industrial) 성격을 띤 국제무역이었다.[15] 이런 교역은 중상주의 사회의 전형적 무역 패턴인 확고한 보호주의에 입각한 것으로서 스페인은 "희한하고(exotic)", 사치스러운 상품을 제외한 나머지 스페인 자국산 상품과 수입 상품이 식민지 시장에서 경쟁하지 못하도록 여러 제한 조치를 취했다.

한마디로, 당시의 모든 여건들, 즉 태평양 루트의 발견, 중상주의의 도래, 광대한 해외 식민지, 정치적인 배경 등은 이제 막 통일을 이룬 스페인이 해외를 상대로 상업적 활동을 펼치는 데에 더할 나위 없이 좋은 조건이었다. 이 점은 스페인에 이어 해상무역의 강자로 등장한 영국의 경우에도 똑같았다.

인디아스 루트와 태평양 루트 교역

그러나 중요한 점은 갤리온 무역이 오로지 스페인 본국의 중앙주의적 결정에 의해서 주도된 상업적 행위만은 아니라는 사실이다. 갤리온 무역은 기본적으로 두 가지 형태를 가지고 있었는데, 첫

그림 9. 세비야 통상원 ⓒ서성철

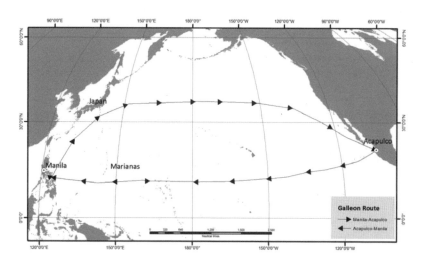

그림 10. 마닐라-아카풀코 갤리온 무역 루트. 출처: Isorena(2015), p. 56

번째로는 세비야의 독점하에 인디아스 루트(Carrera de Indias)를 통한 교역으로서, 이것은 스페인과 아메리카 식민지 간의 모든 교역 및 항해 활동을 포함하고 있었다. 이 항해에서 인디아스 범선(La Flota de Indias)은 주 운송수단이었다.[16]

여기에서 한 가지 언급할 것은 당시 세비야는 식민지 교역을 총괄했던 중심지였지만, 시간이 지나 그 위상이 약해지면서 18세기 초 무렵에는 그 자리를 카디스 항에 넘겨주게 되었다. 그 이유는 인디아스 제도에서 들어오는 배가 접안하기 위해서는 세비야보다 카디스 항의 조건이 더 좋았기 때문이었다. 이에 따라서 16세기 아메리카와의 교역을 담당하기 위해서 세워진 통상원(La Casa de Contratación)과 하역자 연합회(Consulado de Cargadores)는 카디스로 옮겨졌다.

둘째로는, 배의 숫자나 톤수, 교역량의 크기나 적재화물의 총가치에서 인디아스 루트의 교역보다는 상대적으로 작았던 소위, '서쪽 섬의 루트(Carrera de Islas de Poniente)', 즉 필리핀을 통한 교역이 있었고, '태평양 인디아스 루트(Carrera de Indias en el Pacífico)'라는 아카풀코와 마닐라 간의 접촉에 기반을 둔 교역이 있었다.[17] 이 무역은 간헐적으로 중단되기는 했지만, 250년에 걸쳐 태평양을 매개로 아시아와 아메리카 식민지를 오가며 지속되었다.

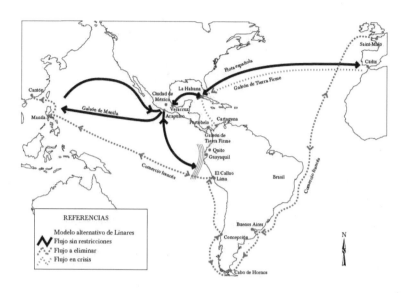

그림 11. 스페인의 대서양 무역과 태평양 무역

마닐라 갤리온 무역을 주도한 스페인 왕실

위에서 언급한 것처럼, 스페인 왕실은 식민지를 통한 대서양 간
및 태평양 간의 교역을 하나로 묶는 연결고리의 역할을 했다. 따라서
"국가 대 국가"가 아닌 "정부 대 정부" 차원의 상품 공급이라는
점에서 직접 교역에 대한 스페인의 역할은 점점 더 두드러졌다.

그러나 이 두 루트의 무역이 독립적이었음에도 불구하고 두 교역
의 중심축을 담당한 곳은 각각의 교역에 대한 규정을 수립하고
통제했을 뿐만 아니라 상업 활동에 직접적으로 개입했던 스페인
왕실이었다.[18]

3

갤리온 무역을 담당한 사람들

갤리온 교역은 많은 비용이 들었고 방금 위에서 언급했듯이 갖가지 위험을 수반한 사업이었다. 따라서 이 사업이 성공하려면 정치적 혜택 및 지원 이상의 어떤 것이 필요했다. 갤리온 무역을 실제로 수행했던 사람들에게 보다 중요했던 것은 이 위험한 사업을 수행하는 데에 필요한 경제적 동기부여였다. 다시 말해서, 배타적 이득을 얻을 수 있느냐 없느냐가 그들의 주요 관심사였다. 엄밀히 말해서 아카풀코 갤리온 사업은 정상적인 교역에서는 생각할 수 없는 막대한 이익이 보장된 상업 행위였다. 스페인 왕실이 수립한 보호 장벽의 혜택 안에서 이 무역의 수익률은 대단히 높았다. 학자들의 추산에 의하면 태평양 무역의 경우에 한정해볼 때, 갤리온 선이 아카풀코로 귀환할 때 얻을 수 있는 수익은 투자액에 비해 무려 300퍼센트 이상이었다.[19]

그러나 갤리온 무역이 수지맞는 장사라고 해도 문제는 누가 경비를 충당하고, 누가 이 위험스러운 여행에 나설 것인가 하는 데에 있었다. 경제적인 관점에서 볼 때 16세기 당시의 스페인에는 이런 좋은 기회를 활용할 사업가적 기질을 가진 사람들이 없었다. 물론 당시의 스페인에는 이런 대규모 사업을 수행할 자본을 지닌 귀족계급이 존재하기는 했지만, 그들에게 갤리온 무역 같은 상업 활동은 천한 행위로 간주되어 배척됨으로써 이런 상업적 행위에 선뜻 나설 수 있는 스페인인들은 많지 않았다.

당시 스페인 사람들 대부분의 꿈은 토지의 구입, 장자상속제의 기반, 향사(鄕士)의 직(hidalguía) 획득을 통해서 귀족이 되는 것이었다. 한편, 귀족이 되기 위한 조건으로 여러 세대 동안 집안이 기독교인이어야 했고, 갤리온 무역과 같은 상업적인 일에 종사하지 않아야 했다. 다시 말해서, 스페인 중산계급의 꿈은 귀족이 되는 것이지 상인이 되는 것이 아니었기 때문에 홉스봄(Eric Hobsbawm)이 언급한 스페인만의 이런 특이한 "이베로 봉건자본주의(capitalismo feudal ibero, 이베리아 반도 봉건자본주의)"는 수세기 동안 지속되었다.[20] 이런 상황에서 많은 외국인들이 갤리온 무역의 일익을 담당한 것은 당연한 일이었다. 실제로 16세기 초에 제노바인, 독일인, 플랑드르인, 그리고 뒤에는 포르투갈인들이 당시 신세계 교역의 중심지였던 세비야에 많이 들어왔는데, 특히 포르투갈인들은 서인도 제도(Indias Occidentales)와의 무역 허가를 간절히 원하고 있었다. 흥미로운 것은 이들 외에 당시 유럽의 금융 및 대부업에서 막강한 힘을 발휘했던 독일의 푸거 가문도 갤리온 원정대에 재정 지원을 했다는 점이다.[21]

이런 저간의 사정에서 마닐라 갤리온 무역은 식민지 간의 무역이면서 동시에 국왕 직속의 교역으로서 식민지 통치에 관한 자문이나 국왕권력을 대리 행사했던 기관인 인디아스 자문회의(Consejo de Indias)의 관할 아래 놓여 있었다. 그리고 마닐라 갤리온 무역에 투자하거나 아메리카로 갈 상품들을 갤리온 선에 실을 수 있는 사람들은 오로지 필리핀에 거주하는 스페인 사람들이었다. 당시 스페인 왕실은 해상무역을 독점하는 정책을 표방했고, 이를 위해서 세비야 상인에게 특권을 부여했다. 그리고 이 특권 상인을 보호하기 위해서 식민지 간의 무역은 최대한 제한하려고 했다. 그러나 필리핀은 스페인에 즉각적인 이득을 가져다줄 어떠한 자원도 없었다. 그래서 스페인 왕실은 스페인의 식민지 사람들에게 이익을 보장하고 식민지에 새로운 사람들을 유치할 필요에서 식민지 간의 교역인 마닐라 갤리온 무역을 식민지인들이 담당하는 것을 용인해왔다.

이렇게 해서 스페인 본토의 스페인인, 멕시코나 다른 아메리카 식민지의 스페인인들은 마닐라-아카풀코 무역에 참여할 수 없었다. 그러나 중국과 스페인의 금은의 교환비율 차이로 인해서 아메리카에서 은의 생산이 증가하면서 멕시코뿐만 아니라 페루의 스페인인들도 마닐라와의 무역에 은밀히 참여했다. 물론 유럽 상인 및 상선역시 이 무역에 참여할 수 없었고, 마닐라 항에 들어와 교역을 할 수 있는 사람은 오로지 아시아 상인들이었다.

이렇게 스페인이 갤리온 무역의 담당자를 제한한 것은 스페인 왕실이 제정한 레코필라시온(Recopilación)이라는 법령에 의거한 것으로서, 필리핀 거주 스페인인들에게만 오직 갤리온 무역을 할 수 있는 독점적 권한을 부여했다. 당시 필리핀에 있던 상인들은 자기들만의 독점적인 선주연합체를 가지고 있었고 그 조직을 이끌었던 사람들은 일종의 무역이사회인 강력한 레알 콘술라도(Real Consulado : 상인 길드 조직)를 만들어 무역을 통제했다. 이 무역이사회는 마닐라의 부유한 사람들과 스페인인으로 영향력 있는 사람들 및 교회, 군대, 또는 식민정부를 대변하는 사람들로 구성되어 있었다. 한 예로, 레알 콘술라도의 구성원 159명 중 25명만이 실질적인 상인이었고 56명은 단지 무역수수료를 챙기는 사람들이었으며 나머지 사람들은 여러 다양한 직업을 가지고 있었다. 1586년 갤리온 무역의 전성기에 갤리온 선에 물건을 실어 보낸 선주는 194명이 있었고, 2세기 후에는 그 숫자가 28명으로 줄어들었다.[22]

한편, 엔코멘데로(encomendero)라고 불리는 평민들도 스페인 법의 규정에 따라서 이 무역에 종사할 수 있었다.[23] 원래 엔코미엔다(encomienda)는 원주민 인디오들에게 세금을 부과하고 원주민들을 강제로 사역하기 위해서 만든 제도로서 스페인 왕은 정복자들이나 교회에 엔코멘데로라는 직을 부여하고 권한을 주어 엔코미엔다를 유지하게 했다. 그리고 엔코멘데로는 원주민들을 통치하고, 보호하며 그들을 기독교로 개종시키는 대가로 그들로부터 공물이나 노동력을 받을 수 있었다. 그러나 이 논란 많은 강제노동 제도는 멕시코에서는 1542년에 폐지되었지만, 필리핀에서는 여전히 존속했다.

교회, 성직자, 종교단체는 갤리온 무역의 최대 투자자

갤리온 무역과 관련하여 특권을 누렸던 사람들 중에는 갤리온 무역 종사자는 물론 마닐라에 거주했던 스페인 성직자나 교회도 있었다.[24] 당시, 아시아에 선교사를 보냈던 여러 수도회는 물론이거니와 필리핀 교구의 가톨릭 교회는 1638년 스페인 국왕의 칙령에 의해서 갤리온 무역에 참여했다. 그러나 교회는 이 칙령이 나오기 훨씬 전부터 마닐라 갤리온 교역에 손을 댔었다.

당시 필리핀 총독이었던 다스마리냐스(Gómez Pérez Dasmariñas, 재임 1590~1593)는 상부의 주교로부터 말단의 신부에 이르기까지 교회의 성직자들은 모두 뛰어난 상인이었다고 토로하고 있다. 1590년대, 마닐라 초대 주교였던 플라시도 도밍고 데 사라사루(Frey Placido Domingo de Zarazaru, 재임 1579~1594)는 자기 휘하의 사제들이 얼마나 많이 악명 높은 갤리온 무역에 참여했는지, 그리고 원주민들 사이에서 얼마나 추문에 휩싸였는지를 언급하고 있다. 한편, 로하스(Pedro de Rojas) 임시 총독(재임 1593년)은, 필리핀에 거주했던 사람들은 너도나도 아카풀코 무역에 얽혀 있었다. 그러나 그들은 갤리온 무역과 같은 우악스러운 일에는 전혀 적합하지 않았고, 게다가 여성적인 데다가 악습에 물들었고, 사치스럽고 화려한 복장이나 하고 미식을 즐겼으며, 게다가 늘 술에 쩔어 있었다고 국왕에게 보고했다.

그 외에 거대한 규모의 종교단체도 갤리온 무역에 소요되는 막대한 자금의 주요 공급자이자 투자자였다. 미세르코르디아 (Misercordia)라는 종교단체는 1734~1766년 동안 300만 페소 이상의 자금을 제공했고, 갤리온 무역에서 나온 이윤으로 스페인 당국이 설립한 종교단체 오브라스 피아스(Obras Pías)는 500만 페소를 갤리온 무역에 투자하기도 했다.[25] 그러나 이 특권이 상인들에 의해서 남용되자 마닐라의 로드리게스(Juan Angel Rodríguez) 대주교는 1737년, 많은 비스페인인 성직자들을 필리핀에서 추방했는데, 그 이유는 이들이 네덜란드, 포르투갈, 프랑스 상인들을 위한 무역 중개자로 활동했기 때문이다.[26]

그 동기야 어찌 되었든 갤리온 무역에서 파생된 이익은 무역 당사자인 상인들뿐만 아니라 그 무역에 간접적으로 참가했던 사람들, 즉 관리, 군인, 성직자들에게도 많은 혜택을 주었다. 갤리온 선에 실린 화물의 가치가 얼마나 컸던가에 대해서는 1587년 영국 배에 의해서 나포된 스페인의 산타 아나(Santa Ana) 호의 예를 보면 잘 알 수 있다. 이 배의 화물은 마닐라에서 선적되었을 때는 약 100만 페소의 가치를 가지고 있었지만, 멕시코 시장에서 판매될 때는 200만 페소를 넘었다.[27]

멕시코의 알마세네로스

멕시코의 경우, 마닐라-아카풀코 무역은 실제로 알마세네로스 (almaceneros : 창고 주인)라고 불리는 멕시코 대상인들의 손아귀에 있었다. 멕시코 상인들은 적은 자본으로 갤리온 무역에 뛰어든 다른 지역의 상인들과는 달리 두둑한 자금력을 바탕으로 아카풀코에 들어온 아시아 상품들을 전매했다.[28] 이에 따라, 1586년에 이미 필리핀의 스페인인들은 인디아스 자문회의에 멕시코의 상인들이 많은 액수의 은을 탁송하여 중국제품을 몽땅 사 모았기 때문에 재력이 부족한 필리핀 제도의 스페인인들은 갤리온 무역에서 이익을 누릴 수 없다고 호소하기까지 했다. 스페인 당국은 이들 멕시코인들이 멕시코와 필리핀 사이의 무역과 관련하여 계약이나 규정에 영향을 끼치고 또 그들이 도매업자로서 가격이나 상거래를 좌지우지할 것이라고 우려했다.

이에 1590년 스페인 국왕은 멕시코 부왕령에서 필리핀으로 은을 이송하는 것을 금지시켰다. 그리고 멕시코 상인이 갤리온 무역에 투자하기 위해서는 필리핀에 적어도 8년 이상 거주하고 시민권을 가져야 가능하다고 못을 박았다.[29] 그러나 이런 법들은 계속 나오긴 했지만, 그 대부분은 실효가 없었다.

멕시코 상인들은 스페인을 배제하고 아시아의 비단 공급자와 직접 교역하기를 선호했는데, 그 이유는 그들과 직접 교역을 하게 되면 운송료를 절감하고, 세금을 피하며, 비단을 위시한 값비싼 상품들을 스페인에 공물로 바치지 않아도 되었기 때문이다.

한편, 마닐라의 스페인인들 중에는 멕시코 상인의 중개, 대리인이 되어 중개 수수료로 생활하는 사람들도 점차 증가했다. 그 결과, 이런 대리상이나 멕시코 상인들과 밀접한 관계를 가진 마닐라의 유력 상인들만이 무역의 이윤을 서로 나누어 가질 수 있었다. 이런 점에서 보면 결국 마닐라 갤리온 무역은 멕시코 상인들에 의해서 좌지우지되었다고 할 수 있다.

갤리온 무역과 유대인

포르투갈 유대인들은 일찍이 아메리카 대륙이 발견되면서 신세계에 도래했지만, 그들의 존재가 두드러지게 나타나는 것은 1580년대에 들어오면서부터였다. 이 시기는 스페인이 포르투갈을 병합한 시기로서, 아메리카에 진출한 포르투갈 "신기독교인들(cristianos nuevos)"은 상업 분야에서의 그들의 탁월한 재능에 의해서 17세기 아메리카 식민지 사회의 중요한 위치를 차지하게 되었다.[30]

포르투갈의 신기독교인 상인들 중에서 성공한 사람들은 농장이나 광산을 소유했고 반(半)금융업자(semi-rentista)나 부동산업자로 바뀌었다. 멕시코에 거점을 둔 포르투갈 상인들은 카르타헤나, 마라카이보, 캄페체(Campeche), 아바나(la Habana), 마닐라의 상품들을 베라크루스나 아카풀코 항구를 통해서 교역했고, 리마에 거점을 둔 포르투갈 유대인 상인들은 노예무역과 포토시의 은을 교환하는 무역 활동을 전개하였다. 이들은 포르토벨로(Portobelo), 파나마, 카르타헤나, 아카풀코 항구를 통해서 해상 무역활동을 주도했다. 한편, 카르타헤나의 포르투갈 상인들은 카리브 해의 여러 항구에서 노예무역을 했다.[31]

한편, 포르투갈 유대인들과 멕시코의 유대인들은 마닐라,·아카풀코 및 페루의 카야오 항구를 잇는 갤리온 무역을 통해서 하나의 경제 네트워크를 구성했다. 태평양을 통해서 이루어진 이 국제무역은 네덜란드, 영국, 프랑스 등 유럽 여러 나라의 이해관계가 얽히고, 상호 간의 경쟁으로 인하여 스페인 제국에 의해서 엄격히 규제되고 통제되었다.

스페인 왕실이 포르투갈 유대인에게 가졌던 불신은 그들의 신앙이 "의심스러운 신앙"이라는 종교적 이유와 그들이 스페인의 적국인 영국이나 네덜란드와 교역을 한다는 정치적인 이유에서였다.[32] 뒤에서 더 상세히 언급하겠지만 스페인은 이런 맥락에서 1604년 허가(permiso) 규정을 공포하여 카야오와 아카풀코 간의 갤리온 선 운항을 1년에 단 한 차례만으로 한정했고, 1634년에 칙령을 재차 공포하여 이 무역을 완전히 금지시켰다.[33] 그리고 페루 부왕령이 갤리온 무역을 통해서 커다란 이득을 보게 되자 스페인은 마닐라와 카야오 간의 직접 항해를 통한 교역을 금지시켰다. 이 모든 조치는 스페인이 자국 산업을 보호하고 제국 내의 은과 같은 귀금속을 지키려는 데에 그 목적이 있었다.

그러나 스페인의 이런 금지 조치에도 불구하고 이 무역은 스페인 당국의 감시를 피해 불법적으로 지속되었는데, 이런 위험한 상황 속에서 이 무역을 담당한 사람들은 포르투갈 신기독교인들이었다.[34]

아프리카 노예무역이나 갤리온 무역은 이제까지는 볼 수 없었던 스페인 식민지 내외에서 이루어진 혁신적인 무역으로서, 포르투갈 유대인의 활발한 상행위는 관료주의에 입각한 스페인 왕실과 전통적 상인들이 지배했던 독점무역 구조를 뒤흔들었다. 이 모든 무역은 반스페인적인 정치적, 사회적 움직임에 대해서 엄격한 제재를 가했던 스페인 왕실의 윤리적 기준과 종교적 적대 정책에도 불구하고 이루어졌다. 포르투갈 유대인들은 스페인 왕실의 재정적 욕구와 그들의 경제적 이익 사이에서 조화롭게 대처했다.[35]

이런 포르투갈 유대인들의 왕성한 상업 활동으로 가장 큰 피해를 본 사람들은 스페인 상인들이었다. 스페인 상인들이 인디아스 루트를 통한 독점 교역에 안주하면서 자신의 상점이나 창고에서 갤리온선에서 가지고 온 상품들을 파는 등 수동적인 경제 활동을 펼쳤다면, 포르투갈 출신 유대인들은 스페인 식민지의 각 항구들과 아메리카 내륙을 하나로 연결시킨 새로운 무역 패턴을 창출했다. 그들은 "이동상인"으로서 항구에서 하역한 상품을 내륙에서 팔거나 아니면 항구에서 각 지역의 산물들을 교환하는 식의 상업 활동을 전개했다.[36]

이렇게 유대인 상인들은 스페인 상인들의 독점적 상업 구조를 무너뜨리면서 남부 태평양 해안을 중심으로 소주(aguardiente), 와인, 카카오, 소금과 같은 산물이나 물품들을 교역했다. 그리고 이를 통해서 자본을 축적하면서 그들은 대금업자로 바뀌어 스페인 상인이나 아센다도(hacendado : 대농장인 아시엔다[hacienda]의 주인임)의 주요 채권자가 되었다. 종국에 포르투갈 유대인과 스페인 상인의 관계는 채권자와 채무자의 관계로 바뀌게 되었다.[37]

앞에서 언급했듯이, 유대인 상인들 대부분은 아프리카 흑인 노예

무역에 종사했다. 이들은 스페인 왕실과 독점 계약을 맺어 이 무역을 지배하고 있었다. 결과적으로 스페인 식민지는 이 무역을 독점하려는 스페인 상인들의 끝없는 기도에도 불구하고 노예 공급을 포르투갈인들에게 의존하고 있었다. 한편, 포르투갈 유대인들은 노예무역뿐만 아니라 수익성 있는 모든 사업이나 교역들, 즉 진주, 다이아몬드, 에스메랄다와 같은 보석, 금, 은, 인디고, 카카오, 설탕, 와인 및 기타 식민지 다른 상품뿐만 아니라 중국, 스페인 및 여타 유럽 나라들의 상품을 취급했다.

포르투갈 유대인들이 스페인 식민지에서 교역을 확대하게 되면서 그동안 스페인 상인들의 수중에 있던 상당한 양의 은은 스페인으로 들어가지 않고 다른 곳으로 유출되었다. 이는 스페인 식민당국과 스페인 상인에게는 커다란 위협이 되었고, 이로 인해서 스페인의 중상주의는 심각하게 훼손되었다. 그러나 갖가지 방해와 어려움에도 불구하고 포르투갈 유대인들은 그들의 이런 해상 무역을 통해서 스페인의 아메리카 식민지를 하나로 연결하는 역할을 담당했다.[38]

갤리온 무역품

다시 정리하자면, 마닐라 갤리온 선이 아카풀코로 싣고 간 중국의 수출품 중에는 상품가치가 있는 비단이나 도자기가 주류를 이루었지만, 무엇보다도 견제품(絹製品)이 압도적인 비중을 차지하고 있었다. 견제품으로는 비단, 원사(原糸)를 시작으로 벨벳, 태피터(호박단

그림 12. 갤리온 선에 실렸던 물건들. 은화, 도금된 목걸이, 장식함, 장, 부채, 성물(聖物), 향신료가 보인다. 출처: El Galeón de Manila Wordpress

의 일종), 프리마베라(Primavera : 광둥산 꽃무늬 비단), 노블레사 (Nobleza : 다마스코산 고급 능직 비단), 금은을 입힌 비단으로 짠 셔츠, 망토, 로브, 옷, 벨벳 코르셋, 스타킹(배 한 척에 5만 켤레 이상을 적재하는 경우도 있었다), 교회의 호화로운 예배복, 생활용 품, 즉 침대 커버, 손수건, 식탁보, 냅킨 등 온갖 종류 및 품질의 물건들이 있었다. 한편 인도 무굴 제국의 고급 면사도 있었고, 중국이나 필리핀에서는 이것이 직물로 만들어져 많은 양이 수출되기도 했다.

이외에도 몰루카, 자바, 실론에서 온 향신료, 페르시아의 카페트 및 융단, 도자기, 보석 장 식품, 금제 장식품, 보석류, 비취, 벽옥, 잡화품(한 예로 여성용 빗이 배 한 척에 수천 개씩, 심지어 1767년에 떠난 산 카를로스 호에는 8만 개 이상이 실렸다), 상아와 백단으로 만든 부채, 상아제품, 금은제 식기, 장식된 책상과 선반 등 갖가지 희귀한 물품들이 있었다.[39] 중국인은 스페인의 취향을 고려한 상품들을 선보였고 스페인으로부터 견본을 얻기도 했다.

갤리온 선을 통해서 멕시코로 보내진 상품들로서는 음식물이나 음료로 향료, 야자주(palm wine) 등이 있었고, 원자재나 약재로서 중국에서 온 호박(琥珀), 안식향, 마닐라 삼, 원면 및 비단실, 철, 백단, 염료, 주석, 왁스 등이 있었으며, 제조품으로서는 자기, 비단과 면직물, 보석, 문방구류, 차양, 팬시 상자, 그리고 온갖 종류의 사치품, 소장신구, 중국 취향의 물건 등이 있었다.[40] 중국배들이 가지고 온 아시아 산물로서는 중국으로부터 직물 및 비단(양말 및 손수건), 침대 시트 및 테이블보, 중동의 산물로서는 페르시아 양탄자, 인도의 산물로서는 면 조각, 일본의 산물로서는 부채, 옷장, 함 및 궤, 옻칠한 보석상자, 빗, 방울, 병풍, 문방구, 도자기 등이 있었고 몰루카, 자바 및 실론의 향신료(정향, 후추, 계피)가 있었다. 이외에 낙타털, 왁스, 또는 상아 조각품, 등나무 바구니, 옥, 호박, 보석, 나무 및 코르크,

자개 및 진주 조개, 철, 주석, 화약, 중국산 과일 등이 있었다.[41] 한편, 18세기 말경에는 차나 마닐라산 시가가 멕시코에 들어왔다. 또한, 갤리온 선에 실려 일부 노예들이 아메리카로 들어갔다.

한편, 멕시코에서 아시아로 갔던 물품 중에서 양은 그리 많지 않았지만, 멕시코 특산의 코치니요(cochinillo) 벌레의 붉은 물감, 필리핀 거주 스페인 사람들을 위한 생활 용품으로 스페인산 포도주, 올리브 기름, 가죽 가방이 있었고, 독일, 프랑스, 제노바에서 온 단검, 칼, 칼집, 마구 등도 있었다.[42] 그러나 갤리온 무역을 통해서 건너간 아메리카의 작물은 아시아, 유럽의 음식 문화를 변화시켰다. 주로 아메리카가 원산지인 씨앗, 고구마, 담배, 완두콩, 초콜릿 및 카카오, 수박, 포도나무 및 무화과 나무 등이 있었다. 그러나 무엇보다도 멕시코에서 건너간 수입품의 대부분은 뒤에서 더 상세히 언급하겠지만, 은화(특히 8레알 은화) 또는 은덩어리였다. 물론, 갤리온 선에 실린 상품들의 종류는 각각의 시장 조건에 따라서 바뀌기도 했다.[43]

마닐라에서 들어온 아시아 상품들의 일부분은 아메리카, 즉 현재의 멕시코에서 하역되었고, 나머지는 페루 부왕령으로 재수출되었다. 마지막으로 남은 물건들은 노새로 멕시코 만에 위치한 베라크루스 항구로 옮겨져 거기에서 다시 갤리온 선에 실려 스페인의 세비야로 보내졌다.[44]

<u>4</u>

갤리온 선

갤리온 선이란?

갤리온 선은 16세기 후반에서 18세기 무렵까지 전 세계 대양을 무대로 활약했던 범선이었다. 스페인어로 갈레온(Galeón), 영어로는 갤리온(Galleon)으로 불렸던 이 배는 대항해시대 전반에 걸쳐 원거리 항해가 가능했던 캐럭 선(Carrack)에서 발전한 형태로서, 캐럭 선보다 속도도 한층 빨랐다. 그리고 복층 갑판에 돛도 3개에서 4개 또는 5개로 늘어나 바람의 저항도 훨씬 덜 받았다. 그러나 흘수가 얕아 안정성이 결여되어 배가 쉽게 전복된다는 단점도 있었다. 물론 뒤에 기술이 발전하면서 갤리온 선도 서서히 안정성을 구비하게 되었다. 그리고 캐럭 선에 비해 배의 건조비용도 저렴하여, 캐럭 선 3척을 건조할 비용으로 갤리온 선 5척을 건조할 수 있었다.

또 한 가지, 대양 항해를 통한 무역이 각국의 중요한 산업이 되고, 유럽 각국 간에 해상을 통한 경쟁과 무력충돌이 높아지면서 갤리온 선은 군함으로서 포격전에도 아주 유리했다. 예를 들어, 스페인의 유명한 무적함대(Armada Invencible)의 기함이었던 산 마르틴(San

그림 13. 갤리온 선

Martín) 호는 1,000톤급의 배로서 승무원 600명에 50문 가량의 대포를 탑재하고 있었다.

그러나 갤리온 선은 무엇보다 많은 화물을 적재할 수 있어 무역선으로 안성맞춤이었다. 이런 장점 때문에 유럽의 여러 나라들은 갤리온 선을 건조하여 군함과 대형상선으로 운용했다. 스페인은 이 배를 더 크게 만들어 마닐라와 아카풀코 간의 태평양 항로를 횡단하고 신대륙 식민지의 부를 본국에 호송하기 위해서 이 배를 사용했다. 유명한 해적왕 프랜시스 드레이크가 세계일주에 사용한 골든 하인드(Golden Hynd) 호도 갤리온 선이었다.

갤리온은 18세기 초기까지 계속 사용되었지만, 영국과 프랑스에서 수송용 범선인 플루이트(fluyt) 호나 2개의 돛을 가진 감시선

브릭스(brigs) 호와 같은 보다 뛰어나고 가벼운 범선이 등장하면서 기존의 갤리온 선은 더 이상 교역 및 해군함으로 적합하지 않게 되었다. 게다가 19세기에 풍력에 의존하지 않는 증기선이 등장하면서 자취를 감추게 되었다.

배의 척수와 크기

마닐라 갤리온 무역은 스페인 왕실이 직접 관리했던 무역으로서 무역액이나 배의 척수, 배의 크기 등이 모두 왕실에서 결정되었다. 이런 배경에서 필리핀 총독을 비롯한 관리들과 필리핀 방위를 위해서 파견된 사병들의 봉급, 배의 건조와 수리 비용, 요새 건설 등 필리핀 식민지를 유지하는 데에 드는 모든 비용은 멕시코 부왕령에서 지출되었다. 이를 적자보전금(赤字補塡金)인 시투아도(situado)로 부르는데, 이 지원금은 은화 또는 은괴의 형태로 무역선에 실려 마닐라에 송금되었다.[45]

항로가 개통된 초기에 태평양을 왕래하는 배에 대한 크기 및 척수, 그리고 규정은 없었다. 그러나 마닐라 갤리온 통상이 스페인 국왕의 관리하에 들어가면서 1593년 칙령이 공포되었고, 이에 따라서 배의 척수는 2척 이내로 한정하고, 1척은 예비로 아카풀코에 배치토록 했다. 그러나 1602년에는 3척, 1603년에는 4척, 1604년에는 3척이 마닐라를 출항한 것을 보면, 그 규정은 지켜지지 않았던 것 같다. 또 예비로 남긴 1척의 배도 여유는 없었다. 실제로는 매년

1~2척을 보냈지만, 1척을 보낼 경우 위험부담이 높아질 것을 우려하여 1720년에는 스페인 왕실의 칙령을 통해서 2척의 배로 결정되었다. 그러나 이것도 실제로는 1731년까지는 1척밖에 보내지 않았다. 1731년, 1733년 1736년에 갤리온 선 2척을 보낸 적은 있지만, 많은 경우 2척이 항해한 적은 좀처럼 없었다. 사실 2척을 보내면 위험부담은 덜 수 있었지만, 비용이 만만치 않아 대부분 1척을 보내는 경우가 많았다. 결국 1743년에 갤리온 선 2척을 보내는 규정은 파기되었다.[46]

한편, 1593년의 칙령에서는 각 배의 용적을 최대 300톤으로 정했지만, 이 크기가 너무 작다고 생각되어 이 제한은 지켜지지 않았고 강요되지도 않았다. 특히 비용 측면에서 볼 때 작은 배 2척보다는 큰 배 1척을 선호했다. 1720년에 배의 크기에 대한 제한이 560톤까지 높아졌지만, 현실적으로 이것 또한 실질적인 영향을 발휘하지는 못했다.

현재 배의 용적과 관련되어 공식적으로 남아 있는 기록 문서는 없다. 이런 배경에서 배의 용적은 선적된 화물의 양으로 추측할 수밖에 없는데, 이것 또한 많은 양의 밀수분은 포함되지 않은 것이기 때문에 정확하다고는 할 수 없다. 결국 배의 크기에 관한 것은 지금까지 남아 있는 이런저런 문서 자료를 보고 추정할 수밖에 없다.

1573년에 마닐라 갤리온 무역이 시작되고, 막대한 이익을 얻을 수 있다는 것이 알려지면서 10년 후에는 700톤의 배를 사용하게 되었고, 17세기 초에는 1,000톤을 넘는 배도 있었다. 1610년대 후안 데 실바(Juan de Silva) 총독이 추진한 동인도 정복 함대에는 2,000톤의 배가 1척, 1,600톤 배 1척, 1,300톤 배 2척, 800톤 배 2척, 700톤 배가 2척이 있었다.

18세기가 되자 조선 기술이 진보하면서 배의 용적도 커졌다. 1718년 부스타만테(Fernando Manuel de Bustillo Bustamante) 총독은 스페인 국왕에게, 아카풀코에는 612톤, 900톤, 1,000톤 배, 즉 총 3척의 배가 있다고 보고하고 있다. 크고 유명한 배로서 1746년에서 1761년까지 취항했던 로사리오(Rosario) 호는 1,710톤, 1755년 영국 군함인 팬서 호에 나포되어 영국으로 끌려간 산티시마 트리니다드(Santísima Trinidad) 호는 2,000톤에 달했다. 그러나 갤리온 선으로서는 대체로 500에서 600톤급의 배가 가장 많이 선호되었다.[47]

갤리온 선은 필리핀에서 건조되었다

마닐라 갤리온 무역에 사용된 배는 대부분 필리핀에서 건조되었다. 그러나 대서양 항로(이른바 인디아스 항로)에서 사용한 배는 스페인 본국의 바스크 지방에서 상당수가 건조되었고, 쿠바 등 인디아스 제도에서도 건조되었다. 또 페루 부왕령의 배는 현재 에콰도르의 과야킬(Guayaquil) 등 남미 태평양 해안에서 건조되었다.

그러나 마닐라 갤리온 선을 스페인 본국에서 마젤란 해협을 통과하여, 다시 태평양을 건너 필리핀으로 가지고 오는 것은 힘들기도 했고 또 현실적이지도 않았다. 초기, 스페인이 태평양 해안에 진출하여 멕시코에서 태평양을 횡단하거나 태평양 서안을 북상하여 탐험할 때는 나비닷을 출발했기 때문에 자연스레 이 항구에 인접한 현지의 목재를 사용하여 배를 만들었다. 그러나 마닐라 갤리온 무역이 확립되면서 나비닷 항구는 더 이상 쓸모가 없어지게 되었고 대신 아카풀코가 수도인 멕시코 시티에서 가깝다는 이유로 마닐라 갤리온 무역의 기지가 되었다.[48]

그러나 아카풀코는 항구로서는 안성맞춤이었지만, 조선소를 세울 적합한 용지도 없었고, 배를 건조할 노동력도 없었으며, 무엇보다 조선용 목재가 없었다. 반면에 필리핀은 갤리온 선을 만들 적당한 목재와 값싼 노동력이 풍부했다. 이런 이유로 마닐라 갤리온 항로에 사용되었던 배는 초기를 빼면 대부분은 필리핀, 즉 마닐라 근교의 카비테에서 주로 건조되었다. 한편, 마닐라-아카풀코 간의 태평양을 횡단하던 갤리온 선 외에 일본을 포함한 아시아 역내 교역에 종사한 갤리온 선도 있었다. 이른바 아시아 갤리온 선이라고 불린 이 배들 역시 필리핀에서 건조되었다.[49]

처음에는 아카풀코에서 온 배가 마닐라에 도착한 뒤에 다시 아카풀코로 돌아가야만 하는 상황이었기 때문에 필리핀 마닐라에서는 수리만이 이루어졌다. 그러나 갤리온 무역이 성행하면서 필리핀에서 새로운 배를 직접 건조하는 것이 경비도 절감되고 모든 면에서 효과적이었기 때문에 이후에는 주로 필리핀에서 갤리온 선이 건조되었다.

1610년대 후안 데 실바 필리핀 총독 시대에는 카마린(Camarin)의

해안에서 2척, 알베이(Albay) 주의 바탄(Batan)에서 2척, 마린두케에서 1척, 또 민도로 섬, 마스바테에서도 건조되기도 했지만, 주로 마닐라 근처의 카비테에서 많은 배가 건조되었다. 카비테에서는 멕시코와의 무역용 배뿐만 아니라, 민다나오 섬의 이슬람 교도들과의 전투용 갤리선 등 소형 선박도 건조되었다.

한편, 조선에 적합한 티크 나무가 많이 생산되는 캄보디아와 시암에 배의 건조 감독관 및 목수를 파견함으로써 이 두 나라에서도 마닐라 갤리온 선이 건조되기도 했다. 1650년경에는 디에고 파하르도(Diego Fajardo) 총독이 캄보디아 왕국에 갤리온 선 1척을 발주한 기록도 있다. 그가 이 나라에 배의 건조를 맡긴 것은 필리핀에서 건조했을 때보다 우선 비용이 저렴하고, 동시에 목재의 벌채 등 필리핀 현지인에 대한 과중한 부역으로 반란이 일어나는 것을 피하기 위해서였다. 따라서 파하르도 총독은 캄보디아 국왕에게 아카풀코로 갈 갤리온 선의 부족분에 대한 건조를 요청했지만, 추가 비용이 계속 발생하면서 결과적으로 캄보디아에서의 건조 비용이 더 비싸지게 되었다.

파하르도 총독의 후임인 만리케 데 라라(Manrique de Lara) 총독이 부임하면서 이에 대한 갖가지 문제를 발견하고 개혁에 나섰다. 그중의 하나로 캄보디아에 배를 발주하는 것을 중지하고 카비테를 정비하여 이곳의 조선소를 확충했다. 위에서 언급한, 캄보디아에 발주한 누에스트라 세뇨라 델 로사리오(Nuestra Señora del Rosario) 호는 1654년에 건조되었는데, 필리핀으로 회항하는 도중 난파했고

다수의 사람들이 사망했다. 한편, 카비테에서는 갤리온 선에 비치할 대포도 주조되었다.[50]

선박의 건조와 수리, 자재 조달과 비용

갤리온 선 건조에 들어가는 재목은 남양재(南洋材)로서 모두가 단단한 재질의 나무들이었다. 배의 선체나 갑판에 들어가는 목재로는 경재(硬材)인 티크 나무가 자주 사용되었고, 돛대로는 소나무, 그리고 용골, 방향키, 내부용 자재로는 너도밤나무가 사용되었다.[51]

배의 건조는 주로 중국인 목수들이 했고, 거친 일은 무어인 감독 하에 필리핀인 노동자들이 담당했다. 당시 필리핀 현지인들은 일종의 강제부역이라고 할 수 있는 레파르티미엔토(Repartimiento) 제도에 따라서 징발되어 1년에 40일간 강제노동에 종사했다. 그중에는 토목공사와 함께 갤리온 선 건조를 위한 목재의 벌목, 그리고 대형 범선의 노 젓는 일과 같은 노동도 있었다. 그들은 라구나(Laguna) 주의 산에 들어가 나무를 벌목했고, 배 1척을 건조하기 위해서 6,000명의 원주민들이 동원되었다.[52] 이런 종류의 산속 노동은 매우 힘들고 이에 따라서 많은 희생자가 나왔다. 갤리온 무역이 행해진 오랜 기간 동안 배를 수리하거나 새로운 배를 건조할 때마다 필리핀인들이 당하는 고통은 말할 수 없이 컸고, 이에 따라서 반란도 자주 일어났다. 물론 스페인 국왕은 칙령을 공포하여 필리핀인들에 대한 가혹한 노동이나 학대를 금지했지만, 그 효과는 거의 없었다.

한편, 필리핀에는 갤리온 선을 건조할 재목은 풍부했지만, 꼭 필요했던 철은 절대적으로 부족했다. 이에 필리핀 총독부는 인도네시아에까지 원정대를 보내 철광 자원을 확보하려고 했지만 성공하지는 못했고, 결국 인도, 중국 등에서 수입했다. 게다가 난파선이 생기면 그 배에 실린 은과 상품을 회수하는 것은 물론이거니와 쇠못이나 기타 철 재료를 회수하는 데도 열을 올렸다.

앞에서 언급했듯이 갤리온 선의 건조와 수리에 드는 비용은 필리핀 식민정부가 모두 부담했다. 그러나 필리핀 총독부의 통치 재원이 멕시코 부왕령이 매년 보내는 시투아도(situado), 즉 적자보전금으로 이루어졌음을 볼 때, 배의 건조와 운항과 관련된 것은 멕시코 부왕이 총괄하고 있었다. 이에 따라서 부왕은 함장이나 선장, 선원에 이르기까지 약 500명에 달하는 승무원을 임명할 권한을 가지고 있었다. 물론 그들의 급여와 항해비용도 부왕청에서 지급되었다. 또한 부왕은 용선료의 결정, 필리핀으로의 여행 허가장을 발급할 수 있는 권한을 가지고 있었다. 법적으로 부왕은 여타 식민지 관리처럼 갤리온 교역에 직접 참여할 수는 없었다. 그러나 자신의 가족이나 지인을 갤리온 무역에 붙여 자기 몫의 이득은 챙겼다.[53]

1587년 베라(Santiago de Vera) 총독은 국왕 펠리페 2세에게 500톤의 배 1척을 8,000페소의 비용으로 건조했다고 보고하고 있다. 같은 시기에 멕시코의 부왕은 군함용으로 3척의 갤리온 선을 구입했고, 그 가격이 3,500페소, 13,500페소, 14,000페소였다고 언급하고 있다.

그러나 갤리온 선의 건조 비용은 시간이 흐르면서 크게 늘어났다.

18세기 후반에 만들어진 필리피노(Filipino) 호는 초기 건조비용이 95,857페소, 팡가시 해안에서 만들어진 산 카를로스(San Carlos) 호는 10만 페소, 산 호세(San José) 호는 18만 페소, 바가타오에서 건조된 2,000톤급의 거선 산티시마 트리니다드 호는 무려 23만 페소에 이르렀다. 1750년 필리핀 총독으로 부임한 프란시스코 호세 데 오반도는 2,700톤에 19,000피에사(pieza)를 적재할 수 있는 대형 선박 누에스트라 세뇨라 델 로사리오(Nuestra Señora del Rosario) 호를 124,000페소에 건조했는데, 1746년부터 1751년 사이에 고작 광둥과 아카풀코를 2번 항해했음에도 불구하고 선체를 수리해야 한다고 하면서 그 비용으로 스페인 국왕에 6만페소를 청구하고 있다.

당시 필리핀에 와 있던 한 프랑스인은, 필리핀의 산림은 국왕의 소유이기 때문에 목재를 구하는 데에 비용도 들지 않고 싼 노동력도 무제한인데, 이렇게 터무니없이 배 건조에 많은 비용이 든 것은 관리들이 자행한 수많은 부정부패에서 기인한다고 비판했다.[54]

당시 멕시코에서 마닐라로 배가 들어오면 그 배는 수리나 관리 없이 해체된 채로 6개월간 폭우와 바람, 뜨거운 햇빛 아래 그대로 방치되어 있었다. 그리고 바다에 1년씩 있는 일이 비일비재했다. 오반도 총독은 위에서 언급한 산티시마 트리니다 호를 건조하기 위해서 정부의 재원과는 별개로 가톨릭 빈민구제원과 자선단체인 오브라스 피아스(Obras Pías)에서 재원을 융통하였고, 회사를 만들고 주식을 발행하여 3만 페소의 건조 자금을 조달하기도 했다.

갤리온 선의 승무원

대부분의 마닐라 갤리온 선이 필리핀에서 건조되었던 것처럼 그 배를 조종한 사람들도 대부분 필리핀인들이었다. 멕시코에 거주하는 스페인인 중에서 한몫 잡을 생각에 필리핀으로 가려고 했던 사람들이 있었는데 뱃삯이 1,500페소로 너무 비싸 엄두를 못 냈고, 이에 많은 사람들은 선원으로 자원하여 승선했다. 1724년 갤리온 선의 예를 보면 전체 승무원 중 1/3만이 스페인인이었고, 인도인, 중국인도 끼어 있었다. 보통 선원의 급여는 연봉 150페소에서 300페소 사이였는데, 경험과 노련도에 따라 달랐다. 고참 선원은 선장이나 총독의 정실에 따라서 임명되었고, 심지어 항해 경험이 전혀 없는 사람도 선원으로 임명되어 배를 탔다. 심지어 읽고 쓸 줄을 모르는 사람이 서기 자격으로 따라갔거나, 때로는 선장이 되기도 했다.

급여는 연봉제였는데, 17세기 초에 선장의 급여는 4,325페소였지만, 여러 가지 다른 벌이를 하여 적을 때는 5만 페소, 많으면 10만 페소는 쉽게 벌었다고 한다. 함장(almirante)의 부관은 2,900페소, 항해사는 700페소, 갑판장은 325페소, 목수는 325페소, 그리고 대포의 포격수는 225페소 등이었다. 18세기 영국 군함에 의해서 나포되었던 갤리온 엔카르나시온 호의 함장 부관은 한 번 항해에 적어도 2만 페소, 선장은 15만에서 20만 페소의 수입을 벌어들였다.[55]

<u>5</u>

필리핀 정복과 식민

레가스피와 필리핀의 정복

1564년 11월 21일, 스페인의 로페스 데 레가스피(López de Legaspi)는 5척의 함선과 500명의 군인, 그리고 수도사와 함께 멕시코의 나비닷(현재 멕시코 서해안의 할리스코 주에 위치한다) 항구를 출항했다. 그는 루이스 데 벨라스코(Luis de Velasco) 부왕으로부터 태평양 건너 향료제도로 알려진 몰루카 제도를 정복하라는 명을 받고 떠났다.

그림 14. 로페스 데 레가스피

레가스피의 함대는 멕시코에서 태평양을 순조롭게 횡단하여 세부에 도착했다. 이어 그는 필리핀 토착 원주민 세력을 제압했고 이후 스페인령 필리핀의 본거지가 되는 마닐라 건설의 초석을 다졌다. 한편, 레가스피의 부하였던 마르틴 데 고이티(Martín de Goiti)는

그림 15. 레가스피의 필리핀 정복

1569년 말 300명의 스페인 군인들과 함께 세부를 출발하여, 필리핀 중부의 비사야(Visayas) 제도와 북부를 탐사했다. 그들은 파나이 (Panay) 섬에 도달했고, 민도로 섬 동쪽 해안의 중국 해적들과 싸워 그들을 격파해 섬 밖으로 내쫓았다. 그 후 스페인인들은 해안에 정착촌을 건설했다.

1570년 5월 8일, 스페인 군대는 마닐라 근교의 톤도(Tondo)에 있던 무슬림 거주 지역과 마닐라 지역으로 진군하여 라자 술리만 (Rajah Suliman)이 이끄는 무슬림 왕국과의 전투에서 승리하면서 이 일대를 제압했다. 이렇게 마닐라는 스페인에 의해서 정복되었다.

1571년 세부에 있던 레가스피는 본거지를 세부 섬에서 루손 섬의 마닐라로 옮겼다. 그리고 현지 무슬림 유력자들과 평화조약을 맺어 2명의 시장(oidor), 12명의 평의원과 1명의 위원장으로 구성된 마닐 라 시 평의회를 구성했다. 마침내 레가스피는 1571년 7월 24일,

마닐라에 영구적인 스페인인 정착촌을 세웠고, 이곳을 스페인 영토로 선언했다. 이렇게 레가스피가 루손 섬, 비사야 제도, 민다나오 섬 등 필리핀을 구성하는 3개 지역 중, 민다나오 남부를 제외한 모든 지역을 정복하면서 필리핀은 이후 250년 동안 스페인의 지배를 받게 되었다.

이런 과정을 통해서 스페인령 필리핀은 탄생했지만, 당시 스페인의 인디아스(Indias) 제도하에서 필리핀은 멕시코 부왕령에 속해 있었고 그 부왕의 관할하에 있었다. 그러나 실제로는 필리핀은 국왕의 대리로서 필리핀 총독이 독자적으로 통치하는 총독령이 되었다.

한편, 레가스피의 필리핀 정복이 끝나면서 아우구스티누스회, 도미니크회, 프란체스코회, 예수회의 수도회가 필리핀에 속속 들어갔다. 이들 선교사의 포교활동은 스페인의 지배 확립에 중요한 역할을 하게 되었고, 스페인 성직자들은 광대한 토지를 소유하고 정치적으로도, 경제적으로도 큰 힘을 가지게 되었다. 레가스피는 이런 선교사의 도움을 받아 필리핀에 식민지 정부를 세웠고, 그 자신은 필리핀 초대 총독이 되었다. 그리고 아메리카 대륙에서 그랬던 것처럼 현지인을 가톨릭으로 개종시켰다. 물론 그의 통치에 반대하는 사람들은 고문을 받고 처형되었지만, 그를 도왔던 사람들은 공적을 인정받아 엔코멘데로(encomendero)에 임명되었다. 그들은 현지인을 기독교로 개종시키고 보호하는 대신, 그들에게 노역을 시키고, 세금을 징수할 수 있는 권리를 얻었다. 1595년 11월 스페인은 공식적으로 마닐라를 필리핀 식민지의 수도로 정했고 스페인인들만을 위한 성벽 도시 인트라무로스(Intramuros : 성벽을 쌓은 스페인의 요새 지구)를 건설했다.

그러나 스페인의 영향력이 미치는 지역은 17세기 후반이 되어도 루손 섬 중부와 비사야 섬의 저지대에 그쳐, 민다나오와 술루 같은 지역에는 몇 번이고 원정대를 파견했지만, 그곳에 거점을 마련하지는 못했다. 1587년에 이미 루손 섬에서 그동안 누렸던 종래의 권익이 사라진 데에 불만을 품은 한 유력한 수장(首長)이 주변의 수장들과 동맹을 맺고 반란을 기도했다. 또한 스페인의 가혹한 세금 공출과 강제노동으로 인해서 17세기 전반에 반기독교 반란이 필리핀 섬들에서 발생했다.

향신료와 은이 없었던 필리핀

그동안 스페인은 향신료를 구하기 위해서 여러 번 원정대를 보냈고, 마침내 그것을 필리핀에서 찾았다고 믿었다. 그러나 필리핀에는 기대했던 향신료는 물론이거니와 아메리카 대륙에서 보듯 쓸 만한 광산도 없었다. 레가스피가 필리핀에 들어가서 열심히 찾았던 것은 향신료, 특히 정향나무였다. 그러나 그는 그곳에서 특별한 산물을 발견할 수 없었다. 이런 실망감은 레가스피가 스페인 국왕에게 보낸 편지에 잘 나타나 있다. 그는 "필리핀에는 육계 이외에 아무것도 없습니다. 보아하니 여기는 별로 중요한 땅이 아니라고 생각됩니다" 라고 보고하고 있다.

사실 스페인인들에게 필리핀이라는 나라 자체는 변변한 자원도 없고 개발도 안 된, 식민지로서는 전혀 매력이 없는 땅이었다. 따라서 이런 척박한 환경에서 스페인인치고 농업에 종사할 사람은 아무도 없었다. 다시 말해서 필리핀 식민지는 수탈할 만한 것이 그리 많지 않았다. 이에 스페인은 해상교역에 활로를 찾을 수밖에 없었고, 후에 갤리온 무역이 이루어지자 모두가 이 이득이 큰 장사에 달려든 것은 충분히 이해할 수 있는 일이었다.[56]

스페인이 필리핀을 식민지로 유지한 것은 이곳에 기독교 세계를 건설하고 주민들을 개종하고자 했던 종교적 이유, 그리고 아시아 진출을 위한 거점을 확고히 하고자 함에서였다.[57]

그런데 이런 빈곤한 필리핀을 식민지로 유지하기 위해서는 요새의 건축과 유지, 관리 및 군인, 선원의 배치 등에 막대한 경비가 요구되었다. 그러나 이를 위해서 주민으로부터 징수하는 세금이나 공납만으로는 충당할 수 없는 것은 이미 예정되어 있었다.

여기에서 한 가지 중요한 점은, 당시 필리핀의 운영 및 행정은 특수한 형태로 아메리카에 의존하고 있었다는 점이다. 이런 맥락에서 당시의 필리핀은 스페인 식민지라기보다는, 이미 스페인의 식민지였던 멕시코라는 아메리카의 식민지에 더 가까웠다. 이런 배경에서 스페인 왕실이 보낸 필리핀 총독이나 마닐라에 있던 스페인 관리들은 그 지역의 주민들을 통치하고 군인 및 성직자들을 유지하기 위한 각종 청원 및 요청 서한을 스페인 왕실이 아니라 멕시코의 부왕에게 보냈다.[58]

따라서 1590년대부터 17세기 중반까지 멕시코 부왕령은 필리핀에 시투아도(situado) 즉, '적자보전금(赤字補塡金)'을 보냈다. 시투아도는 연도에 따라서 증감했고, 재정의 약 50퍼센트에 이르기도 했다. 이 적자보전금은 아카풀코에서 관세로 징수한 돈 그리고 스페인 왕실 금고의 지원금에서 충당되었다. 그 외의 재원으로는 마닐라 항구에서 부과한 관세, 그리고 중국인에 대한 거주허가세가 있었다. 그중에서 중국인에게서 많이 징수한 세금은 필리핀 총독부 전체 재정의 20~25퍼센트를 차지했다.

필리핀의 지정학적 위치 및 무역

필리핀은 그 지리적 위치로 인하여 스페인이 도래하기 훨씬 전부터 중국과 인접 아시아 국가들과 교역을 했다. 당시, 마닐라는 그 지리적인 위치로 인해서 북쪽으로부터는 중국과 일본의 비단, 남쪽에서는 몰루카의 향료, 서쪽으로부터는 인도의 면화, 캄보디아의 상아가 한데 모이는 집결지였고, 한편으로는 그 물품들을 또 다른 스페인의 식민지인 아메리카로 보내는 최적의 장소였다.[59] 앞에서 언급한 것처럼 1565년 레가스피가 세부에 근거지를 마련했다가 1571년 마닐라로 본부를 옮긴 것은 정책적 차원에서 나온 의도적 행위로서, 이는 중국과의 무역을 염두에 둔 것이었다.[60]

15세기 이후 이렇게 필리핀은 보르네오, 마크 제도, 자바, 수마트라, 몰루카 및 중국 남부와 활발한 교류를 벌였고, 그 요로에 있었던

그림 16. 1620년대 마닐라 만의 모습

마닐라와 술루(Sulu)의 홀로(Jolo) 섬은 교역항으로 발전했다. 술루
는 이미 15세기 초 명나라에 조공을 바쳤고, 몰루카와의 중계지였고,
브루나이로부터 이슬람교가 들어와 15세기 후반에 필리핀에 술탄
왕국이 성립되었다. 그리고 1500년경 마닐라에는 이슬람 수장이
탄생했다.

필리핀으로 매년 수척의 중국 정크 선이 들어왔고 필리핀 역시
대외교역에 적극적으로 참여하여 16세기 초 몰루카에는 필리핀산
식량, 밀랍, 꿀, 금이 들어가고 있었다. 스페인이 마닐라에 진출했을
때 그곳에는 이미 중국인 40명, 일본인 30명이 체류하고 있었다.

1572년 레가스피가 사망했을 때에 필리핀의 식민화가 거의 완료
단계에 이르렀다. 1574년 림아홍(林阿鳳, 또는 林鳳)이 이끄는 중국

해적 3,000명의 공격을 받아 위기상황에도 처했지만, 살세도가 지휘하는 스페인 군대는 숫자적인 열세에도 불구하고 중국 해적을 물리쳤고, 마닐라는 기적적으로 살아남았다.[61]

스페인은 마닐라를 점령하고 나서 마닐라의 문호를 개방했는데, 그 이유는 마닐라가 후발 항구였고, 한편으로는 식량을 확보할 필요가 있었기 때문이었다. 당시 스페인의 필리핀 총독부는 스페인과 무역이나 거래를 하러 오는 상인이 있으면 무슬림이건 이교도이건 불문하고 공정하게 대우하고 식량은 적정한 가격에서 그리고 기타 다른 상품들에 대해서는 자유롭게 거래를 하게끔 했고, 이를 통해서 그들이 이익을 얻어 이후에도 지속적으로 거래에 응할 수 있도록 했다.

이후 중국인과 브루나이인들이 매년 필리핀을 방문했고, 시암 왕국이나 캄보디아 왕국에서도, 그리고 포르투갈인은 마크 제도, 말라카 항구를 거쳐 필리핀에 왔다. 중국인의 경우 대부분 푸젠성(福健省)에서 왔는데, 그들은 중국제 생사, 견포(絹布), 상아세공, 금실과 은실로 만든 자수, 옥, 도자기, 백단상자(白檀製箱子)와 같은 사치품뿐만 아니라, 식량 등 모든 물품들을 가져왔다. 한편, 동남아의 향료, 약초, 장뇌(樟腦), 사향(麝香), 붕사(硼砂) 등도 필리핀에 들어왔다. 스페인은 이런 아시아 산품을 갤리온 선에 실어 아카풀코에 중계 수출했다. 이 당시 노예도 배에 실려 아메리카로 갔다. 멕시코로 향한 구체적인 화물을 보면, 광둥의 견직물, 마라바루 해안과 벵골 만의 목면(木棉), 필리핀제 피륙, 벨벳, 직물, 상감 기술을 사용한 공예품, 몰루카 제도, 자바, 실론의 장뇌와 육두구(肉荳蔲), 기타 동양의 반지, 상아, 팔찌 등이 있었다.

아카풀코에서는 멕시코와 페루의 은, 구리, 카카오, 초콜릿, 티크, 담배 등이 왔지만, 주된 화물은 멕시코와 페루의 은이었다. 중국 상인은 이 은을 푸젠 성으로 가지고 갔다.

이렇게 해서 무역품과 무역을 담당하는 사람들이 전문적으로 생겨났고, 푸젠-마닐라-아카풀코를 잇는 해상 무역로가 마련되었다. 한편, 푸젠 연안지방의 중국인들은 마닐라로 수도가 이전되고 교역 상대가 원주민에서 스페인인으로 바뀌게 되면서 그들의 일상생활에 필요한 물자를 공급했고, 마닐라 갤리온 무역이 개시되자 멕시코의 아카풀코에 수출할 비단, 도자기 등 중요한 상품들을 취급하게 되었다. 이에 따라서 필리핀에 중국인들이 많이 정착하게 되었다. 중국과의 교역이 증가하면서 마닐라 갤리온 무역은 더욱 활기를 띠게 되었다. 한편, 스페인의 필리핀 총독부는 이 교역을 통해서 많은 수익을 올렸는데 이는 스페인이 필리핀을 지배하는 버팀목이 되었다.

마닐라는 중국과의 무역에 있어서 전략적으로 중요한 지점에 위치했을 뿐만 아니라 항구로서의 입지가 더할 나위 없이 좋았다.[62] 그리고 아메리카의 은이 필리핀에 유입되면서, 중국의 남중국해 교역권에 속한 일개 항구에 불과했던 마닐라는 아시아와 아메리카 를 잇는 중개지 역할을 일찍부터 하게 되었다.[63] 그리고 스페인과 아메리카, 중국을 잇는 갤리온 무역이 본격적으로 시작되면서 중국의 비단과 아메리카의 은의 교환 지점으로서 국제항구로서의 위상이 높아졌고 점점 더 번영하는 항구로 발전하고 있었다. 동시에 이 항구를 통한 갤리온 무역은 양적인 면이나 질적인 면에서 번영의 시기를 맞게 되었다.

　여기에서 중요한 점은, 스페인령 필리핀의 성립과 마닐라 갤리온 무역은 필리핀에 있어서는 동남아시아 세계로부터 분리되어 300년 이상 스페인의 기독교 세계에 진입한 것을 의미하고 스페인에게는 광대한 "스페인 제국" 최서단에 위치한 식민지로서 태평양을 사이에 둔 아메리카 신대륙 시장에 결합된 것을 의미했다. 이 것은 동시에 마닐라를 중심으로 중국의 정크 선, 일본의 주인선(朱印船 : 이 책 173~178쪽 참조), 스페인의 갤리온 선이 무역을 통해서 하나로 만나는 마닐라 시스템이었다.[64]

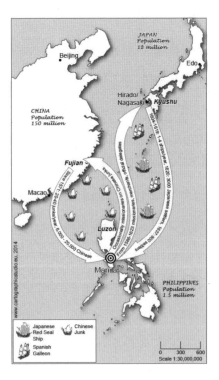

그림 17. 마닐라 시스템.
출처: Tremml-Werner(2009), p. 21

74

중국과 갤리온 무역

중국의 필리핀 진출

오래전부터 중국과 필리핀은 서로 접촉을 했다. 중국 기록에 의하면 이미 3세기에 중국인들은 필리핀으로 가는 항해길을 열었다고 한다. 그리고 당 시대(618~907)에 중국과 필리핀 간에는 무역 및 문화관계가 수립되었다. 마닐라는 이미 송나라 시대(960~1279)부터 중국과 교역한 경험을 가지고 있었고 필리핀에는 이미 중국인들의 거주지가 있었다. 이후 송나라에서 원나라 시대(10세기에서 14세기)에 걸쳐 잦은 내란과 전쟁으로 인해서 중국 북방에 거주하는 많은 중국인들이 남쪽으로 이동했고, 또 다른 사람들은 바다 건너 필리핀으로 이주하여 상업에 종사했다. 마찬가지로 필리핀 상인들도 물건을 가지고 중국에 건너가 교역했다. 특히 명나라 시대(1368~1424)에 이 양국은 빈번히 접촉했다.[65]

한편, 스페인이 필리핀에 근거지를 마련했던 1567년, 명나라는 해금령(海禁令)을 완화했고 이에 따라서 중국의 무역선은 일본을 제외한 다른 여러 나라들과 해외교역을 할 수 있게 되었다. 같은 시기 중국에서는 무종(武宗) 황제가 중국 남쪽, 동남아 국가들과의 민간무역을 장려하면서 대외무역은 급속도로 확대되기 시작했다. 한편, 1572년 초, 레가스피의 배가 민도로 섬 해역에서 침몰한 중국 정크 선을 구조한 일이 있었는데, 이때 중국인들은 스페인의 존재를 처음 알게 되었고, 이후에 중국인들이 비싼 상품을 마닐라에 가지고 오면서 필리핀과 중국의 무역이 시작되었다.[66]

그리고 1580년대에 들어서면서부터 중국선을 통한 필리핀 교역은 급증했다. 1589년에 대부분의 중국 정크 선들은 중국 정부로부터 필리핀과 보르네오의 동쪽 해상에서 무역을 할 수 있는 권리를 부여받았다. 이에 힘입어 1589년에는 88척, 1597년에는 117척으로 중국선이 증가했다. 그러나 이 무역의 경우에는 문인(文引)이라는 중국정부가 발행한 특허장이 있어야 했다. 예를 들면, 1589년에는 동남아시아 각지로 향하는 중국 무역선에 88통의 문인이 발급되었는데, 그중 16통은 마닐라로 가는 배들에 할당되었다. 그러나 마닐라에 입항한 중국선의 수는 그것을 넘어 실제로는 30~40척에 이르렀다.[67]

중국에서 상품을 싣고 온 정크 선은 광둥, 아모이에서, 1670년대에는 마누엘 데 레온(Manuel de León) 총독이 통상을 발전시킬 목적으로 중국에 특사를 파견하면서 멀리 떨어진 닝보(寧波)에서 오는 것이 관례가 되었다. 필리핀으로 항해했던 대형선들은 200명에서 400명의 사람들을 싣고 갔다. 다음 도표에서 보듯, 마닐라에 1580년대에는 40~50척, 1616년에 7척으로, 1630년대에는 30척이 내항했다.

중국선의 수에 다소 기복이 있었던 것은 마닐라에 입항하는 갤리온의 수, 다시 말해서 중국 상품의 수요, 해적의 동향, 중국의 정세 등의 영향에 좌우된 결과였다. 통상 정크 선은 바람이 좋은 3월경, 중국 대륙에서 15일부터 20일에 걸쳐 몇 척에서 수십 척이 함께 마닐라에 내항했고 6월 초 바람이 바뀌기 전에 다시 중국으로 돌아갔다.

연간 마닐라에 들어간 중국선들의 수

연도	1580	1588	1599	1607	1609	1616	1620	1633	1637	1642
배의 척수	21	48	19	39	41	7	28	34	54	26

출처 : Sha Ding etc., *Breve historias de las relaciones entre China y América Latina*, Editorial Popular de Henan, China, 1986, p. 57. Hernández Contreras & Jiao(2007)에서 재인용.

1575년과 1582년 스페인 국왕은 중국에 사절단을 보내 중국과의 직접 교역을 희망했지만, 중국정부에 의해서 거절당했다. 1598년 필리핀 총독은 후안 데 사무디오(Juan de Samudio)를 광저우(廣州)에 보냈다. 사무디오는 거기서 철, 질산, 주석을 구매했고 더 나아가 광저우 근처의 후티아오멘(虎跳門)에 상회(商會)를 열었다. 그러나 그곳의 스페인인들은 중국에서 추방되었고 상회도 문을 닫아야만 했다. 이제 스페인인들은 중국과의 직접교역이라는 꿈을 버리고 중계지인 마닐라를 통한 간접무역에 만족해야만 했다.[68]

중국의 상업발전과 해금정책의 해제

명나라가 들어서면서 전쟁이 종료되고 중국 내부가 안정을 찾으면서 농업과 가내공업이 일정 수준까지 발전했고, 특히 양쯔 강(揚子江) 하류를 중심으로 농업과 상공업이 발달했다. 특히 명나라 말기의 중국 경제는 눈에 띄게 발전했다. 이 시기에 많은 가내공장들이 출현하고, 많은 상품들이 생산되었으며 급여를 받는 노동자들이 생기면서 자본주의의 조짐이 중국에서 싹트고 있었다. 특히 중국 남동부의 해안지방에서는 도자기, 직물, 주물, 선박의 건조 등과 산업이 비약적으로 발전하게 되었다.

그림 18. 징더전에서 도자기를 제조하는 모습

명나라의 도자기는 중국 도자기 역사상 가장 발달했고 생산도 최고조에 달했다. 당시 장시성의 징더전(景德鎭)은 도자기 산업의 중심지였다. 그리고 이 시대에 비단 산업도 크게 발전했다. 중국정부는 중국 전역에 뽕나무를 심도록 장려했다. 이 결과 뽕나무 재배면적은 엄청나게 증가했고 생사 생산도 크게 증대되었다. 비단 산업이 발전하면서 중국의 내수시장도 활기를 띠었다. 그리고 도자기, 비단 산업이 발전하면서 삼 및 면화 산업도 번성하기 시작했다.

중국의 전반적인 산업이 발달하고 해상무역에 대한 필요성이 높아지면서 상품을 운반할 선박의 건조도 활발히 이루어지게 되었다. 명나라 때 만들어진 배들은 종류와, 크기, 성능에서 당시 세계 최고의 수준을 자랑했다. 당시 중국 조선 기술의 수준은 다른 예를 들 것도 없이 정화(鄭和) 원정대에 사용된 배를 보면 쉽게 알 수 있다. 정화는 함선 62척에 28,000여 명의 승무원을 거느리고 1405년에서 1433년 사이, 총 7차례에 걸쳐 동남아는 물론, 인도양을 거쳐 중동, 아프리카까지 항해했다. 아무튼 중국은 경쟁력 있는 무역 상품은 물론이거니와 그것을 운송할 수단도 겸비하고 있었다. 다시 말해서, 해외교역을 위한 사전 준비단계는 이미 마련된 셈이었다.

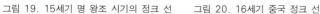

그림 19. 15세기 명 왕조 시기의 정크 선   그림 20. 16세기 중국 정크 선

당시 중국정부는 책봉관계에 있는 외국의 조공과 관련된 무역만을 인정했고, 다른 해상무역은 금지하는 해금(海禁) 정책을 실시했다. 명나라는 해적, 특히 왜구들의 침략을 막기 위해서 여러 번에 걸쳐 바다를 봉쇄했고 해금 정책을 공포하여, 중국인들이 바다 건너 다른 나라들과 무역을 하는 것을 금지했다.[69]

그러나 중국의 국내 생산이 발전하면서 해금정책은 점점 더 도전을 받게 되었다. 해안지역의 중국인들은 필리핀이나 다른 동남아 지역으로 건너가 무역을 하면서 명나라가 취한 규정을 위반하는 사례가 잦아지게 되었다. 이런 상업행위는 피할 수 없는 흐름으로서 일부 상인이나 관리들은 밀수 또는 해안지역 주민들을 약탈했던 왜구들과 공모하게 되었다.

한편, 15세기 말과 16세기 초, 포르투갈과 스페인을 위시한 유럽 나라들은 동쪽으로 점차 팽창정책을 펼치면서 중국의 문호를 개방코자 했다. 1516년 포르투갈 군함은 광저우(광동 성의 수도)에 포격을 가했다. 그리고 1557년에 포르투갈은 마카오를 침략했고 그곳을 점령했다. 명나라는 국내외의 커다란 압력을 받고 해금정책을 폐지할 수밖에 없었다. 1565년, 척계광(戚繼光)과 유대유(兪大猷)가 이끄는 중국 군대는 일본 왜구를 중국 땅에서 완전히 격퇴했는데, 이것 또한 해금정책을 해제하는 이유가 되었다.[70]

그러나 무엇보다 중요한 것은 비단과 도자기 등의 중국제품이 향신료 등 동남아 상품과 함께 유럽을 비롯하여 각국의 사람들을 매료시켰고, 이 교역이 중국이나 외국 쌍방 모두에 많은 이익을 가져다주었기 때문에 무역을 완전히 규제하는 것은 더 이상 어렵게 되었다는 것이다. 또 밀무역도 성행하여 그에 따른 갖가지 폐단이 일어남으로써 명나라는 1567년에 해금정책을 폐지했다. 이제 외국과의 무역은 명 왕조에 의해서 공인되었고 이에 따라서 중국 상인의 해외진출이 이루어졌다.

명나라의 통화정책과 은 수요의 증대

16세기부터 19세기 동안에 중국은 인구에서 전 세계의 1/4을 차지하고 있었고, 국민총생산(GNP)에서도 전 세계의 1/3에서 1/4을 차지하는 대국이었다. 또한 경제적 풍요로움을 보여주는 하나의 지표인 1인당 국민총생산(GDP)만을 보더라도 당대의 유럽과 별 차이가 없었다. 당시 중국이 공물이나 교역 등에서 세계무역의 중심 지였다는 점을 고려할 때, 은에 대한 중국의 수요는 거대한 것이었다.

중국에 막대한 은이 유입하게 것은 중국의 화폐정책과 무관하지 않았다. 명나라는 원나라를 중국 땅에서 축출하고 건국했지만, 그 후에도 북방 몽골과의 전쟁 상태는 계속되었다. 제3대 황제인 영락제(재위 1402~1424)가 몽골 정벌과 베트남 병합 등 대외정벌과 해외무역의 확장, 남경에서 북경으로의 천도, 정화의 인도양 원정 등 강력한 팽창정책을 수행하면서 재정부담이 가중되어 통화제도에 혼란이 오게 되었다.

이에 명나라는 지폐 정책을 폐지했는데, 그 이유는 국가재정이

어려워지자 과도하게 지폐[寶鈔]를 발행하게 되면서 결국 지폐 가치가 폭락하여 인플레이션이 일어나는 등 폐단이 많았기 때문이었다. 결국 명나라는 지폐 발행을 중단했고 더 나아가 지폐의 유통까지 금지시켰다. 그리고 전 왕조인 송나라의 정책을 계승하여 동전을 주조했다. 그리고 동시에 은편(銀片)도 발행하여 초기에는 동전과 함께 사용했는데, 동전은 주로 소액 거래, 은편은 고액 거래의 화폐로 사용되었다.

물론 명나라는 초기에는 은화를 발행하지 않았고 소위 마제은(馬蹄銀)이라는 말발굽 모양의 칭량화폐(秤量貨幣 : 무게로 환산되는 화폐로 은덩어리)를 유통시켰다. 그러나 15세기경부터 중국의 생산력이 발전하고 상거래가 활발해지면서 저가의 동전은 가지고 다니기에 불편하여 점차 은이 사용되기 시작했고, 결국 은의 유통은 동전을 웃돌아 명, 청 시대를 통해서 은은 중국의 기본 통화가 되었다. 그리고 국고 수입 면에서 은납(銀納)의 비율이 높아지면서 1580년대에 전국적으로 시행된 새로운 세제인 일조편법(一條鞭法)이 실시되었고, 이런 은의 유통에 대응하여 인두세(丁銀)와 지세(地方銀) 등 모든 세금을 은으로 납부해야만 했다.[71]

이렇게 명나라 중반에 은은 전국에서 통용되기 시작했다. 그리고 1581년 이래 은은 점점 더 주요한 통화수단이 되면서 점점 더 많은 수량이 필요하게 되었다. 그러나 이 시기 은의 공급이 심각한 문제로 대두되었다. 명 왕조 중반 이후 은광은 점점 더 고갈되어갔고 은 생산은 해마다 감소했으며, 중국에서 은의 부족은 점점 더 심각해졌다. 중국에서는 저장과 푸젠 지방을 중심으로 은이 생산되었으나 국내산 은으로 증대하는 은의 수요를 충당하기에는 태부족이었다.

한편, 아메리카에서는 많은 은광이 발견되었다. 1531년에는 멕시코의 미초아칸(Michoacán)에서 최초의 은광이 발견되었고, 1550년 경에는 사카테카스(Zacatecas), 산 루이스 포토시(San Luis Potosí), 그리고 과나화토(Guajajuato)에서도 은광이 개발되었다. 당시 멕시코의 은은 전 세계 은의 1/3을 공급했다. 그리고 1545년 페루의 포토시(현재는 볼리비아 땅이다)에서 은광이 발견되었는데, 여기서 생산된 은은 멕시코의 그것보다도 규모가 훨씬 컸고, 전 세계의 총생산량을 능가했다. 스페인의 식민주의자들은 이곳에서 캐낸 다량의 은을 스페인으로 가지고 갔고, 동시에 많은 양의 은을 동양의 식민지였던 필리핀으로 운송했다. 중국의 상인들은 이 은을 획득하기 위해서 필리핀으로 수출을 확대했다. 스페인인들이 아메리카에서 필리핀으로 보낸 은은 중국의 긴급한 수요를 충족시켰기 때문에, 이는 중국과 아메리카 대륙 간의 교역을 탄생시켰고 교역의 발전을 야기한 주요 요인이 되었다.[72]

중국의 비단 산업

갤리온 무역은 사실 중국의 은에 대한 수요와 중국의 비단 공급에 의해서 본격적으로 시작되었다고 할 수 있다. 당시 세계경제에서 중국은 생산과 수출 모든 면에서 전 세계 어떤 나라도 따라올 수

없을 만큼 압도적인 우위를 보였다. 중국은 도자기 생산에서 세계
제일이었고 비단 생산에서도 타의 추종을 불허했다. 비단은 당시
중국 최대의 수출품이었고, 그것은 주로 아시아 각국으로, 그리고
마닐라-아카풀코 갤리온 무역을 통해서 전 세계로 퍼졌다.[73] 이에
따라서 마닐라 갤리온 선으로 아카풀코에 수출하는 상품의 대부분
은 비단 직물과 명주실이었다.

이런 경제적 배경에서 명나라 정부는 뽕나무 경작을 적극적으로
장려했다. 초기 5무에서 10무(畝, 차이는 있지만 약 30평)의 토지를
가진 농민에게는 그 절반을, 10무 이상을 가진 사람들에게는 1무를
뽕나무 밭으로 만들도록 명령했다. 뽕나무를 키우지 않는 사람들은
세금으로 비단을 내야 했고 이를 따르지 않으면 처벌되었다. 원래
뽕이 자라지 않았던 곳에는 뽕나무 종자를 가진 남자들이 파견되어
경작법을 가르쳤다. 1393년, 중국정부는 비단 원사 및 뽕나무 재배
농가에 토지세를 면제해주는 등 혜택을 베풀었는데, 이로 인해 중국
의 비단 생산량은 급격히 증가하게 되었다.[74]

뽕나무를 경작하는 마을은 중국 전역에서 증가했지만, 장쑤 성(江
蘇省)의 태호(太湖) 주변, 쑤저우(蘇州)와 저장 성(浙江省), 후저우(湖
州), 자싱(嘉興)에서 견직물 산업으로 큰 부를 이룩한 사람이 많아졌
다. 후저우에서는 "혼자서 백만 무의 뽕나무 밭을 가지고 있는 부자
가 있었다." 그리고 "수량, 품질에서 명나라 제국의 나머지를 다
합한 것을 능가하는 부자가 있었다." 명나라 후반에서 청나라 초기에
는 연 매출이 110만 냥에 이르렀다고 한다.[75]

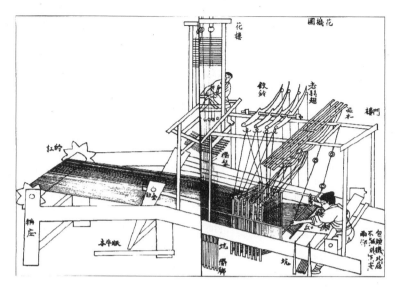

그림 21. 중국의 비단 공장

　청나라 시대, 쑤저우는 비단 직물로 크게 번창한 도시였다. 청
왕조는 비단 산업을 국가의 기간산업으로 인식할 정도였다. 1550년
경 쑤저우에는 비단 산업에 종사하는 인구가 50만여 명에 달했다.
명대 초기에 한촌이었던 쑤저우의 성쩌전(盛澤鎭)은 17세기 중엽까
지 대도시로 발전했고 그곳에는 1,100명이나 되는 비단 중개업자들
이 있었다. 이들 지역 이외에도, 푸젠, 광둥에서도 양잠, 견직물
산업이 활기를 띠고 있었다. 이 시기 좋은 직물을 만드는 데에는
쑤저우, 후저우에서 생산되는 생사가 많이 사용되었다. 17세기 말엽,
한 예수회 신부의 언급에 따르면 당시 상하이(上海)에만 약 60만
명의 방적공이 있었고 이들이 만든 면사로 20만 명의 직공이 옷감을
짰다고 한다.

당시 중국 비단의 주요 수출국으로서는 일본과 은의 주요 공급자였던 멕시코가 있었다. 앞에서 언급한 것처럼 중국이 은본위제도를 채택함에 따라 세금 지불이 은으로 통일되면서 은과 비단 산업은 더욱더 불가분의 관계로 바뀌게 되었다.[76)

한편, 멕시코에서는 은 생산비용이 낮아지면서 중국의 비단이 더욱 각광을 받게 되었다. 1579년에 멕시코에서 비단 원사의 가격은 40년 전의 가격과 비교할 때 거의 7배 이상 앙등했다. 당시 마닐라에서 멕시코까지 비단을 보내면서 얻게 된 평균 수익은 투자액과 비교하여 100퍼센트에서 심지어 300퍼센트까지 이르렀다.[77)

중국은 필리핀에 생필품을 보급했다

스페인인들은 자기들의 일상 생활필수품들을 확보하고 필리핀 제도를 유지하기 위해서 중국과의 무역이 확대되기를 원했다. 스페인에게 필리핀은 아시아의 유일한 식민지로서 스페인은 이 필리핀을 아시아로의 팽창이나 침략을 위한 거점으로 간주했다. 한편, 스페인의 아메리카 식민지를 방어하기 위한 전초 지점으로서 필리핀은 중요한 전략적 위치를 차지하고 있었다. 그러나 필리핀의 산업이나 생산은 원시적인 데다가 뒤떨어져 있어 여기에서 나는 산물로 스페인인들의 기본적 생활을 충족시킬 수 없었다. 게다가 필리핀과 아메리카는 지리적으로 서로 멀리 떨어져 있었고, 스페인과 멕시코는 필리핀의 스페인인들이 필요로 했던 것을 공급할 수 없었다.

이런 이유에서 스페인이 중국을 필요로 했던 것은 너무도 자명한 사실이었다.

중국은 광대한 영토에 풍부한 산물, 그리고 생산 기술이 아주 발전된 나라였다. 명나라가 건국된 이후 중국의 경제는 회복되었고 금세 발전하기 시작했다. 시장의 공급품은 충분했고 수출품의 종류도 아주 다양하여 필리핀 스페인인들의 일상생활에 필요한 것들을 충족시켜줄 수 있었다. 한편, 필리핀 총독부는 필리핀 식민지를 방어하고 필리핀 원주민의 반란을 억제하기 위해서 중국으로부터 화약, 질산, 유황, 철, 납, 주석, 동제(銅製) 대포 등 대량의 군사 무기를 수입할 필요가 있었다.

한편, 스페인은 이런 무역을 통해서 자국이 얻게 될 이득이 얼마나 큰지 잘 알고 있었다. 바로 이 점이 중국과 스페인 간의 무역이 확대된 또 다른 주요한 이유라고 할 수 있다. 정복 초기, 필리핀에는 변변한 자원도 없었고 개발도 이루어지지 않았으며, 게다가 이곳에서 이득을 얻을 수 있는 수출상품도 별로 없었다. 이런 상황에서 스페인인들은 자신들의 이런 경제적 바람을 충족시키기 위해서 또 다른 길을 찾아야 했는데, 그때 등장한 나라가 바로 중국이었다.

바로 이 시기의 중국에서 대량으로 들어왔던 비단과 도자기는 바로 스페인인들이 그렇게도 원했던 욕구를 충족시켜주었다. 스페인인들은 중국인들로부터 갖가지 상품, 특히 무엇보다도 저렴한 가격에 중국의 비단을 사들였고 그것을 다시 갤리온 선에 실어 멕시코로 보내 비싼 가격에 팔았다. 따라서 필리핀 총독들이나 필리핀에 온 스페인인들은 누구나 할 것 없이 비단무역이 돈을 버는 가장 확실한 방법이라는 것을 잘 알고 있었다. 한편, 멕시코는 비단무역을 통해서 세수를 증대시켰고 이를 통해서 필리핀에 매년 보내는 시투아도로 인한 재정적자를 메울 수 있었다.

7

중국과 멕시코의 무역

중국, 필리핀, 멕시코 사이에 뱃길이 열리면서 비단을 위시한 중국의 상품들은 이 항로를 통해서 계속해서 멕시코로 유입되었고, 페루를 위시하여 아메리카 전역에 판매되었다. 이 항로는 곧 태평양의 실크 로드(Silk Route)라는 이름을 얻게 되었고 아메리카인들은 이 갤리온 선들을 나오 데 세다(Nao de Seda, 비단선) 또는 나오 데 치나(Nao de China, 중국선)로 불렀다. 해외무역에 종사했던 중국 상인들의 무역 대상은 더 이상 필리핀인들이 아니라 필리핀과 멕시코 사이를 오고 가던 스페인인, 그리고 아메리카 대륙의 스페인인들로 확대되었다. 당시 비단은 고가였지만, 스페인인들이 최고로 선호하던 소비품이었다. 물론 비단 외에 갤리온 선에 실려 온 상품 중에는 인도산 면직물, 삼 등이 있었다. 이런 상품들은 필리핀에만 국한된 것이 아니라 아메리카 전역으로 확대되었다.

1572년, 중국 상인들은 처음으로 필리핀의 스페인 당국에 비단, 면화, 도자기 같은 상품의 샘플을 보여주었고, 가격을 흥정한 뒤 스페인인들과 계약을 맺었다. 다음 해 중국인들은 이 상품들을 가지고 왔고 이것들을 멕시코에 보내 판매 가능성을 타진했다. 1573년에 필리핀 총독부는 국왕에게 서한을 보내 무역을 위해서 멕시코의 상인들을 필리핀으로 보내줄 것을 요청했다.

1574년에 2척의 마닐라 갤리온 선이 멕시코로 향해 떠났다. 이들 배에는 712필의 비단과 공단, 11,300필의 면직물, 22,300개의 도자기 등 상품들이 실려 있었다. 가치로 따지면, 20만 페소에서 30만 페소 정도였다. 같은 해 중국의 정크 선 두 척이 필리핀에 왔고, 1575년에는 15척으로 늘어났다. 중국상품의 대부분은 마닐라 갤리온을 통해서 아메리카로 운송되었다.

그 후, 마닐라를 중개지로 중국과 멕시코 그리고 중국과 아메리카의 무역이 본격적으로 시작되었다.

무역의 확대

1575년과 1583년 사이에 중국 상선들은 매년 20만 페소 가치의 상품들을 가지고 왔고, 1586년에는 65만 페소로 확대되었다. 1587년과 1598년 사이에 중국상인들은 매년 필리핀으로 80만 페소 가치의 상품들을 가지고 갔고, 그 물량은 100만 페소를 넘는 경우도 있었다. 1603년의 무역량은 133만 페소를 넘겼고. 그중 대부분인 비단은 아메리카 대륙으로 운송되었다.

스페인이 마닐라에 보낸 은의 양

연도	1598	1604	1620	1633	1723	1784
은의 양 (페소가치)	100만	205만	300만	200만	400만	279만

출처 : Sha Ding etc., *Breve historias de las relaciones entre China y América Latina*, p.70. Hernández Contreras & Jiao(2004), p. 14에서 재인용.

1701년 중국에서 멕시코로 간 생사와 비단의 가치는 200만 페소에 이르렀고, 전성기에는 400만 페소에 육박하기도 했다. 스페인은 아메리카에서 생산된 많은 양의 은을 필리핀으로 가지고 왔다. 교역 초기에 연간 100만 페소 가치의 은이 필리핀으로 갔고, 뒤에는 200만, 300만 페소로 확대되었으며, 어떤 때는 400만 페소에 이르기도 했다.

학자들은 1571년과 1821년 사이, 아메리카 대륙에서 마닐라로 온 은의 가치를 4억 페소로 추정한다. 갤리온 무역의 초기, 중국과 멕시코 간의 무역에서 중국은 필리핀으로부터 수십만 페소의 은을 수입했다. 시기별로는, 16세기 말 중국에 들어간 은의 가치는 100만 페소로, 그리고 17세기에는 매년 200만 페소, 18세기에는 300만, 400만 페소로 증대했다. 그러나 19세기 초에는 매년 50만 페소로 하락했다. 갤리온 무역이 시작되고 끝났을 때까지 중국으로 들어간 아메리카의 은의 양은 페소로 따지면 매년 200만 페소에 달했던 것으로 추정된다.

그러나 중국과 멕시코 간의 무역이 늘 순조로운 것만은 아니었고 때로는 여러 이유로 갤리온 무역에 제한이 가해지면서 굴곡을 겪었다.

교역 초기에 멕시코로 실려 간 비단과 다른 상품들의 양은 그리 많지 않았고, 품질과 모양 등에서 아직 스페인 제품과 경쟁할 수 없었기 때문에 아메리카의 스페인 상인들에게 중국 상품은 그리 위협적이지 않았다. 따라서 스페인 국왕은 필리핀 식민지 체제를 유지하고 아메리카 대륙에서 필요한 소비품들을 충족하기 위해서 중국, 멕시코, 아메리카, 이 세 당사자의 무역을 장려하는 정책을 폈다.

당시 대부분의 중국 물건을 적재한 마닐라 갤리온 선들은 아카풀코에만 간 것이 아니라 남미의 다른 항구에도 갔다. 예를 들면, 필리핀 총독은 1581년과 1582년, 2척의 갤리온 선을 페루의 카야오(Callao) 항과 리마(Lima) 항에 보냈다.[78] 많은 멕시코와 페루의 상인들은 다량의 은을 가지고 마닐라에 왔고, 중국 상인과 직접 거래하였다. 이렇게 중국과 아메리카의 무역이 확대되고, 비단과 그 밖의 중국 물건들이 아메리카 대륙으로 밀려들어 오자 아메리카인들은 귀족, 상층부, 하층부 가릴 것 없이 양질에 저렴한 중국제품들을 점점 더 좋아하게 되었다. 이렇게 상황이 바뀌면서 16세기 말까지 아메리카에서 독점적으로 누렸던 스페인의 비단 산업은 붕괴되었다. 1592년에는 아메리카에 들어온 중국 비단의 양은 스페인이 아메리카에 수출했던 양을 능가하게 되었다.[79]

이제 스페인의 비단은 중국 비단에 밀렸고 스페인의 비단 공장은 하나씩 문을 닫았다. 중국의 비단이 아메리카 대륙에 출현함으로써 다량의 은이 중국으로 흘러들어 갔고 스페인으로 운반되는 은의 양은 현저히 줄어들었다. 분명히 스페인의 편협한 봉건체제와 이에 기반을 둔 중상주의가 스페인 비단 산업의 몰락과 스페인으로 이송된 은의 양을 감소시킨 주요한 이유였다.

그러나 스페인의 상인들은 이에 대한 원인을 중국 상품에 있다고 돌렸다. 그들은 중국과 아메리카 간의 무역이 발전하는 것이 자신들한테는 커다란 위협이라고 생각했다. 그래서 그들은 스페인 국왕에게 중국과 아메리카 간의 무역을 중지시켜달라고 청원했고, 스페인 제국의 이익을 수호하기 위하여 필리핀 식민지를 포기하라고까지 제안했다. 17세기 초, 스페인 왕실은 중국과 스페인 간의 교역 그리고 중국과 아메리카 간의 교역을 대체하기 위해서 필리핀과 스페인 간의 항로를 개설하기로 했다. 당시 포르투갈과 네덜란드가 이 항로를 통제하고 있었기 때문에 스페인 왕실은 이 생각을 포기할 수밖에 없었다. 1718년과 1720년 스페인 국왕은 아메리카 대륙에서 중국비단 무역을 폐지하는 명령을 내렸다. 그러나 스페인의 식민지들은 하나같이 이 생각에 반대했다. 스페인 국왕은 결국 무역금지법을 폐지했고 중국 비단의 아메리카 유입을 허용할 수밖에 없었다.

이렇게 중국의 사정과 스페인 내부의 사정으로 인해서 중국과 멕시코 사이에서 이루어졌던 200년의 무역 기간 동안, 마닐라에 갔던 중국의 배들은 한때 감소하기도 했고, 이에 따라서 중국과 멕시코 간의 무역에도 영향을 미쳤다.

17세기 중반, 중국은 명 왕조가 붕괴하고 청 왕조가 건국하는 왕조 교체기의 혼란으로 인해서 중국 동남해안 지역의 산업과 번영했던 교역은 파괴되었다. 당시 명나라 유신 정성공(鄭成功)은 만주족의 청나라에 저항하여 푸젠 성과 타이완을 점령했는데, 이에 청나라 정부는 이들 무장세력을 진압하기 위해서 해금정책을 다시 취했다. 그러나 이 정책은 해안지역의 중국 무역에 심각한 타격을 입혔다. 중국 정크 선의 필리핀 내왕이 크게 감소했는데, 그 이유는 필리핀 식민당국이 중국인 무역상인들을 억압했고, 여러 차례에 걸쳐 중국 인들을 살해했기 때문이다. 1603년에 25,000명, 1639년에는 24,000 명, 1662년에는 10,000명의 중국인들이 필리핀 총독부에 의해서 학살당했다. 1686년에도 다수의 중국인들이 살해되었는데, 이와 같은 스페인 식민당국의 중국인 박해에 따라서 중국선의 입항도 현저히 줄어들었다. 예를 들면, 1603년 이전에는 30척 또는 40척의 중국 무역선이 매년 필리핀에 들어갔다. 그러나 1604년에는 단지 13척만이 들어갔을 뿐이었다.[80]

그러나 필리핀 총독부는 식민지 경제의 많은 부분을 중국 상품이나 물건에 의존했기 때문에 중국인의 학살 이후에도 모든 방법을 동원하여 중국과의 무역을 회복했다. 스페인 식민당국의 태도 변화에 따라서 중국 상인들은 다시 필리핀과 새롭게 무역을 펼쳐 나갔고, 무역규모는 최초의 학살 사건 이래 연간 159만 페소까지 회복되었다.

17세기 상반기, 포르투갈인이나 네덜란드인들은 중국과 멕시코 간의 무역을 심각하게 방해하고 훼손했다. 1557년에 포르투갈인들은 마카오를 점령했고, 1575년에는 마닐라의 중국상인들의 무역활동을 훼방 놓고 그들이 직접 이 무역에 끼어들었다. 그들은 광저우에서 중국의 비단을 구입했고, 그것을 마닐라에 가지고 팔거나 아니면

그림 22. 포르투갈 갤리온 선(모형) ©서성철

필리핀에 있던 중국상인들에게 넘겨 수수료를 받았다. 초기 포르투
갈과 마닐라의 무역 규모는 그리 크지 않았다. 그러나 1619년과
1631년 사이 포르투갈 상선들은 마카오와 마닐라를 자주 왕래하면
서 다량의 비단과 생사를 필리핀과 멕시코로 가지고 가서 이문을
챙겼다. 이렇게 포르투갈인들은 중국상인들을 대신하여 활발한 무
역활동을 벌였고 중국과 필리핀 간의 무역을 완전히 독점 장악한
적도 있었다. 1630년경 포르투갈과 필리핀의 연간 무역 규모는 150
만 페소에 달하기도 했다.

이 기간 동안 중국과 필리핀 간의 무역규모는 3만 페소로 현저히
떨어졌다. 중국과 필리핀 간의 무역을 포르투갈이 독점하게 되자

중국 상인들은 더 이상 이익을 낼 수 없었을 뿐만 아니라 필리핀의 스페인인들이 누렸던 이익도 손상될 수밖에 없었다. 그러자 스페인 식민당국은 포르투갈인들의 마닐라 유입을 저지했고, 그러면서 1631년 이후 마카오에서 필리핀으로 가는 포르투갈인 상선의 수는 점점 더 줄게 되었으며 1640년에 포르투갈과 필리핀의 무역은 완전히 중지되었다. 한편, 네덜란드 선들이 새롭게 등장하여 중국 해안에 출몰했고, 한때는 타이완을 40여 년간 점령하기도 했다(1624~1662). 네덜란드인들은 자주 중국 정크 선을 급습하여 약탈했고, 필리핀과 중국, 중국과 멕시코 간의 무역을 방해하였다.

중국과 멕시코 무역의 쇠퇴와 종말

중국과 멕시코 간에 교역이 시작된 이래 그 무역량은 꾸준히 증대했지만, 18세기 말이 되면 그 규모는 점점 축소되어갔다. 1763년 이후에는 전 세계 모든 나라의 배들이 마닐라에 들어와 무역을 할 수 있게 되었다. 스페인 역시 중국과 직접 무역을 하기 위해서 마닐라에 갤리온 선을 보냈고, 이제는 태평양 항로가 아닌 인도양과 희망봉 항로를 통한 중국과의 무역이 활발해졌다. 이에 따라서 17세기에 중국과 필리핀 및 멕시코 간의 무역량은 감소될 수밖에 없었다. 이전에는 매년 20~30척의 중국 정크 선이 필리핀에 갔지만, 18세기 말이 되면 1년에 필리핀으로 가는 중국선은 고작 8척에 그쳤다. 19세기 첫 십 년간 중국이 가지고 온 상품의 가치는 마닐라에 들어온 외국상품의 총 가치와 비교했을 때 13퍼센트에 불과할 뿐이었다.

한편, 뒤에서 더 자세히 살펴보겠지만 아메리카 대륙에서는 스페인에 뒤이어 네덜란드, 영국 같은 새로운 세력이 등장하여 스페인이 그동안 독점해왔던 무역을 위협했다. 그리고 18세기 후반과 19세기 초반 영국 해군의 봉쇄로 이제 더 이상 스페인은 태평양 항로를 통한 갤리온 무역을 유지할 수 없게 되었다. 그리고 19세기 초, 갤리온 무역의 주요 대상 지역이었던 멕시코를 비롯하여 중남미 전역에서 스페인의 지배에 대항한 독립운동이 일어나고, 독립이 이루어지고, 스페인이 보유하고 있었던 식민지를 잃게 되면서 중국과 아메리카의 무역도 종말을 고하게 되었다.

갤리온 무역의 경제적 상호 영향

중국과 멕시코 간의 상업을 통한 접촉은 간접적이자 민간적이었고, 또 상호의 이익 보장이라는 성격을 가지고 있었다. 이 무역은 명, 청 두 왕조의 상업경제의 발전을 자극했고, 특히 은 무역은 일정 정도 명, 청 왕조의 상품경제 발전을 촉진했다. 중국과 멕시코 간에 행해진 무역의 당사자들은 주로 민간인이었다. 중국의 경우는 푸젠 성이나 광둥 성의 상인들이었고, 아메리카의 경우는 멕시코나 페루의 상인들이었다. 한편, 필리핀의 스페인인들은 일반적으로 이송교역(移送交易, comercio transferido)만 담당했다.

여러 번 언급했지만, 갤리온 무역의 핵심은 중국의 비단과 아메리카 은의 교환으로서 바로 이 무역에 "비단과 은의 무역"이라는 명칭이 붙여진 것은 너무도 당연한 것이었다. 16세기 말 이후, 멕시코에서 많은 양의 은이 푸젠 성, 광둥 성 해안지방으로 들어왔고, 서서히 전국적으로 유통되기 시작했다. 멕시코의 은은 은을 절실히 원했던 명, 청 왕조의 문제를 해결해주었다. 상업경제가 발달했던 중국 동남해안 지역에서는 멕시코 페소가 강력한 힘을 발휘하면서 광범위하게 유통되었고 한때는 중국의 은화로 자리 잡기도 했다. 이것은 상업과 통화경제의 발전을 촉진시켰고, 통화개혁을 추진케 했으며 중국의 상업경제 확대에 능동적인 역할을 했다. 해상교역을 통한 시장이 커지면서 중국의 동남해안 지역의 도시들은 번영했고 그곳 사람들의 삶은 풍요로워졌다.

예를 들면, 하이쳉(海澄)은 원래는 푸젠 성의 자그만 항구였지만, 활발한 무역활동으로 중요한 상업도시가 되었다.[81] 게다가 옥수수, 감자, 땅콩, 해바라기, 토마토, 담배와 같은 많은 농작물들이 중국에 지속적으로 들어왔다. 이런 교역과 다른 경로를 통해서 들어온 이런 농작물들이 중국에 이식된 것은 중국의 농업을 발전시키고 중국인들의 물질적인 삶을 개선시키는 데에 커다란 기여를 했다.

1575년과 1815년 사이, 중국의 많은 상품들이 멕시코에 흘러들어 갔다. 그렇게 되면서 스페인이나 다른 유럽나라들의 상품이 넘쳐났던 멕시코 시장의 독점적인 지위를 깨뜨렸고, 동시에 멕시코의 경제를 발전시키고 시장의 번영을 촉진시켰다. 중국과 멕시코 간의 무역의 발전으로 자그만 촌에 불과했던 아카풀코는 대도시로 그리고 세계에서 가장 유명한 시장으로 바뀌었다. 한편 멕시코에 지속적으로 유입된 중국의 생사는 멕시코의 비단 산업을 발전시키는 데에 기여했다.

1503년 양잠기술은 스페인에서 히스파니올라(Hispaniola : 쿠바의 동쪽과 푸에르토리코의 서쪽에 위치함) 섬으로 전해졌고, 이후 멕시코의 비단 산업은 크게 번영하였다. 그러나 식민지에서 일어난 이런 경제적 변화는 스페인 본국의 입장에서 볼 때 그리 달가운 상황은 아니었다. 1596년과 1679년, 스페인 왕실은 본국의 비단 산업을 보호하고 아메리카 식민지를 스페인에 경제적으로 종속시키기 위해서 아메리카 식민지인들이 누에를 기르고 뽕나무를 키우는 것을 여러 차례에 걸쳐 금지시켰다. 그러나 중국선이 도착하고 대량의 중국 생사가 멕시코에 들어오면서 극도로 침체된 멕시코의 비단 산업은 다시 회복될 수 있었고, 이로 인해서 많은 멕시코인들이 일자리를 가지게 되었다.

한편, 갤리온 선은 많은 도자기를 멕시코에 가지고 왔다. 멕시코의 여러 지역에서 중국의 도자기를 모방하여 멕시코에도 도자기 산업이 출현하게 되었다. 예를 들면, 푸에블라(Puebla)에는 이미 46개의 도자기 공장이 있었고, 이로 인해서 이 도시는 아메리카 최고의 도자기 중심지로 자리 잡았다. 한편, 중국의 막대한 은의 수요는 멕시코의 광산업 발전을 자극하고 촉진했다. 당시 수은은 은을 정제할 때 필요한 원료였다. 17세기와 18세기 동안 멕시코에서는 수은이 부족하게 되었고, 이에 따라서 멕시코의 은광업은 위기에 처하게 되었다. 그러나 중국선에 실려 온 중국산 수은의 유입으로 이 문제는 해결되었고 멕시코의 은광업 회복에 중국 수은은 중요한 역할을 했다.[82]

한편 뒤에서 더 살펴보겠지만 중국의 많은 상품들은 다양한 사회 계층의 욕구를 충족시켜주었고, 그들의 일상 삶을 풍부하게 해주었으며 특히 비단, 면직물, 일상용품은 멕시코인 여성들을 아름답게 치장시키는 데에 부족함이 없었다. 멕시코 시티의 상점에는 중국제 비단과 갖가지 물건들이 넘쳐났다.

중국인의 필리핀 이주와 번영

중국인의 동남아 이주는 당시대까지 거슬러 올라가지만, 그것이 문헌사료에 처음 등장한 것은 12세기 북송시대였다. 이 시기를 전후로 중국인은 남중국해에서 동남아까지 해상무역을 확대했는데, 이 지역을 남양(南洋)이라고 불렀다.[83] 특히 1279년 몽골이 중국을 정복했을 때 많은 중국인이 전란을 피해 베트남, 캄보디아, 태국, 인도네시아, 필리핀 등으로 이주했다. 국경 부근인 미얀마와 라오스에는 윈난(雲南) 출신이, 캄보디아와 베트남에는 광시(廣西) 출신이 많았고, 바다 건너 인도네시아, 말레이시아, 필리핀에는 푸젠과 광둥 출신이 많았다. 특히 필리핀의 경우는 약 80~90퍼센트가 푸젠 출신이었고, 나머지 10퍼센트 정도가 광둥 출신으로 푸젠계 출신자가 압도적으로 많았다.[84]

그러나 무엇보다도 중국인이 동남아에 대거 진출한 것은 1405년부터 1433년까지 모두 7차례에 걸친 정화의 대원정이 계기가 되었다.[85] 160여 척의 배에 연인원 27,000명이 동원된 이 원정을 통해서 동남아는 명나라의 세력 하에 들어왔고, 이를 통해서 많은 중국인들이 해외에 진출했다. 특히 정화는 60여 척의 배를 거느리고 세 차례에 걸쳐 필리핀을 정벌하기도 했다. 그러나 정화의 원정을 지원한 명나라의 영락제가 죽고 중국이 해양보다는 대륙 중시 정책을 펼치면서 중국인의 해외진출은 주춤하게 되었다.

그러나 앞에서 언급한 대로 중국인은 동남아의 여러 항구를 거점으로 비단과 도자기 무역을 하고 있었다. 중국의 무역선은 푸저우(福州), 광둥 장저우(章州)로부터 매년 마닐라에 들어왔는데 이 정크선에는 6,000에서 7,000명 정도의 중국인들이 타고 있었다. 그중 많은 사람들이 이민으로 필리핀에 정착하게 되면서, 필리핀에 체류하는 중국인들이 자연스레 늘어나게 되었다. 레가스피가 필리핀을 통치하기 시작한 1571년 필리핀에는 수백 명의 중국인들이 있었다.[86] 그런데 1588년의 통계를 보면 1만 명으로 불어나는데, 이렇게 20년도 채 안 되는 기간에 중국인이 대거 불어난 것은 바로 은을 통한 필리핀과 중국의 무역 때문이었다. 다시 말해서, 마닐라 갤리온 무역이 시작되면서 멕시코의 은과 중국의 비단 교역이 늘면서 중국인들이 필리핀에 많이 체류하게 되었다.[87] 1603년에는 마닐라를 중심으로 약 3만 명의 중국인이 거주했는데,[88] 이 숫자는 동남아시아에 거주한 중국인 중에서 가장 많은 숫자였다. 이에 반해 마닐라

그림 23. 중국인 무역상

거주 스페인인의 수는 1620년대에 이르러서도 군인을 포함하여
고작해야 2,500명 정도였다.

하지만 스페인 통치시대에 중국인들은 필리핀에서 행동의 자유가
인정되지 않았다. 당시 필리핀 총독부는 중국인이나 일본인을 인트
라무로스(intramuros, 성벽을 쌓은 스페인의 요새 지구)의 바깥에
있는 에스토라무로스(extramuros)에 거주케 하고 그들을 관리했다.
중국인은 기본적으로 마닐라의 파시그(Pasig) 강 하구 남부 해안에
밀집되어 살았는데 이곳은 파리안(Parian)이라고 불린 중국인 지정
거주지로서, 스페인이 필리핀에 세운 산티아고 요새의 대포 사정권
에 들어 있는 지역이었다. 당시 파리안에는 중국인들의 생사 시장이
있었기 때문에 파리안은 곧 중국인이라는 동의어가 되었다. 1594년

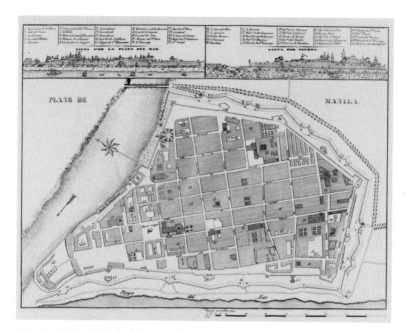

그림 24. 마닐라 평면도(1851). 인트라무로스(intramuros)는 스페인인들의 거주지이다.

그림 25. 스페인인들만 거주했던 인트라무로스

에는 마닐라의 비논도(Binondo) 지구에 중국인의 가톨릭 개종자를 위해서 새로운 중국인 거주지역이 만들어졌다.[89]

그림 26. 중국인 거주지인 파리안

그림 27. 파리안의 중국인

그림 28. 19세기 파리안의 모습

104

그러나 필리핀의 스페인인들에게 중국인들은 필수불가결한 존재였지만, 동시에 그들은 다른 문화를 가진 이교도 집단으로서 위협적인 존재이기도 하였다. 실제로 1593년에 다스마리냐스 총독(재임 1590~1593)은 마크 제도를 원정했는데, 그때 동행했던 중국인의 손에 의해서 살해되었다. 그러나 무엇보다도 스페인 식민당국은 중국인들이 경제적으로 부를 축적하고 힘을 갖추게 되자 이를 우려하게 되었고, 중국인의 증가에 위협을 느꼈다. 이에 필리핀 총독부는 중국에서 들어오는 이민자들에게 세금을 부과했고, 또 기존의 중국 상인들에게는 과도한 세금을 물리거나, 강제로 개종시키는 등 지속적으로 탄압과 박해를 가했다.

이에 대해서 중국인들은 스페인의 폭정에 반대하여 지속적으로 폭동을 일으켰다. 이 중 중요한 것만 열거해 보면 1574년 림아홍(林阿鳳)의 봉기, 1593년 번화오(潘和五)의 봉기, 1603년의 마닐라 봉기, 1639년부터 1640년에 걸쳐 일어났던 칼람바(Calamba) 봉기, 1662년의 마닐라 봉기, 1686년 정가(丁哥, 17세기 후반 필리핀의 화교 폭동 지도자)의 봉기, 1762년의 과구아(Guagua, 팜팡가 주의 도시) 봉기가 있었다.[90] 특히 1603년, 1639년의 봉기는 필리핀에서 일어난 최대 규모의 중국인 폭동으로서 많은 중국인들이 살해당했는데, 1603년에는 마닐라 거주 중국인들의 2/3에 해당하는 2만 명이 목숨을 잃었다. 이 학살로 인해서 마닐라의 경제는 파탄이 났고, 갤리온 무역도 한때 마비되었다. 1603년 이후에도 1640년, 1662년, 1687년, 1762년, 스페인 통치시대에만 5회에 걸친 중국인들의 학살 사건이

일어났다.[91)

당시 마닐라에 거주하던 중국인들은 마닐라 갤리온 무역의 중개인으로서뿐만 아니라 일상 용품이나 서비스의 제공을 통해서 스페인인들의 생활을 지원했다. 그리고 그들은 원주민이 할 수 없고 스페인인이 기피했던 일상 노동의 거의 전 분야를 담당했다. 이렇게 중국인들이 모든 분야에서 경제활동을 하면서부터 필리핀 경제는 이들 중국인들에 의해서 좌지우지되었다. 이런 상황에서 중국인들은 스페인인이나 원주민들로부터 시기나 질투의 대상이 되었고, 이는 반중국인 감정으로 이어져 중국인 박해라는 결과를 빚게 되었다.[92)

17세기, 도미니크회가 중심이 되어 중국 대륙에서 포교 활동이 전개되었다. 이런 배경에서 필리핀 거주 중국인들을 가톨릭으로 개종시켜 그들을 현지사회에 동화시키려는 움직임이 있었다. 그러나 실제로 그들에게 가톨릭 신앙이 강요된 것은 아니었고, 이교도 집단으로 그들의 존재는 허용되었다. 그 이유는 스페인 식민지 정부의 입장에서 볼 때 중국인들이 잠재적 위협이기는 했지만, 동시에 그들은 필리핀 경제를 유지하는 데에 필수적인 존재였기 때문이다. 이에 스페인 식민당국은 중국인을 완전히 없앨 수 없었고, 따라서 중국인의 수는 여러 번의 박해에도 불구하고 증가했다.

그러나 18세기 중반이 되자 중국인에 대한 정책은 획기적으로 바뀌게 되었다.[93) 새로 부임한 아란디아(Pedro Manuel do Arandía) 총독은 이교도에 대한 강제 개종정책을 펼쳤고, 비가톨릭 중국인의 추방을 실시했다. 이에 중국인들은 살아남기 위해서 가톨릭으로 개종했고 이를 거부한 중국인들은 필리핀을 떠나야만 했다. 1755년, 개종을 거부한 중국인 2,070명이 추방당했다. 이후 매년 3,000~4,000명 정도의 중국인들이 파리안을 떠났다. 특히 스페인은 1764년, 1762~1763년 영국이 잠시 마닐라를 점령했을 때 영국인에게 협조한 중국인들을 가톨릭, 비가톨릭 구분 없이 6,000명이나 추방하기도 했다. 필리핀 총독의 비가톨릭 중국인 추방정책에 의해서 개종한 중국인 이민자와 이교도 중국인 간에는 엄격한 구분이 있었고, 중국인 임시 체류자들에게는 세금, 거주이전의 제한과 같은 많은 제약이 있었기 때문에 필리핀의 중국인들이 가톨릭을 수용하면서 필리핀에 가톨릭화가 전면적으로 이루어졌다.[94]

아란디아 총독의 비가톨릭 중국인 추방정책은 이후의 총독들에게도 계속 이어졌다. 이제 중국인 사회는 '탈중국화', 즉 가톨릭화로 그들의 존속을 도모했고 현지 여자들과의 결혼을 통해서 현지 사회에 융합하게 되었다. 이제 이들은 중국인으로서보다는 필리핀인으로서 생활하면서 중국계 메스티소(Mestizo de Sanglay)가 탄생했다.

한편, 17세기 중엽에는 갤리온 무역이 쇠퇴하면서 중국 상인의 상업활동도 축소되었고 마닐라 거주 중국인의 수도 자연스레 감소하게 되었다. 한편, 1661년 청나라는 타이완의 정성공 세력을 제거하기 위해서 해안 거주민을 내륙으로 강제로 이주시키는 천계령(遷界令)을 공포했는데, 이 조치로 인해서 마닐라를 오고 가던 중국의 정크 선 무역은 타격을 입었고 중국인의 수도 크게 줄었다. 1637년 마닐라에는 약 24,000여 명의 중국인이 거주했으나, 천계령에 의해서 그 수는 1/3 정도로 감소한 7,527명이 되었고, 1671년에는 1/10도 채 안 되는 2,235명, 1680년에는 2,122명으로 대폭 축소했다. 1684년 천계령이 해제되고 갤리온 무역이 재개되면서 중국인의 수는 1706년에는 4,000명, 1748년 40,000명으로 계속 증가했다.[95]

상그레이와 파리안

중국의 정크 선이 늘어나면서 상품의 교역이 끝난 뒤 귀환하지 않고 마닐라에 잔류하는 중국인도 늘어나게 되었다. 스페인인들은 이렇게 마닐라에 거주하게 된 중국인을 상그레이(Sangley)라고 불렀다. 이 말은 샤먼(廈門)의 방언에서 통상 또는 거래를 뜻하는 셍그리(Seng-li)에서 파생했다고 한다. 상그레이는 중국인 공동체 안에서 주로 소매업과 수공업에 종사했다. 상그레이는 필리핀 이주 초기부터 원주민들과 스페인 식민정부, 그리고 가톨릭과 이슬람의 중간상인 역할을 했다. 당시 필리핀에 건너온 중국인들은 남성이 압도적으로 많아 필리핀 여성과 결혼했고 거기서 혼혈(치노 메스티소, Chino Mestizo)이 나왔다.

한편, 중국의 정크 선이 마닐라 만 근처에 나타나면 마리베레스(만의 입구의 두 끝 중 서쪽의 돌출된 끝)에 있는 망루의 감시자가 봉화로 중국 선박의 내항을 알렸고, 배가 마닐라에 닻을 내리면 왕실 재무관리관이 화물을 검사하고 3퍼센트의 수입관세를 매겼다. 이렇게 관세와 정박세를 지불하면 화물은 중국인 거주지였던 파리안으로 옮겨졌다.

레가스피는 마닐라에 거점을 두고 파시그 강이 해안과 합류하는 삼각형 모양의 지점에 도시를 건설했다. 모르가가 있었던 무렵의 마닐라에는 돌기와 지붕과 목조 '니파' 야자수 잎으로 만든 지붕의 집들이 600여 채

혼재하고 있었다. 아르마스 광장(Plaza de Armas) 주위에는 총독궁, 시청, 성당 등 주요 건물이 배치되어 있었고 마을은 성벽에 둘러싸여 세 개의 대문이 있었다. 아우구스티누스회, 도미니크회, 프란체스코회, 예수회에 속한 교회가 시내에 산재했다. 초기에는 중국인들도 이 성벽 안에 살았다. 그러나 수백 명밖에 되지 않은 스페인 인구에 비해 순식간에 중국인의 수가 늘어나자 곤살로 롱키요 총독은 이에 위협을 느껴 중국인 전용 거주지를 파시그 강 연안에 건설했다. 이 지구는 파리안으로 불렸으며 16세기 말 무렵에는 10,000여 명이 넘는 중국인 남자들이 살고 있었다. 일종의 게토라고 할 수 있는 이곳에는 도소매업, 식당, 식료품 가게 등 중국인 상점이 500개(전성기 때는 1,000개 이상이 있었다)가 즐비했던 마닐라 최고의 중심지이자 최대의 차이나 타운이었다. 이 중국인촌이 너무 팽창하여 1596년에 스페인은 12,000명을 중국으로 송환했지만, 모르가는 그래도 비슷한 수의 중국인들이 그곳에 남아 있었다고 기술하고 있다. 1621년에 그곳에는 10,000여 명이 허가를 받고 거주했고, 허가 없는 체류자는 5,000여 명에 이르렀다. 15년 후에는 30,000여 명의 중국인과 일본인이 있었지만 일본인의 수는 중국인에 비해 극히 적었다. 18세기 중엽에 중국인의 수가 40,000명을 넘는다는 보고도 있다.

상그레이에 문제가 발생했을 때 스페인인들은 "상그레이의 천적이었던" 일본인들에게 도움을 청하기도 했다. 스페인인과 중국인 사이에는 여러 번 긴장관계가 발생하기도 했다. 스페인의 중국 침공을 의심하여 1603년에는 명나라의 고위 관리가 필리핀에 오기도 했다. 새로운 농지 개척에 많은 중국인들이 끌려갔는데, 이때 불만을 가진 중국인을 두려워한 스페인은 1639년 수천 명의 중국인들을 학살했다. 스페인 국왕은 1686년에 중국인 추방을 명령했으나 필리핀의 아우디엔시아는 그 조치가 현실적이지 못하다고 판단하여 실행에 옮기지는 않았다.

8

스페인의 중국 침공 계획과 좌절

스페인의 중국 정복 기도와 실패

16세기에 펠리페 2세는 본인 스스로 스페인 제국에서는 결코 해가 지지 않는다고 자랑스럽게 말했다. 이 말이 과장이 아닌 것이 당시 카를로스 5세와 펠리페 2세 치하의 스페인 제국은 로마 제국의 붕괴 이래 유럽에서는 이제까지 볼 수 없었던 가장 강력한 제국이었다. 스페인의 영토는 전 세계에 흩어져 있었고 그야말로 광대했다.

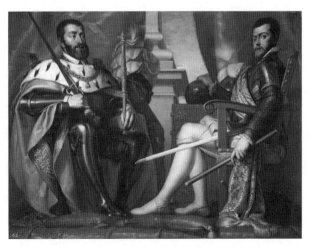

그림 29. 카를로스 5세(왼쪽)과 펠리페 2세

그러나 펠리페 2세의 야심은 기존의 식민지에만 국한되지 않았다. 스페인령 아메리카 식민지는 그곳에서 산출된 금과 은 등의 귀금속 공급을 통해서 스페인 왕실을 떠받쳤다. 그러나 스페인 제국의 목표는 아직 이루어지지 않았고, 풍부한 자원과 부를 가진 서쪽의 아시아가 남아 있었다.

앞에서 본 것처럼 스페인은 태평양을 횡단하고, 필리핀을 정복했다. 이후 필리핀은 아시아 국가들과의 무역을 위한 전진기지로 바뀌었다. 그리고 이어 16세기 중반 스페인 상인과 중국, 일본을 위시한 아시아 지역 상인들 간의 무역이 이루어졌다. 그러나 펠리페 2세는 그것만으로는 성에 차지 않았다. 이 시기에 그의 생각은 스페인 군대가 중국 정복을, 그것이 어려우면 적어도 중국의 주요 항구들을 탈취할 방법을 찾는 데에 치중되어 있었다. 한걸음 더 나아가 스페인은 중국인들을 "참된 종교"인 가톨릭으로 개종시키고자 했다. 만약 중국인에 대한 선교가 성공한다면, 스페인은 기독교 세계 종주국으로서의 명성을 보다 더 확고히 할 수 있었고, 펠리페 2세 자신은 외증조부모인 가톨릭 공동 국왕(los Reyes Católicos) 이사벨 여왕과 페르난도 왕 못지않은 진정한 카톨릭 군주로 군림할 수 있었다.

이런 배경에서 스페인은 아시아에서 교역의 주도권을 잡기 위해 필리핀 정복 이후 여러 번 중국을 침공하려고 시도했고, 중국에 여러 번 원정대를 파견했다. 그것은 중국의 국경을 어떻게 하면 쉽게 들어갈 수 있는지, 그들과 대규모 전쟁이 가능한지에 대한 일종의 사전탐색이었다. 1572년 스페인 왕실은 마닐라 갤리온 무역을 총괄하고 있었던 멕시코의 부왕에게 중국에 원정대를 보내 가능한 한 많은 정보를 얻어 올 것을 명령했다. 당시 3척의 갤리온 선으로 구성된 스페인 원정대 대장으로 후안 델라 이슬라(Juan de la Isla)가 임명되었다. 아울러 그는 중국 해안을 조사하여 지도를 완성하라는 임무도 부여받았고, 필리핀의 중국 무역선들과 접촉해도 좋다는 허락도 받았다.

그러나 사실 몇 척의 군함으로 중국이라는 거대한 나라를 복속시킨다는 것은 처음부터 불가능한 일이었다. 펠리페 2세의 이런 무모한 계획은 이슬라 대장의 죽음과 라베사레스(Guido de Lavezares) 필리핀 총독의 지원 부족으로 실현되지 못했고 결국 중국에 대한 관심은 잠시 사그라졌다. 게다가 중국은 광대한 영토에도 불구하고 강력한 방어태세를 갖추었고 왕조 체제도 확고하여 외국의 중국 침략은 그리 간단치 않았다.

스페인이 중국을 정복하기 위해서는 더 많은 군대와 더 많은 함대가 필요했다. 그러나 무엇보다도 이런 군사작전을 수행하는 데에 스페인은 중국에 대한 정보가 거의 없었다. 필리핀 정복자 중의 한 사람이었던 후안 파블로 카리온(Juan Pablo Carrión)은 4척의 군함으로 명나라에 대해서 대규모 공격을 계획했는데, 이것 또한 중국에 대한 무지의 소산이었다.

한편, 포르투갈은 16세기 초부터 고아, 말라카, 몰루카 제도, 마카오, 나가사키 등 아시아 지역들과 교역관계를 유지하고 있었고, 이 지역 여러 나라들에 사절단을 파견하고 있었다. 반면에 스페인 왕실은 중국과 어떠한 외교적 접촉도 가지지 못했고, 그것이 이루어진 것은 1574년이 되어서였다. 이즈음, 중국의 푸젠 성 당국은 필리핀 총독부와 접촉하여 양측 간의 교역을 개시하고 대신, 중국 해안을 괴롭히고 있었던 중국인 왜구 림아홍을 돌려보내라고 요구했다. 그러나 이 해적이 중국에 인계될 즈음에 그는 도주했고 설상가상으로 라베사레스(Guido de Lavezares) 총독이 죽으면서 중국과 스페인의 교섭은 중단되고 말았다.[96]

한편 라바사레스 전임 총독과는 달리 새로 부임한 프란시스코 데 산데(Francisco de Sande) 총독은 무력을 통해서 중국에 기독교를 전파하고자 했고 그 자신이 직접 중국 침공 계획을 세웠다. 1576년 인디아스 자문회의에 보낸 편지에서 그는 아메리카의 보물들을 찾아 페루와 멕시코를 떠돌아다니던 수많은 스페인 모험가나 탐험가들 중에서 5,000명을 모집하여 자기에게 보내달라고 요청했다. 그리고 그는 중국이 자신들의 막대한 귀금속 자원을 지킬 만큼 방어태세가 튼튼하지 않을 것이라고 생각했다. 이런 와중에 스페인 국왕은 중국에 대한 더 많은 정보를 캐낼 요량으로 이 군사침략 계획을 연기했고, 무역관계에 더 치중하기로 했다.[97]

1580년 펠리페 2세는 포르투갈을 병합하고 포르투갈의 왕까지 겸임하게 되었다. 이렇게 이베리아 반도의 두 왕국이 병합하면서 중국 해안 지역의 항구들을 포함하여 아프리카 전체와 인도양 및 태평양 제도의 포르투갈 식민지들도 스페인에 합병되었다. 이런 상황에서 이제는 필리핀이 아닌 포르투갈의 거점 마카오를 이용하여 중국을 정복하자는 분위기가 스페인 궁중에서 다시 일어났다. 당시 배로 마닐라에서 마카오까지는 3일 정도 걸렸다.

포르투갈인들이 아시아에 출현하면서 스페인 신부들 역시 중국에 진출하여 선교할 수 있게 되었다. 그리고 중국은 포르투갈인들로부터 화승총이나 대포를 구입하여 새롭게 무장할 수 있었다. 스페인은 포르투갈을 병합하면서 자국의 팽창정책을 보다 더 강력히 추진할 수 있었지만, 결과적으로 중국과 스페인의 교류는 단지 중국의 무기 구입에만 그치고 말았다.

산데 총독의 뒤를 이어 필리핀에 부임한 곤살로 롱키요(Gónzalo Ronquillo) 총독은 중국 정복에 대한 보다 현실적인 계획을 세웠다. 그는 스페인 선교단을 이끌고 중국에서 선교활동을 하다가 광둥에서 체포된 예수회 소속 알론소 산체스(Alonso Sánchez) 신부가 수집한 정보에 고무되었다.[98] 그는 중국 침략을 위해서 15,000명의 병사면 족하고, 중국과의 전쟁에서는 취할 것이 많다고 주장했다. 한편, 마닐라 최초의 주교였던 도밍고 데 살라사르(Domingo de Salazar)는 이교도 나라인 중국에서 자행되는 수많은 반기독교적 불법 행동을 저지하기 위해서 무력 사용이 정당하다고 말했다.

롱키요 총독의 전략은 카스티야 왕국 출신의 병사들(전체 군인 중 3분의 1)을 주력군으로 구성한 뒤, 거기에 포르투갈 병사를 추가하고, 또 6,000명의 필리핀 원주민 병사와 중국에 적대적인 6,000명의 일본인 용병을 추가하여 중국을 침공하는 것이었다. 구체적으로 스페인 병사들은 푸젠 성을 공격하기로 했고, 포르투갈 병사들은 광둥 지방을 공격하기로 되어 있었다. 펠리페 2세는 이 정도 군인들만 확보되면 중국과의 전쟁을 결정적으로 끝낼 수 있으리라고 확신하고 있었다. 그들이 이렇게 적은 숫자의 군대로도 중국을 공략할 수 있으리라고 믿었던 것은 대포나 총을 위시한 유럽의 기술에 대하여 과도한 자신감을 가졌기 때문이었다.

그러나 스페인의 이 중국 침공계획은 펠리페 2세의 탁상공론으로 끝났다. 펠리페 2세는 포르투갈 합병에서 얻을 수 있는 이익을 더 고려하여 중국 침공을 취소했다. 그러나 무엇보다도 스페인의 중국 침공이 좌절된 데에는 1588년 스페인이 자랑하던 무적함대가 영국에게 무참히 패배한 것이 결정적인 요인으로 작용했다. 당시 펠리페 2세는 추호도 의심할 수 없는, 유럽에서 가장 강력한 군주였지만, 앞으로 스페인에 다가올 군사적 재앙은 전혀 예측하지 못했다. 이 전쟁에서 스페인은 많은 함선을 잃었고, 설상가상으로 폭풍 때문에 많은 배들이 침몰했으며, 2만여 명의 스페인 군인들이 죽었다. 이 전투의 패배로 스페인은 커다란 충격을 받았고 중국을 공략하려던 스페인의 기도도 무위로 돌아가고 말았다. 동시에 중국인들을 기독교화하고자 했던 펠리페 2세의 야심찬 계획도 수포로 돌아갔다. 이것을 끝으로 스페인의 중국 정복 기도는 더 이상 없었다.

은의 수요와 공급 : 중국과 아메리카

은본위제도의 확립

역사적으로 은은 많은 지역에서 화폐의 재료로 사용되어왔고, 또 주요 무역 상품으로 거래되었으며 전 세계 원거리 무역의 수단이 되었다. 특히 일본과 아메리카의 은 생산이 급증하면서 16세기 이후 은은 국제상품으로 전 세계 각지에서 거래되었고, 중국에서의 은 수요 급증으로 해외 무역의 주역이 되었다.

금본위제도는 19세기 후반에서 20세기 초반에 걸쳐 성립되었는데, 금이 국제교역의 결제통화로 널리 쓰이게 된 것은 19세기 후반의 일이다. 이전, 특히 유럽 국가들이 아프리카, 아시아, 아메리카에 진출한 이른바 대항해시대(Era de los descubrimientos, 15~17세기)에 세계 교역을 지탱한 귀금속은 금이 아니라 은이었다. 아시아에서 가장 널리 쓰이던 화폐는 동전이었지만, 동전은 점차적으로 은에게 밀렸다. 결과적으로 금, 은, 동 3대 금속의 세계시장이 형성되었지만, 실질적으로 전 세계는 은본위제로 나가게 되었다. 다시 말해서 은의 공급이 전 세계적으로 증가하면서 금이나 동에 비해 상대적으로 은값이 하락했고, 이에 따라서 은본위제가 쉽게 정착될 수 있었다.

전 세계적 은의 이동

콜럼버스가 아메리카를 발견한 이후 처음에는 카리브 지역의 금이 유럽으로 흘러들어 갔다. 그러나 이는 소량으로서 스페인에 본격적으로 귀금속이 유입된 것은 앞에서 여러 번 언급한 것처럼 스페인의 아메리카 식민지에서 은광산이 개발되면서부터였다. 1545년 페루 부왕령의 포토시(현재의 볼리비아 영토)에서, 그리고 1548년 멕시코의 사카테카스, 그리고 이후 과나하토 등에서 은광이 발견되면서 아메리카의 막대한 은이 스페인으로 들어갔다.

이렇게 스페인으로 들어온 은은 영국, 프랑스 및 네덜란드, 벨기에 등 저지대 국가들로 유입되었고, 여기서 다시 스칸디나비아 반도 및 러시아로 들어갔다. 아울러 스페인령 아메리카 은은 스페인에서 지중해를 거쳐 육로와 해로로 동진하여 레반트 지역에 도달했다. 한편 인도는 수에즈와 홍해, 인도양을 통해서 스페인령 아메리카 은을 조달하기도 했고, 육로로는 지중해 동단에서 터키, 페르시아를 거쳐 흑해를 통한 인도양으로 가져오기도 했다. 아니면 희망봉 항로를 따라서 아프리카 남단을 돌아 유럽에서 직송해 오기도 했다.[99]

마지막으로 아메리카 은은 아카풀코에서 태평양을 횡단하여 마닐라까지 동양으로 직접 운반되기도 했다. 이렇게 은의 이동은 다양한 루트를 거쳤지만, 어떤 경우에도 은의 최종 목적지는 언제나 중국이었다. 이렇게 중국이 전 세계의 은을 빨아들인 것은 당시 중국의 금과 은의 값 차이가 세계 어떤 나라보다도 낮았기 때문이다. 다시 말해서, 중국의 은값은 상대적으로 높았는데, 은의 공급가격은 은이 흔한 지역이었던 아메리카 대륙에서 상대적으로 낮았고 아시아로 갈수록 상대적으로 높았다.

16세기 초, 중국에서는 그 가격 차이가 1:6으로, 인도(1:8), 페르시아(1:10), 유럽(1:12)과 비교하여 중국에서의 은의 가치가 월등히 높았다. 1592년부터 17세기 초반까지 중국 광저우에서 1:5.5에서 1:7이었던 반면, 스페인에서는 1:12.5에서 1:14였다.[100] 중국의 은값은 스페인에 비해 거의 두 배 수준으로 높았다. 이런 점에서, 금의 상대가격이 낮고 은의 상대가격이 다른 지역과 비교하여 두 배 가까이 높았던 중국으로 은이 몰려드는 것은 당연한 이치였다.[101]

이렇게 중국에서 은은 중요한 가치를 지녔고, 스페인 제국은 은을 풍부하게 가지고 있었다는 점에서 은을 매개로 한 스페인과 중국의 무역은 자연스러운 일이었다. 이렇게 중국과 스페인 간 은 가치의 엄청난 차이는 스페인과 중국의 무역을 확대시킨 주요인이었다.[102]

세계의 귀금속의 생산

(단위 : 메트릭 톤)

기간	은			금				
	세계	아메리카	비율	세계	아메리카	비율	아프리카	유럽
1493~1600년	23,000	17,000	74%	714	280	39%	255	148

1601~ 1700년	40,000	34,000	85%	900	590	66%	200	100
1701~ 1800년	57,000	51,000	90%	1,900	1,620	85%	170	108
합계	120,000	102,000	85%	3,514	2,490	71%	625	356

출처 : Barrett, Ward(1990), "World Bullion Flows, 1450-1800", *In the Rise of Merchant Empires: Long-Distance Trade in the Modern World 1350-1750*, pp. 24-54. 山田義裕(2009), p. 22에서 재인용.

1500년대와 1800년대 사이에 멕시코와 남미(주로 페루와 볼리비아)에서 15만 톤의 은이 생산되었는데 이는 전 세계 생산량의 80퍼센트를 차지했다. 배럿(Ward Barrett)의 추산에 의하면 1545년부터 1800년까지 아메리카에서 생산된 133,000톤의 은 가운데 100,000톤, 그러니까 약 75퍼센트가 유럽으로 들어갔다. 그리고 이 가운데 32퍼센트, 즉 아메리카에 생산된 은의 24퍼센트인 약 32,000톤이 아시아로 다시 보내졌다. 아메리카 은이 아시아에 본격적으로 유입된 것은 1600년경부터이며, 그 후 유럽으로 반입된 은의 40퍼센트가 다시 아시아로 수출되었다. 1600년을 전후하여 유럽이 보유한 은은 모두 68,000톤이었고, 아메리카가 보유한 은은 33,000톤이었다. 아메리카가 보유한 은 가운데 일부는 태평양 건너 아시아로 직접 수출되었다.[103]

앞의 표에서 보면 연간 평균 생산량은 16세기에 약 170톤, 17세기에는 2배 증가한 약 340톤, 18세기에는 지난 세기보다 50퍼센트 증가하여 약 510톤이 된다. 전체로 보면 16~18세기의 3세기 동안 연평균 생산량이 340톤이었음을 알 수 있다.

스페인과 스페인 식민지 간의 총 교역에서 갤리온 무역이 차지하는 비중을 정확히 추정하는 것은 불가능하다. 그러나 멕시코에서 스페인, 또는 멕시코에서 필리핀으로 수출된 대부분의 물품이 은이었다. 스페인과 식민지 간 무역에서 귀금속이 차지하는 비중이 얼마나 높은가는 다음의 예를 보면 잘 알 수 있다. 1760년 멕시코에서 스페인으로 들어간 화물 총액(9,811,245페소) 중 금과 은(총 가치 : 7,626,432페소)이 차지하는 비중은 77.3퍼센트였고, 1765년에는 화물 총액(15,785,452페소) 중 금과 은(14,040,54페소)이 차지하는 비중은 88.94퍼센트로 상승했다.

아카풀코와 마닐라를 오가는 무역량은 학자마다 다르지만 연간 약 550만 페소였다는 것이 일반적으로 받아들여지는 견해이다. 한편, 1810년 필리핀의 대외수출은 480만 페소였다가 갤리온 무역이 끝나는 1818년에는 120만 페소로 격감하는데, 이것을 보면 스페인의 총 무역에서 갤리온 무역이 차지하는 비중이 얼마나 큰지 알 수 있다.[104]

1590년대 아카풀코에서는 매년 300만에서 500만 페소(순은으로 치면 약 79~132톤)어치의 은이 마닐라로 유입되었다. 그리고 1597년에는 아카풀코의 은 수출이 정점에 도달하여 1,200만 페소에 이르렀는데, 이는 대서양을 통해서 합법적으로 이루어진 스페인-아메리카 간의 무역액을 상회한 것이었다.

1581년부터 17세기 말까지 마닐라로 간 은의 가치는 2,300만 페소였다. 이 액수는 스페인에 보내진 은의 액수인 7,620만 페소의 약 3분의 1에 해당된다. 17세기 초 매년 아카풀코에서 마닐라로 약 500만 페소의 은이 보내졌는데, 그중 300만 페소는 포토시에서 생산된 은이었다.

아메리카에서 필리핀으로 유입된 은의 양에 대한 통계는 학자에 따라서 천차만별이고 다양하다. 2세기 넘는 기간 동안 아메리카 대륙에서 아시아로 들어간 은은 약 4,000에서 5,000톤 정도로, 그 양은 아메리카 전체 생산량의 1/3 정도로 추산된다. 한편, 1598년에서 1699년까지, 약 100년간에 걸쳐 아메리카에서 필리핀으로 들어간 은은 연간 200만 페소 정도로 추산되며 중량으로 따지면 연간 51.12톤 정도의 양에 해당된다.[105] 한편, 1550년에서 1700년까지 연간 200톤의 은이 아시아로 유입되는데, 그중의 3/4은 유럽에서 들어온 것이고, 나머지 1/4은 아메리카에서 직접 필리핀으로 들어온 것이라고 한다.[106]

아메리카와 필리핀 간의 은 교역량

연도	가치(페소)	무게(톤)
1598	1,000,000	25.56
1601	2,000,000	51.12
1602	2,500,000	51.12
1604	3,000,000	63.90
1620	2,000,000	76.68
1633	2,000,000	51.12

1688	2,000,000	51.12
1698	2,000,000	51.12
1699	2,070,000	52.50

출처 : Han-Sheng Chuan(1969), "The Inflow of American Silver into China from the Late Ming to the Mid-Ch'ing Period," *The Journal of the Institute of Chinese Studies*. Alfonso Mola and Martínez Shaw(2004), p. 46에서 재인용.

한편 이 시기에 일본에서 생산된 상당량의 은이 중국으로 유입되었다. 아메리카의 은이 중국에 들어가기 전 일본은 아시아 최대의 은 생산국으로서 중국의 최대 은 공급처였다. 일본은 1560~1600년에는 연간 50톤의 은을, 1600~1640년에는 연간 150~190톤의 은을 생산했고, 절정기인 1600년 초에는 200톤에 달하기도 했다. 일본은 1560~1640년 기간 중 은의 주요 수출국으로 부상했다. 이 시기 일본의 생산량은 8,000톤에 이를 것으로 학자들은 추산하고 있다.

	1560~1599년	1600~1640년	1601~1694년
일본에서	34~49톤	150~187톤	40톤
스페인령 아메리카에서	10톤	22톤	-

출처 : Kozo Yamamura and Tetsuo Kamiki, "Silver Mines and Sung Coins – A Monetary History of Medieval and Modern Japan in International Perspective" in Richards, *Precious Metals*, 351–353. 山田義裕(2009), p. 25에서 재인용.

여기에서 한 가지 중요한 사실은 일본이 중국에 수출한 은의 양이 아메리카에서 들어온 은보다 3~10배, 평균 6~7배 많았다는 점이다. 이 시기에 태평양을 건너 중국으로 들어간 은이 1,000톤

남짓한 데에 반해 같은 기간에 중국이 일본에서 수입한 은의 양은 8,000에서 9,000톤이었다. 최근의 연구에 의하면, 16세기 후반 중국으로 유입된 은은 2,100톤에서 2,300톤이었고, 그중 일본산은 1,200톤에서 1,300톤이었으며, 17세기 전반 중국에 들어간 5,000톤 정도의 은 중에서 일본산은 2,400톤으로 추산되었다.

결론적으로 아메리카에서 생산된 은의 1/3 정도가 마닐라를 통해서 중국에 전달되었다. 그 외에 유럽 구대륙으로 들어간 은은 그 후 포르투갈인과 네덜란드인, 심지어 아시아인들에 의해서 중국에 다시 반입되었다. 이 시기에는 일본의 은도 대량 유입되면서 16~17세기 중국은 마치 블랙홀처럼 전 세계의 은을 다 집어삼키며 은의 최종 집결지가 되었다.

8레알화

16세기 포르투갈과 스페인은 중국산 비단과 생사(生絲), 도자기를 사고, 그 대가로 은을 지불했다. 처음에는 남독일산 은을 사용했지만, 일본과의 무역에서 획득한 일본산 은을 중국으로 가지고 갔다. 그리고 스페인의 식민지였던 페루 부왕령의 포토시 은광과 멕시코에서도 은 생산량이 급증하면서 그것을 원료로 스페인의 화폐단위인 레알(real) 은화가 제조되었다. 이 중 '오초 레알화(8 real)'가 대량으로 주조되었고 갤리온 무역을 통해서 유럽, 아시아에 유입되었는데, 이를 스페인 달러 또는 멕시코 달러라고 불렀다.

8레알 은화는 스페인이 주조한 대항해시대의 대표적인 무역화폐로서 보스턴에서 아바나까지, 세비야에서 안트베르펜까지, 무르만스크에서 알렉산드리아까지, 콘스탄티노플에서 코로만델까지, 마카오에서 광저우까지, 나가사키에서 마닐라까지 웬만한 상인은 스페인의 이 은화를 표준화폐로 사용했다. 8레알 은화는 멕시코를 중심으로 주로 스페인을 비롯한 유럽 국가들, 중국, 일본 및 동아시아 국가에 대량으로 유통된 국제결제 화폐(trade dollar)였다. 다시 말해서 8레알 은화는 이제까지 만들어진 주화 중에서 가장 많은 나라나 지역에서 사용된 돈으로서 화폐학에서 치면 지금의 기축통화인 달러라고 할 수 있었다. 액면가가 8레알인 이 은화가 미국에서 사용되면서 멕시코 달러라는 이름을 얻게 되었고, 중국과 일본에서는 멕시코가 묵서가(墨西哥)로 표기되어 묵은(墨銀)이라고 불렸다.

스페인은 카를로스 1세의 명에 따라서 스페인 본국의 화폐에 맞춰 1535년부터 누에바 에스파냐(멕시코)에서 8레알 은화를 주조했다. 18세기에 들어서, 볼리비아, 칠레, 멕시코, 페루 등에서 헤라클레스의 기둥을 그린 필라도르(Pilador)라는 대형 은화가 만들어졌다. 그러나 1720년경 스페인의 카를로스 3세는 스페인 식민지의 모든 화폐주조국에 은화 전면에 스페인 왕의 얼굴, 즉 흉상을 새기라고 하면서부터 이 은화는 흉상(busto) 은화, 또는 카를로스 달러(Carlos dollar)로 불렸다. 한편 멕시코는 독립 후인 1821년 독수리가 디자인된 은화(멕시코 달러)를 발행했다. 이 필라도르 은화는 멕시코 독립 전후까지 계속 주조되었고 멕시코 독립 후인 1824년부터 1897년까지는 8레알 은화, 1898년부터 1905년까지 1페소 은화로 발행되었다.

그림 30. 8레알 은화. 카를로스 3세의 흉상이 보인다(멕시코 주조국 제조)

그림 31. 8레알 은화. 오른쪽에는 헤라클레스의 기둥(pilador)이 형상화되어 있다(멕시코 주조국 제조)

이렇게 풍부한 은 생산을 밑천으로 대량의 주조가 가능했던 스페인 달러(또는 멕시코 달러)는 국제통화로서의 지위를 획득하기에 이르렀다. 스페인 달러는 16세기경부터 중국에 유입되어 양은(洋銀)이라는 이름으로 불렸고 19세기에는 동남아시아 각국에 유입되었다. 미국, 영국, 프랑스 및 일본 등은 무역은(貿易銀)을 발행하고,

이들 나라들 사이에서 동양무역의 주도권을 놓고 쟁탈전이 시작되었는데, 그래도 동아시아에서 멕시코 달러의 지위는 여전히 흔들리지 않았다.

한편 급격한 은생산의 증대는 국제 은가격의 하락을 가져왔고, 멕시코 달러가 스페인을 통해서 유럽에 대량으로 유입되면서 가격혁명(price revolution)이 일어나게 되었다. 불안정한 은 시장의 동향으로 인해서 영국이 1816년 금본위제도로 이행했고 이를 계기로 각국에서도 은본위제도를 버리고 금본위제도를 채택하게 되었다.

미국은 독립 후 1794년부터 멕시코 달러와 거의 동등한 가치를 지닌 은화 주조를 시작했지만 그 양은 많지 않았고, 이로 인해서 건국 초기에 미국은 절대적인 통화 부족에 시달리게 되었다. 그러나 때마침 이웃 나라인 멕시코에서 다량으로 주조된 멕시코 달러가 유입되었고, 이로 인해서 멕시코 달러는 1806년부터 미국의 법정통화로서의 지위를 획득했고 1857년까지 공식통화의 기능을 수행함으로써 통화수요를 해결했다. 1873년 미국은 아시아를 포함한 동양에 대한 영향력을 강화할 목적으로 멕시코 달러에 맞서 1873년부터 무역용 은화를 발행했지만 유통의 역사가 짧아 멕시코 달러와는 경쟁할 수 없었다. 그리고 국제시장에서 은 가격이 하락하면서 은화의 주조는 사라지게 되었고 은화는 보조화폐로 격하되었다.

중국에서는 송나라와 원나라 이후 동의 생산이 감소하여 동전이 부족하게 되면서 명나라에 와서는 은정(銀錠)이라고 불리는 칭량화폐가 널리 유통하게 되었다. 이에 따라서 중국에서 대규모 은의 수요가 발생했고 무역의 대가로 유럽 탈러(thaler) 은화와 일본의 석주은(石州銀)이 유입되었다.

18세기에는 비단과 차의 대가로 광둥을 통해서 대량의 멕시코 달러가 유입하게 되었다. 중국에서는 국외에서 유입된 원형의 은화를 은원(銀圓)이라고 불렀다. 특히 양질의 은으로 많이 주조된 멕시코 달러는 중국에서 응양(鷹洋)으로 불렸으며 신용도가 높았다. 이후에 발행된 아메리카나 일본의 무역은보다 우위에 있었고 훨씬 많이 통용되었다. 한편, 이 은화는 남만(南蠻)에서 유입되었다고 해서 번은(蕃銀)이라는 호칭도 가지고 있었다. 19세기 말에는 중국 국내에서도 멕시코 달러와 거의 동등한 광서원보(光緒元寶)와 일원은화(壹圓銀貨)가 주조되었고, 이에 따라서 한국, 일본 등 다른 동아시아 각국에서도 통화 단위로 원(圓)을 도입하게 되었다.[107]

달러(dollar)의 유래

1516년경 지금의 체코인 야히모후(Jachymov)에서 은광이 발견되었고 상트 요아킴스탈(Sankt joachimsthal)이라는 광산 마을이 탄생했다. 1517년 이후 이 은광에서 생산된 은으로 은화가 만들어지게 되었는데, 그것은 요아킴스탈러(Joachimsthaler) 은화로 불렸다. 이 탈러(thaler) 은화는 무게가 약 30g, 품도가 95퍼센트로서 금화와 등가로 통용된 대형 은화였으며, 당시 유럽 국제통화였던 이탈리아 '플로렌스 금화'의 대안으로 널리 사용되었고, 유럽 각국 은화의 원형이 되었다. 이 은화가 유럽으로 퍼지면서 이탈리아 탈레르(taller), 폴란드 탈라르(talar), 네덜란드 달더(daalder), 스칸디나비아 달러(Daler), 슬로베니아 톨라르(tolar), 노르웨이, 덴마크 탈러(thaler)가 탄생했다. 스페인과 스페인령 멕시코의 통화단위는 페소(peso)였지만 스페인에서도 자국의 은화를 유럽 각국의 원형이 된 탈러 은화를 기준으로 주조했고 스페인령 멕시코에서도 마찬가지로 탈러 은화를 기준으로 한 은화가 생산되었다. 이에 따라서 영국에서는 스페인 은화와 멕시코 달러를 공식통화 단위의 이름이 아닌 스페인 달러(Spanish dollar)나 멕시코 달러로 불렸고, 미국에서도 자국 통화를 달러(Dollar)로 부르게 되었다.

10

포토시 은광과 이와미 은광

포토시 은광

포토시 은광은 1545년에 발견된 스페인의 식민지였던 페루 부왕령의 은광으로서 현재는 볼리비아에 속해 있다. 스페인은 식민지 통치체제인 엔코미엔다(encomienda) 제도를 통해서 인디오들에게 강제노동을 시켜 포토시에서 채굴한 은을 스페인 본국에 보냈다. 이렇게 해서 유럽에서 들어온 은은 유럽 대륙에 가격혁명을 일으켰다. 한편, 16세기 후반 이후, 은은 중국 무역에서도 사용되었는데,

그림 32. 포토시 은광(Cerro Rico)의 현재 모습. ⓒ함영석

그림 33. 포토시 광산에서 은을 채굴하는 인디오의 모습. 드브리(De Bry) 작(1596)

스페인 은이 대량으로 유입되면서 명나라에서도 은이 광범위하게 유통되었다.

포토시는 해발 4,000미터가 넘는 안데스 산맥의 한 산이다. 부유한 언덕(Cerro Rico)으로도 불리는 이 산 자체의 높이는 800미터 정도이다. 1545년 4월 디에고 우알파(Diego Huallpa)라는 이름의 한 케추아(quechua) 인디오가 이 은광을 발견했다고 전해지는데, 이 소식은 곧 스페인인의 귀에 들어갔고 은의 존재를 확인한 스페인인이 채굴권을 취득했다. 이후 사람들이 이곳으로 모여들었고, 1547년에는 스페인인 2,000명, 인디오 12,000여 명이 은의 채굴에 종사했다. 이 포토시 광산이 있던 지역은 처음에는 라플라타(La Plata, 지금의 아르헨티나)에 속했지만, 1561년에 페루 부왕령이 재정난에 시달린 스페인 왕실에 130,000페소를 헌상하면서 라플라타 행정구역으로부터 분리되었고, 펠리페 2세는 이곳을 '제국의 도시인 포토시'라는 이름을 하사하여 이듬해에 시의회가 탄생했다. 그 후에도 포토시의 인구는 계속 증가했고, 전성기인 1650년에 포토시에는 약 160,000명 정도가 살고 있었다. 당시 마드리드의 인구가 155,000, 세비야 180,000, 밀라노 290,000, 런던이 225,000명으로 추산될 때, 단기간에 세워진 포토시가 은광으로 얼마나 번영을 누렸는지를 능히 짐작할 수 있다.

포토시 은광은 16세기 후반부터 생산이 증가하여 1581년부터 1600년 사이에는 매년 평균 254톤을 생산하기에 이르렀다. 이 생산량은 동양을 제외한 세계 은생산(연평균 생산량은 418.9톤)의 대부분을 차지하는 것이었다.

엔코미엔다 제도와 인디오 노동

당시 인디아스 제도와 멕시코 등의 스페인령 식민지에는 1503년부터 엔코미엔다 제도를 통해서 현지 인디오를 노동력으로 사용하는 것을 인정하고 있었다. 이 제도는 스페인 식민지에 거주하는 원주민을 기독교화하는 대신에 그 대가로 원주민을 노역시킬 수 있는 제도로서 사실상의 강제노동을 가능하게 했다. 그러나 라스 카사스(Las Casas) 신부를 위시한 몇몇 스페인 신부들은 스페인 정복자들이 원주민 인디오들에 대해서 저지른 수많은 악행 및 범죄를 고발했고 엔코미엔다와 같은 비인도적인 제도를 강력히 비판했다. 결국 스페인 왕실은 강제노동으로 인한 인디오 노동력의 감소를 방지하고 엔코멘데로가 이 제도를 이용하여 사복을 채우고 권력을 사유화할지 모른다는 우려하에 1542년 엔코미엔다 제도를 폐지하고 아메리카 식민지 농장과 광산을 직접 관리하고자 했다.

1549~1550년에 걸쳐 포토시에 은의 붐이 일면서 페트로 델라 가스카(Pedro de la Gasca) 총독은 엔코멘데로가 소유한 인디오의 1/10만 포토시 은광에서 일하도록 했다. 그러나 이런 제도는 곧 사문화되었고, 실제로는 약 5,000명의 인디오(가족까지 합치면 20,000~25,000명)가 포토시로 차출되었다. 그들 모두가 강제노동에 동원된 것은 아니었고, 대부분은 엔코멘데로에게 자발적으로 사역했다. 그러나 16세기 후반에 들어서 인디오의 반란이 빈발하고, 엔코멘데로의 본국에 대한 불만(그들은 자신들의 권리가 영구히 세습될 수 있도록 왕실에 요구했으나 스페인 정부는 거부했다) 등으로 엔코미엔다 제도하에서 인디오 인구가 감소하여 노동력이 부족해졌고 이에 따라서 포토시 은광의 은 생산량도 감소하기 시작했다.

미타 제도와 수은 아말감법

1572년 프란시스코 알바레스 데 톨레도(Francisco Alvarez de Toledo) 페루 부왕은 포토시 은광을 다시 살리기 위해서 두 가지 방법을 썼는데, 하나는 수은을 이용하여 은을 추출하는 수은 아말감법이라는 새로운 기술을 채택했고, 다른 하나는 노동력 확보를 위해서 미타(mita)라는 새로운 노동제도를 도입한 것이다. 이 시도들이 성공하면서 포토시 은광의 은 생산량은 급속히 증대했고, 이에 따라서 대량의 은이 유럽으로 흘러들어 갔다.

수은 아말감법은 광석을 분쇄한 뒤 그 가루에 수은과 소금물을 첨가하여 진흙 모양으로 침전시켜 수은 아말감을 만든 다음, 그것을 가열하여 은을 추출하는 새로운 기술이었다. 이 방법은 품도가 낮은 광석에서도 은을 추출할 수 있는 이점이 있었다. 다만 은을 안정적으로 공급하려면 적절한 양의 수은 공급이 필요했다. 포토시 은광에서는 1563년에 리마의 남서쪽 우안카벨리카(Huancavelica)에서 수은 광산이 발견되면서 이곳의 수은을 사용하게 되었다.

미타 제도라는 것은 지정된 페루 부왕령 내 16구역에 거주하는 원주민 인디오 중 18세에서 50세까지의 남자 1/7을 1년 교대로 노동하게 하는 제도였다. 미타 노동에 종사하는 인디오를 미타요(mitayo)라고 불렀는데, 그들은 마을의 수장인 카시케(cacique : 원주민 인디오 집단의 지도자)의 지휘를 받았다. 노동자들에게 임금은 지급되었지만, 겨우 식비를 충당할 정도였기 때문에 미타요는 비번인 날에도 일을 해야만 했다. 또한 포토시 은광에서 노동하기 위해서 이동하는 비용도 본인이 부담해야만 했다.

16세기 중반에 폐지된 엔코미엔다 제도 대신에 도입된 미타 제도 하에서의 노동 역시 인디오에게는 강제노동과 다를 바 없었다. 스페인이 이 제도를 도입한 배경에는 인디오가 천성적으로 게으르고

그림 34. 포토시 은광에서 채굴한 은을 야마에 실어 운반하고 있다. 자크
르 모잉(Jacques Le Moyne) 작

노동 능력이 떨어진다는 믿음이 있었다. 당시 아메리카 대륙에는
흑인노예도 있었지만, 포토시 은광에 흑인들이 적었던 것은 고지의
추운 기후가 그들에게 맞지 않았기 때문이었다. 스페인 본국 및
페루 부왕령 안에서도 미타 노동의 비인도적인 실태를 비판하는
목소리도 있었다. 그러나 포토시 은광에서 많은 돈을 벌었던 스페인
식민자들은 이 제도가 필수적이라고 주장했고, 한편으로 그들로부
터 세금을 거둬들여 이득을 취했던 스페인 왕실이나 페루 부왕청
역시 이 제도를 폐지하지 않았다.

미타 노동은 18세기에도 여전히 지속되고 있었다. 당시 페루 부왕
령에서는 미타 노동 및 기타 과세에 대한 불만이 고조되어 1780년에
는 투팍 아마루의 반란이 일어났다. 잉카 제국의 마지막 황제였던
투팍 아마루(Tupac Amaru)를 자칭한 팅타(Tinta) 지역의 카시케였

던 콘도르칸키(Condorkanki)는 팅타 지역이 포토시 은광으로부터 멀리 떨어져 있고 인구의 감소로 할당된 미타 노동력을 제공할 수 없다고 호소했지만, 그것이 무시되자 반란을 일으켰다. 반란은 전국으로 번져 한때 리마와 쿠스코를 포위하고 함락하기 직전까지 갔지만 결국 진압되어 투팍 아마루는 1781년 5월 18일 처형되었다.

미타 노동의 폐지를 요구했던 투팍 아마루의 반란은 라틴 아메리카 전체를 뒤흔들었고 그는 독립운동의 선구자가 되었다. 그럼에도 미타 노동은 250년간 계속 유지되다가 1819년 라틴 아메리카의 해방자였던 시몬 볼리바르에 의해서 폐지되었다.

수은 아말감법

16세기 중반부터 스페인령 남미대륙의 포토시 은광과 일본의 이와미 은광 등에서 은이 대량으로 생산되어 전 세계에 유통하게 되었다. 그러나 그 이전, 유럽 은생산의 중심지는 남부 독일이었다. 15세기 말부터 16세기 초까지 남부 독일의 아우크스부르크는 은 산지로 알려졌고, 이곳의 은광을 소유했던 푸거(Fugger) 가문은 거대한 부를 축적했다. 이곳의 은 제련은 광석을 수은과 혼합하여 그것을 가열해서 은을 얻는 수은 아말감법에 의지했다. 이런 기술은 일본의 은광에서는 사용하지 않았던 고도의 기술로서, 그 후 스페인의 포토시 광산으로 전파되었다. 푸거 가문은 대규모 은광 경영을 통해서 획득한 부에 의해서 15세기 말부터 16세기 중반까지 포르투갈이나 스페인이 중상주의 정책을 기반으로 해외진출을 할 때 중요한 자금 원천이 되었다.

수은 아말감법이란 은광석을 분쇄하여 나온 분말을 수은과 혼합하여 수은 아말감을 만들고 그것을 가열하여 은을 얻는 방법이다.

수은 아말감법은 품도가 낮은 광석에서 순도가 높은 은을 추출할 수 있는 장점이 있었다. 그러나 은 추출에 필요한 수은이 싸고 안정적으로 공급되어야만 했다. 그리고 분진이나 수은으로 건강에 피해를 입을 수 있다는 문제가 있었다.

수은 아말감법은 1555년 세비야 출신의 한 스페인인이 멕시코의 파체카(Pacheca) 광산에서 처음으로 썼다고 하고, 또는 독일에서 먼저 사용되었다는 여러 설이 있지만 이 새로운 제련법이 어디에서 유래했는지는 분명하지 않다. 그러나 이 은 제련법이 페루 부왕령에 전해지면서 포토시 광산의 은 생산은 비약적으로 증가했다. 한편 1563년 리마의 남서부에서 우안카베리카 광산에서 수은이 발견되어 포토시 은광에서 사용되었다.

이와미 은광

그림 35. 이와미 은광 입구

일본에서는 16세기 전반 은의 생산이 본격화하기 시작했다. 1526년에 규슈 하카타(博多)의 무역상인이었던 가미야 주테이(神谷寿禎)가 이와미(石見, 현재의 시마네 현)에서 은광을 발견하여 채굴을 시작했고, 1533년에 조선에서 들여 온 회취법(灰吹法)을 통해 제련을 시작했다.[108] 회취법은 광석에 납을 첨가하여 일단 은과 납의 합금을 만든 다음에 그 납을 다시 재에 스며들게

그림 36. 이와미 은광에서 은을 채굴하는 모습

하여 은만을 추출하는 방법이다. 이 회취법을 도입하면서 이와미 은광의 생산량은 기하급수적으로 증가했다. 전성기 일본의 은 생산도 연간 200톤을 초과했다.[93)]

15세기 후반부터 16세기의 일본은 전국시대(戰國時代)로서, 각지의 다이묘(大名)는 군자금을 마련하기 위해서 경쟁적으로 광산을 개발했는데, 이들 광산들에도 이 회취법이 이용되어 일본의 금이나 은의 생산은 비약적으로 발전했고, 16세기부터 19세기까지 300여 년 동안 일본의 금과 은 산업을 지속적으로 뒷받침했다.

도요토미 히데요시(豊臣秀吉) 시대에 이와미 광산의 은 생산량은 전 세계의 1/3을 차지하기도 했다. 이렇게 16세기 말부터 17세기에 걸쳐 일본은 세계 유수의 은 생산국이었고 아메리카의 은이 들어오기 전까지 중국에 많은 양을 수출했다. 특히 중국에 소개된 이와미 은광의 은은 중국에서 정은(丁銀)이라고 불렸다. 그러나 17세기 말부터 이와미 은광을 비롯한 일본의 은광은 고갈되기 시작하였고 18세기에 일본의 은 생산은 급속히 감소하게 되었다.

이미 일본은 도쿠가와 막부(德川幕府) 시대인 1630년대에 은 생산이 감소되자 국내적으로 금, 은, 동을 함께 사용하는 삼화제도(三貨制度)라는 독자적인 새 화폐제도를 완성시켰고, 동시에 대외적으로는 쇄국(鎖國)이라는 엄격한 관리 무역 하에서 금은동의 수출 통제를 강화했다. 그럼에도 불구하고 중국에서의 생사와 비단, 약재 등의 수입의 대가로 일본에서 귀금속의 수출이 계속되어 1668년에 은이 부족해져 은 수출이 금지된 이후에는 금과 구리가 은 대신에 수출되었다.

11

일본과 스페인의 교류

일본과 이베리아 세력의 만남

1543년 규슈(九州)의 다네시마(種子島)에 포르투갈인들이 도착하면서 일본은 유럽과 처음으로 만나게 되었다. 이 해에 일본과 마카오 사이에 통상관계가 시작되었고, 중국 연안과의 무역도 시작되었다. 그리고 1549년에는 일본에 최초로 기독교 선교사가 들어왔다. 스페인의 프란치스코 하비에르(Francisco Xavier)를 비롯한 선교사들은 규슈의 가고시마(鹿兒島)에 도착했고, 곧 이어 기독교 포교작업이 시작되었다. 그 후 예수회 신부들은 포르투갈 왕실의 비호 아래 일본에 들어와 전도사업을 벌였다.[109]

1550년 히라도(平戸)의 영주였던 마츠우라 다카노부(松浦隆信) 다이묘는 이들 선교사들을 환대했고, 영내 포교를 허락했다. 당시 규슈의 다이묘들이 포교활동을 쉽게 허락한 이유는 왜구에 의한 밀무역을 통해서 일찍부터 무역의 중요성을 깨달았기 때문이다. 특히 규슈의 다이묘들은 포르투갈 무역선의 유치를 촉진하기 위해서 스스로 기독교로 개종하고 포르투갈과의 교역에 적극적으로

그림 37. 히라도(平戶) 항구. 이곳을 통해 포르투갈, 네덜란드, 영국 배들이 들어왔다. ⓒ서성철

임하게 되었다. 1563년 오무라 스미타다(大村純忠)의 개종을 시작으로 오토모 소린(大友宗麟), 다카야마 우콘(高山右近) 등을 비롯한 많은 수의 귀족이나 호족들이 개종했다. 1600년경에도 14명 이상의 다이묘가 세례를 받았다. 반면, 포르투갈 선교사들은 다이묘의 포교 장려, 지지의 정도에 따라서 포르투갈 무역선의 입항 알선을 주선했다. 예수회가 초기 개종의 주요 대상을 일반인보다는 지방의 다이묘나 영주로 삼은 것은 바로 이런 점에 기인했다. 이후 선교는 무역의 알선에 의해서 추진되고 무역선은 선교활동의 지지 여부에 의해서 보장되는, 선교와 무역의 연계구조가 형성되었다.[110]

1557년 포르투갈인들은 일본정부로부터 정식 교역허가를 얻었고, 이렇게 해서 일본-마카오 무역 항로가 개설되었다. 당시 포르투

그림 38. 산 위에 히라도 영주였던 마츠라의 성이 보인다. ⓒ서성철

그림 39. 히라도의 네덜란드 상관 ⓒ서성철

갈은 중국의 비단과 같은 상품들을 나가사키(長崎) 항에 하역했고 마카오로 회항하면서 일본의 은을 싣고 갔다. 기독교 선교의 경우, 포르투갈 예수회의 포교활동은 착실한 성과를 거두어 이 시기의 일본의 천주교 신자들의 수는 규슈를 중심으로 수만 명에 이르게 된다. 이렇게 포르투갈은 대일무역과 기독교의 일본 전도에서 절대적인 지위를 확보했다.

오다 노부나가 시대와 덴쇼 구라파 파견 소년사절단

한편, 1568년 전국시대를 평정한 오다 노부나가(織田信長) 역시 예수회의 진출에 대해서 호의적이었다. 이런 배경하에서 포르투갈 인들은 무역활동이나 선교에서 어떠한 장애도 받지 않았다. 노부나가가 기독교에 대해서 이런 태도로 임한 것은 그가 기독교 교리에 호감을 가졌다기보다는 기독교 세력을 이용하여 일본의 불교 세력을 타파하기 위해서였다.[111] 이런 점에서 보면 노부나가는 세금도 내지 않고 공공연히 항쟁을 일삼은 불교를 견제하기 위해서 서양의 기독교를 의도적으로 키웠다고 할 수 있다. 이에 노부나가는 선교사들의 교토(京都) 거주를 허락하고 성당 건축을 허락하는 등 불교 세력을 타파하기 위하여 기독교에 상당히 관용적인 태도를 보였다.

그러나 노부나가가 기독교 선교사들의 종교행위를 묵인한 것은 주로 경제적인 이유에서였다. 당시 일본의 중앙정부 역시 지방 영주들과 마찬가지로 외국과의 교역에서 얻는 이익을 잘 알고 있었다.

그림 40. 덴쇼 구라파 소년사절단으로 유럽에 간 4명의 일본 소년들. 모두 기독교인이었다.

이렇게 포르투갈인들의 무역은 선교활동과 늘 연계되어 있었기 때문에 많은 선교사들은 포교활동에 나섰고, 그 결과, 1660년경 일본 전국의 기독교 신자는 7만여 명으로 불어났다.[112]

1579년 나폴리 출신의 알렉산드로 발리냐노(Alexandro Valignano) 예수회 극동 순찰사가 일본에 오는데, 그의 방문은 일본과 유럽의 교류사에서 중요한 의미를 지닌다. 그는 크리스천 다이묘, 특히 일본의 젊은 기독교 신자들로 구성된 사절단을 유럽에 파견하여 그들로 하여금 유럽 기독교 세계의 부와 힘, 그리고 문화를 접하게 할 계획을 세웠다. 그러나 그가 이 사절단을 파견한 진짜 목적은 유럽의 교회 관계자들에게 일본 포교의 실태 및 성과를 과시하고 이를 통해서 일본 선교활동에 대한 협력 및 재정적 지원을 얻는 데에 있었다.[113]

이렇게 해서 규슈의 크리스천 다이묘의 친척들로 구성된 소년 4명이 1582년에 파견되었는데, 이를 덴쇼 구라파 소년사절(天正遣歐少年使節)이라고 부른다. 이 사절단은 일본과 유럽이 공식적으로 접촉한 최초의 사례였다. 이 소년들은 시마바라(島原)의 기독교강습소에서 교리를 배운 소년들로서, 오토모(大友) 가문의 친척이었던 이토 만쇼(伊東マンショ), 오무라(大村)와 아리마(有馬)의 친척인 미겔(千々石ミゲル)이 정사(正使)에, 나카우라 줄리안(中浦ジュリアン)과 하라 마르티노(原マルチノ)가 부사(副使)로 선발되었다. 이들은 모두 14세에서 16세의 소년들이었다. 이 사절단은 일본 기력(紀曆)으로 덴쇼(天正) 시대에 출발했다고 해서 덴쇼 구라파 파견 소년사절단으로 불린다. 1582년 2월 20일 발리냐노 신부가 인솔한 소년사절단 일행은 나가사키를 출항하여 중국의 마카오, 인도의 고아를 거쳐 1584년 8월에 리스본에 들어갔고, 교회 및 수도원들을 방문하고 체류한 것으로 전해지고 있다. 그 후 스페인에서 펠리페 2세를 그리고 1585년에는 로마 바티칸에서 교황 그레고리우스 13세를 알현한다. 이후 이탈리아의 여러 도시를 방문한 뒤, 1586년 4월에 다시 리스본에서 귀국행 배에 올라, 일본을 떠난 지 8년 만인 1590년 나가사키에 귀환했다.[114]

도요토미 히데요시 시대

1549년 예수회 소속으로 일본에 온 프란치스코 하비에르 신부를 비롯하여 코스메 데 토레스(Cosme de Torres), 후안 페르난데스(Juan Fernández) 수도사, 이 세 명의 선교사들이 모두 스페인인이었고, 또 스페인 선박 한 척이 멕시코로 향하던 중 일본 해안에 표착하기도 했지만, 이는 정상적인 의미에서의 교류는 아니었다. 스페인이 아시아에서 본격적인 선교활동을 시작한 것은 1571년 레가스피가 필리핀을 정복한 이후 그곳에 거점을 마련하면서부터였다.[115]

당시 필리핀에서는 일본에 대한 선교 바람이 불면서 프란체스코회, 도미니크회, 아우구스티누스회 등 다양한 교단의 신부, 성직자들이 일본에 들어왔다. 1565년 필리핀에 처음으로 4명의 아우구스티누스회 선교사들이 들어갔고, 1575년에는 아우구스티누스회 수도사 한 명이 일본을 향해 떠났다. 그리고 1584년에는 또 다른 아우구스티누스회 선교사 2명이 해난 사고로 일본에 도래했고, 1592년에 프란체스코회는 일본에서 본격적인 선교를 시작했다. 그러나 이들 스페인 선교사들은 교역보다는 기독교 가르침의 전파에 더 관심이 많았다.

오다 노부나가의 뒤를 이은 도요토미 히데요시(豊臣秀吉)는 기본적으로는 노부나가의 정책을 계승했고, 선교사에 대해서도 관대했다. 그러나 히데요시는 1587년 규슈 정벌 중에 기독교 선교사 및 크리스천 다이묘에 의해서 다수의 신사(神社)와 절이 훼손되고, 포르투갈 상인들에 의해서 일본인들이 노예로 해외에 팔려나간다는 사실을 알게 되자, 1587년 6월 19일, 바테렌(伴天連, bateren : 바테렌은 천주교 신부[Father]를 일본식으로 부른 말) 추방령'을 공포하여 선교사의 추방을 명령했고 포교활동에 제한을 가했다. 히데요시가 기독교인들을 추방하게 된 것은 이 종교가 너무도 배타적이기 때문에 기독교 신자들이 일본의 전통 불교사원을 파괴하고, 기독교로 개종한 다이묘들은 예수회 교단에 영지를 기증하고 다이묘로서의 권위를 상실하고, 신자들은 하나님의 이름을 들어 공물을 바치는 것을 거부하고, 예수회 선교사들은 일본인을 노예로 파는 포르투갈 인들의 무역에 협력했다는 이유에서였다.[116] 다시 말해서, 그가 이런 금지령을 내린 근본적인 이유는 규슈 지방을 근거지로 한 크리스천 다이묘 세력의 반란 가능성과 이를 뒤에서 부추기는 외국인 선교사들의 잠재적 위험성에 대한 우려 때문이었다.

그러나 이런 금지령에도 불구하고 도요토미 히데요시는 해외무역을 장려하고 보호했으며 이에 따라서 무역만을 목적으로 입항한 유럽 배는 자유롭게 출입이 가능해졌다. 한마디로 히데요시의 대외정책은 선교와 무역을 분리한 이원정책이었다.[117]

일본과 스페인의 공식외교 교섭

일본과 스페인의 관계에서 갤리온 무역을 통해서 일본의 중개항이 절실히 필요했던 나라는 스페인이었지만, 국가차원의 외교적인 접촉을 먼저 시도한 나라는 일본이었다.

도요토미 히데요시는 1591년 9월, 필리핀에 하라다 마고시치로(原田孫七郎)를 사절로 보냈다. 그는 고메스 페레스 다스마리냐스(Gómez Pérez Dasmariñas) 총독에게 보낸 서한에서 포르투갈 일변도의 무역을 벗어나 기독교 포교가 수반되지 않는 조건하에서 필리핀과의 무역 가능성을 타진했다. 그러나 히데요시의 목적은 궁극적으로 조공을 통한 필리핀의 복속이었다. 당시 그는 조선 출병에 나서면서 포르투갈령인 고아, 류큐(琉球), 대만에 조공을 강요했고, 특히 스페인의 중요 거점인 필리핀 총독부에 대해서는 복속을 요구하는 등 강경 외교를 펼쳤다.[118]

이에 필리핀 총독은 일본인들의 내습을 우려하여 마닐라의 일본인들을 외곽 딜라오(Dilao)로 소개시켰고, 동시에 1592년 6월 도미니크 수도회의 후안 코보스(Juan Cobos) 수도사를 일본에 사절로 파견하여 양국 간의 우호관계를 수립코자 했다. 물론 이에 대한 전제조건은 기독교 박해의 중지였다. 이에 히데요시는 코보스를 통해서 재차 조공 요구와 양국 간의 교역 개시를 촉구하기도 했지만 그가 필리핀으로 귀환하는 도중, 조난을 당해 대만 해안에 표착했다가 원주민들에 의해서 살해되면서 양국 간의 교류는 끊기게 되었다.[119]

이에 1592년 11월, 히데요시는 하라다 키에몬(原田喜右衛門)을 마닐라에 다시 보냈다. 하라다 키에몬은 앞에서 언급했던 1차 사절로 필리핀에 간 하라다 마고시치로(기독교 이름은 가스파르 하라다)

의 삼촌으로서 그 역시 기독교 개종자였다. 스페인인으로부터 파란다 케이몬(Faranda Queimon), 또는 파울로 하라다 키에몬(Paulo Harada Kiyemon)으로도 불렸던 그가 필리핀을 방문했을 무렵, 마닐라 거주 중국인 2,000여 명이 폭동을 일으켰고, 필리핀 총독부의 요청으로 마닐라 거주 일본인 다수가 폭동 진압에 협력했다. 이를 계기로 다스마리냐스 총독은 1593년 5월, 프란체스코 수도회의 페드로 데 바우티스타(Pedro de Bautista Velázquez) 신부를 사절로 보냈다.

바우티스타는 필리핀 총독의 공식 임무를 수행하는 것 외에 일본 정부의 선교금지 정책 및 바티칸의 금지에도 불구하고 기독교 전도에 열렬한 신념을 가지고 있던 인물이었는데,[120] 히데요시는 그를 만난 자리에서 재차 복종과 입공을 강요했고, 곤살레스 카르바할(Pedro González Carvajal) 선장을 통해서 같은 내용의 서한을 총독에게 전달했다. 이 소식을 접한 신임 다스마리냐스 총독은 1593년 9월에 다시 아우구스티누스회 소속 수도사 한 사람을 일본에 파견하지만, 이때는 히데요시의 조선 출병과 맞물려 양국 간 협상이 흐지부지되고 말았다. 이듬해인 1594년 헤로니모 데 헤수스(Jerónimo de Jesús)를 위시하여 4명의 프란체스코회 선교사들이 포교를 위해서 일본에 왔다.

산 펠리페 호 사건과 기독교 박해

앞에서 언급한 것처럼 히데요시는 선교사 추방령을 공포했지만, 실질적으로는 기독교인들의 활동을 묵인했기 때문에 사실 기독교 박해는 거의 일어나지 않았다. 따라서 선교사들은 불안정하기는 했지만, 어느 정도는 자유롭게 선교활동을 지속할 수 있었다. 그러나 히데요시 정권 말기, 프란체스코 수도회와 도미니크 수도회가 일본에 오게 되면서 상황은 복잡해진다.

원래 프란체스코회의 바우티스타 신부와 선교사들은 히데요시로부터 포교활동을 하지 않는다는 조건으로 일본 체류 허가를 받았었다. 그러나 그들은 그 조건을 무시하고 교토와 오사카를 중심으로 포교를 확대했다. 그러나 이는 일본에 대한 선교독점권을 로마 교황으로부터 인정받은 예수회의 입장에서 볼 때 용납할 수 없는 일이었다. 1586년 그레고리우스 13세는 목회(Ex Pastoralis Offcio)를 통해서 일본 땅에서의 선교는 오로지 예수회만이 담당할 수 있도록 했다. 예수회가 일본의 바테렌 추방령을 고려하여 자제하고 있는 사이, 프란체스코회는 공공연히 선교활동을 전개했고 포교사업의 주도권을 획득하고자 노력했다. 프란체스코회의 이런 무리한 선교는 예수회뿐만 아니라 일본 막부로 하여금 기독교인에 대한 경계심을 강화시키는 결과를 빚게 되었고, 예수회와 이 후발 수도회의 대립이 격화되면서 선교사들의 입장은 점점 더 악화되어갔다.[121]

이러한 상황에서 갤리온 무역선인 스페인의 산 펠리페(San Felipe)

호가 1596년 8월 28일 멕시코의 아카풀코로 귀항 중 시코쿠(四國)의 한 해안에 표착하는 사건이 일어났다. 처음에 이 사건은 그저 기상 악화로 난파 사건 정도로 여겨졌으나, 곧 정치적인 사건으로 비화했다.[122] 당시 이 배의 승무원이었던 스페인 항해사는, 스페인은 대국으로서 새로운 땅에 가면 먼저 선교사를 보내 사람들을 기독교로 개종하고 그 이후에 정복한다고 호언장담했는데, 이 말을 들은 히데요시는 격노하여 승무원의 명단과 화물 목록을 만들게 한 다음 화물 일체와 승무원이 소지했던 25,000페소를 몰수했다.

이제 산 펠리페 호 사건은 종교적인 차원을 넘어 일본의 존립 자체와 관계된 본질적인 것으로 변했다. 이 사건을 계기로 히데요시는 스페인이 기독교를 앞세워 일본을 침략하는 것이 아닌지 하는 경계심에서 기독교 탄압을 시작했고, 1597년 26명의 기독교인들이 처형되었다. "나가사키 26성인의 순교"로 불리는 이 사건에서 죽은 26명 중, 예수회에 의해서 기독교로 개종한 3명의 일본인을 제외한 모두가 프란체스코회 선교사들이었다.[123]

한편, 이 사건은 종교적 관점에서도 강력한 논쟁을 야기했다. 예수회는 프란체스코 교단의 신중치 못한 처신을 비난했고, 이에 격앙한 프란체스코 교단은 순교의식을 거행하면서 맞섰는데, 이는 포교사업의 주도권을 둘러싼 두 교단의 해묵은 싸움의 재현이었다.

이 사건을 계기로 테요 데 구스만(Tello de Guzmán) 필리핀 총독은 일본과의 전면전도 불사하겠다고 위협하면서 동시에 루이스 나바레테 파하르도(Luis Navarrete Fajardo)를 일본에 파견했다. 그는 산 펠리페 호와 나가사키 순교 사건에 대해서 항의하고 배상을 요구했지만, 히데요시는 이를 거절했고, 스페인은 이에 대한 보복으로 마닐라 거주 일본인을 추방했다.[124]

1591년 일본과 스페인 간에 공식적인 접촉이 이루어진 후 불과 4년도 채 지나지 않았지만, 양국 간의 관계는 최악의 상태에 빠졌다. 그 주요 원인은 양측의 상호 불신에 기인했다. 히데요시는 수차례 서한이나 사절과의 만남에서 노골적인 필리핀 침략 의도를 보여주었는데, 그 부분은 스페인도 마찬가지였다. 스페인은 일본 정복을 공식적으로 표명하거나 구체적인 계획을 마련한 적은 없었지만, 필리핀을 통한 일본 침략 계획은 여러 경로를 확인된다. 산 펠리페 호의 선장이었던 란데초(Matías Landecho)의 언행도 그중의 하나겠지만, 이런 예들은 많이 보인다.[125]

1580년대 일본 예수회의 가스파르 코엘유(Gaspar Coelho) 신부는 기독교 선교를 측면에서 지원하기 위해서 나가사키에 군요새를 세우자고 제안했고, 로드리고 데 비베로(Rodrigo de Vivero) 총독은 1610년 스페인 국왕에게 선교사들의 포교활동을 이용하여 일본을 정복하자는 서한을 보내기도 했다. 1614년 총독은 기독교 탄압을 피해 필리핀에 온 기독교 다이묘인 다카야마 우콘에게 일본의 기독교 신자들을 구원하기 위해서 일본을 침략하는 데에 동참해줄 것을 제의하기도 했다.[126]

도쿠가와 이에야스 시대

도쿠가와 시대(1598~1613)는 한마디로 말해 이전의 도요토미 시대와 비교하면 국내외적으로 모든 것이 안정된 시기였다. 이 시기에 도쿠가와 이에야스(德川家康)는 금-은 광산을 직할지로 만들어 광물 자원의 증산을 꾀했고 사할부(絲割付 : 에도 시대 일본의 생사 수입 방식으로서, 에도 막부는 특정 상인 집단에 독점 수입권과 국내 상인에 독점적인 도매 권한을 부여하였다) 제도를 마련하는 등 "무역장군"으로서의 면모를 새롭게 다졌다. 그리고 이 무렵, 일본과 마닐라의 무역은 번창하고 있었다. 선교와 무역의 유기적 관계를 인식하고 있었던 이에야스는 이 두 가지의 분리가 현실적으로 불가능하다는 점을 잘 알고 있었다. 그러나 외국무역과 연계하여 기독교에 대해서는 방임하는 태도를 유지했다.[127]

도쿠가와 막부와 마닐라 총독부

도쿠가와 막부(德川幕府)는 1601년 처음으로 스페인과 접촉했다. 이에야스는 필리핀과의 교역을 확대하기 위해서 이미 일본에 들어와 있던 헤로니모 데 헤수스(Jerónimo de Jesús) 신부를 필리핀에 파견했고, 멕시코와 직접 교역을 원하다는 내용을 담은 편지를 프란시스코 테요(Francisco Tello) 총독에게 전달했다. 여기서 일본이 멕시코와의 교역에 최초로 관심을 보였다는 것은 일본과 스페인의 초기 관계에서 중요한 전환점을 만드는 계기가 되었다. 그러나 멕시코와의 교역은 스페인 왕실의 결정 사항으로, 총독의 권한을 벗어나는 일이었다. 이에 테요 총독은 왜구 단속을 요구하면서 기타 호혜적 관계를 언급한 서한을 보냈고, 이에 대해서 도쿠가와는 사츠마(薩摩)에 교회 설립을 허가하는 등 초기에는 스페인과 우호적 관계를 유지했다.[128]

그러나 이런 분위기에도 불구하고 기독교 탄압은 도쿠가와 시대에도 계속 이어졌다. 1600년에 기독교 추방령이 선포된 이래 1612년까지 132명의 순교자가 발생했다(1600년 1명, 1603년 6명, 1605년 102명, 1607년 2명, 1608년 1명, 1609년 7명, 1610년 8명, 1612년 5명).[129]

1602년 이에야스는 두 번째로 페드로 브루기요스(Pedro Bruguillos) 신부를 필리핀에 사절로 보내 왜구의 처형, 양국 수호관계 수립, 항해사 파견 등을 약속하였다. 그리고 무엇보다 주인선 제도를 실시하여 1년에 4척 이하의 배를 마닐라에 보내겠다는 제안을 하였다. 이에 고무된 후임 페드로 데 아쿠냐(Pedro de Acuña) 총독은 1602년 이에야스에게 서한을 보내 포교활동의 허용과 선교사에 대한 보호를 요청했고, 아울러 네덜란드인들을 일본에서 추방하라고 요구했다. 이런 아쿠냐 총독의 적극적인 대일본 외교에 고무된 마닐라의 스페인인 신부들은 대거 일본 선교에 나서게 되었다.[130]

그러나 이들의 선교는 이에야스의 포교 엄금시책을 무시한 것으로서, 통상관계만을 원했던 도쿠가와 막부의 입장과 통상 수립의 대전제로 선교활동의 허가를 절대 조건으로 내건 필리핀 총독부의 입장은 처음부터 양립할 수 없었다. 더구나 네덜란드인의 추방 요구는 신흥세력으로 부상한 네덜란드를 통해서 포르투갈이나 스페인을 견제하려고 했던 막부 입장에서 보면 도저히 받아들일 수 없는 것이었다.

이에 이에야스는 마닐라의 총독에게 보낸 서한에서 스페인의 무역선이 일본에 내항하면 안전은 보장받지만, 기독교 선교는 단호히 거부할 것이라는 회답을 보냈다. 그뒤 1607년 아쿠냐 총독이 갑작스레 죽으면서 도쿠가와 막부와 마닐라 총독부의 협상은 더 이상 진척이 없게 되었다.

도쿠가와와 비베로

일본과 스페인이 접촉을 재개한 것은 로드리고 데 비베로(Rodrigo de Vivero, 1564~1636)가 필리핀 총독으로 부임하고서부터였다. 비베로는 일본과 스페인(멕시코) 관계사에서 중요한 위치를 차지하는 인물인데, 그는 아쿠냐 총독이 갑작스레 죽게 되면서 총독의 자리가 비게 되자 삼촌인 멕시코의 루이스 데 벨라스코(Luis de Velasco) 부왕의 의해서 임시총독으로 임명된 인물이었다. 그는 필리핀 총독 자격으로 초기 일본과 마닐라 무역에 대한 교섭을 재개하고 네덜란드가 일본과의 통상에서 우위를 점하고 있는 사태를 타개하고자 막부에 접근했으며, 일본에 우호적인 서한을 보내면서 스페인 무역선과 선교사의 보호를 요청했다. 그러나 후안 데 실바(Juan de Silva) 총독이 정식으로 부임하고 그가 갑자기 필리핀을 떠나면서 양국 간의 협상은 중단되었다.

1609년 9월 30일, 비베로가 멕시코로 돌아가던 중 그가 탄 갤리온 선인 산 프란시스코(San Francisco) 호가 태풍으로 일본 해안가에 좌초되는 사건이 일어나면서 에도 막부와 스페인의 협상이 재개되었다. 비베로는 에도 막부의 가신인 혼다 마사즈미(本多正純)를 만나 1) 재일 스페인 선교사의 보호, 2) 일본과 스페인 양국의 친교 촉진, 3) 네덜란드인의 일본 추방을 요구했다. 그러나 이에야스는 이전 아쿠냐 총독과의 접촉에서도 그랬던 것처럼 첫 번째와 두 번째 요구사항은 승낙했지만, 세 번째 사항은 네덜란드와 이미 맺은 통상 협정을 들어 수용하지 않았다. 대신 그는 제련 기술자 50여 명을 스페인이 파견해줄 것을 비베로에게 요청했다.[131]

비베로는 스페인과 일본의 통상의 전제조건으로 협정안 (Capitulaciones, 1609년 12월 20일자)을 마련하여 막부에 제시했다. 그러나 비베로의 일방적 요구를 수용할 수 없었던 이에야스는 평화 협정 조항(Capitulaciones y asientos de Paz, 1610년 2월 2일자)을 따로 만들어 루이스 소텔로를 전권대사로 한 외교사절단을 멕시코에 파견하기로 결정했다. 그러나 이 협상은 기독교 포교의 허용과 네덜란드인들을 일본에서 추방하라는 비베로의 요구로 무산되었다.[132]

일본과 멕시코의 만남

비베로는 1610년 8월, 일본을 떠났다. 그리고 도쿠가와 이에야스의 정식 특사로 프란체스코회의 알론소 무뇨스(Alonso Muñoz)가 임명되어 멕시코에 파견되었다. 한편, 비베로의 귀환에 동행하여 다나카 쇼스케(田中勝助)를 위시한 23명의 일본 상인들이 멕시코로 향했는데, 이들은 공식적으로는 멕시코에 최초로 건너간 일본인들이었다.[133] 한편, 멕시코의 벨라스코 부왕은 일본 상인들의 방문을 환영하고 스페인 배가 조난당했을 때 일본정부가 베푼 후의에 대한 감사의 답례로 세바스티안 비스카이노(Sebastián Vizcaino)를 외교사절로 일본에 보냈다. 그에게는 대사의 직함 외에도 일본 동쪽에 존재한다는 전설상의 '금은도(金銀島)'의 발견 및 탐사, 일본 연안의 측량, 그리고 기독교 선교 촉진의 임무가 부여되었다.[134]

금은도란?

태평양의 라드로네스 제도의 북쪽과 일본 동쪽 편에 금섬(金島, Rica de Oro)과 은섬(銀島, Rica de la Plata)이 있다고 언급한 최초의 인물은 안드레 데 아기레 신부였다. 그는 1565년 안드레스 데 우르다네타의 항해에 함께했던 인물로서, 1584년 멕시코 부왕에게 보내는 편지에서 프란시스코 갈리(Francisco Gali)라는 항해자가 마카오에서 포르투갈인들로부터 들었다고 하면서, 말라카에서 일본으로 가는 포르투갈 배 한 척이 일본 동쪽으로 깊숙이 들어갔다가 금과 은이 풍부한 두 섬을 발견했다는 이야기를 보고했다.

처음에 아르메니아인 한 명이 일본 주민과 거래했다고 해서 이 섬들은

"아르메니아인의 섬"으로도 불렸지만, 시간이 흐르면서 이들 섬에 "금도"와 "은도"라는 명칭이 정착되었다. 갈리는 멕시코 부왕으로부터 이곳을 탐험하라는 임무를 부여받았지만, 1585년에 마닐라에서 죽었고, 뒤를 이어 페드로 데 우나무노(Pedro de Unamuno)가 그 임무를 물려받았다. 2년 후, 그는 마카오에서 아카풀코로 갔을 때에 이 섬의 흔적을 찾을 수 없었고 그 존재도 믿기 어렵다고 보고했다.

세바스티안 비스카이노는 1602년부터 이듬해까지 캘리포니아 북부를 탐사한 후, 몬테레이 만을 점거할 생각에 탐험 계획을 세웠지만, 그의 원정대의 후원자였던 가스파르 데 수니가(Gaspar de Zúñiga) 부왕이 페루 부왕령으로 전출되면서 그의 캘리포니아 탐험은 좌절되었다. 비스카이노는 1611년에 아카풀코에서 일본으로 건너갔지만, 라드로네스 제도 북서부에 위치한 수역에서 이 섬들을 발견할 수 없었다. 그는 일본 체류 중에 동쪽 해역을 탐사했는데, 거센 폭풍을 만나 일본으로 다시 돌아갔다. 이듬해 그는 멕시코로 귀환하면서 이 섬에 대한 탐사를 계획했지만 무위로 끝나고 말았다. 그는 "세계 어디에서건 그런 섬은 없고, 나는 부왕에 의해서 임명된 만큼 명령에 따라 모든 것을 했을 뿐이다"라고 말했다.

1611년 3월 22일 비스카이노는 아카풀코를 떠나 같은 해 6월 10일 일본의 우라(浦賀) 항에 도착했다. 그는 이에야스의 아들인 도쿠가와 히데타다(德川秀忠)를 만나, 지도 작성을 위한 연안 측량 조사의 허가, 귀국 여행선의 건조, 비과세 화물의 자유 판매를 요청했고, 양국 간의 무역에 끼어든 네덜란드인들을 추방하라고 강경하게 요구했다. 그러나 이 조건은 받아들여지지 않았고, 협상은 결국 결렬되었다. 이렇게 해서 멕시코와의 통상을 기대했던 일본의 시도는 다시 한 번 무위로 돌아갔다.[135] 게다가 에도 막부가 용인하지

그림 41. 세바스티안 비스카이노

않은 일본 해안의 측량 및 '금은도'에 대한 조사 탐험은 일본 공략을 위한 스페인의 사전 준비라는 의심을 받게 되었다.

당시 비스카이노는 신발을 신은 채 쇼군(將軍)을 만나는 등 예의 없는 행동으로 일본인들에게 불쾌감을 자아냈고 이것이 협상의 악화를 가져왔다고 한다. 그러나 무엇보다도 대사로서의 임무보다는 탐험가로서 일본 해안을 측량하고 '금은도'를 조사한 그의 불법행위도 막부의 반발을 일으켰다. 도쿠가와 이에야스가 비스카이노에 더욱더 반감을 가지게 된 것은 그의 외교자문인 영국인 윌리엄 애덤스(William Adams)와 네덜란드 상관(商館)의 반스페인 움직임도 작용했다.[136] 그들은 이에야스에게 비스카이노의 측량 활동은 일본 침략을 위한 스페인의 사전 예행연습이라고 조언했다.

결국 멕시코와 일본의 최초의 접촉은 구체적인 성과 없이 실패로 돌아갔다.

하세쿠라 쓰네나가 구라파 파견사절단

한편 이와는 별도로 에도 막부는 센다이 번(仙台藩)의 영주였던 다테 마사무네(伊達正宗)를 통해서 1613년 일본 최초의 공식 외교사절단인 하세쿠라 쓰네나가 구라파 파견사절단(支創常長遣歐使節)을 멕시코, 스페인 및 유럽에 보냈다. 1613년 10월 28일, 일본을 떠난 하세쿠라 사절단 180명은 일본 선박인

그림 42. 하세쿠라 쓰네나가

500톤급 산 후안 바우티스타(San Juan Bautista. 일본명은 무쓰마루 [陸奧丸]) 호를 타고 떠났다.[137] 그들은 태평양을 건너 멕시코의 아카풀코, 베라크루스를 거쳐 카리브 해, 대서양을 건넌 다음 스페인의 세비야에 가까운 코리아 델 리오(Coria del Rio)에 도착했다. 그리고 마드리드에서 펠리페 3세를 알현하여 도쿠가와 이에야스와 다테 마사무네의 서한을 전달했고, 바르셀로나를 거쳐 지중해를 건너 프랑스 남부를 경유하여 로마에 도착했으며 교황 바오로 5세를 알현하기까지 했다. 그리고 7년 만인 1620년 8월, 똑같은 경로를 거쳐 일본에 귀국했다.[138]

하세쿠라 사절단은 일본 최초의 공식 외교사절단이었다. 멕시코

그림 43. 다테 마사무네가 스페인 국왕에게 보낸 서한. 세비야 시청 소장

그림 44. 스페인 국왕이 다테 마사무네에게 보낸 서한(1616)

와의 통상교섭은 특별한 성과를 거두지 못했지만, 이 사절단은 일본
이 최초로 서구와 접촉했다는 점에서 중요한 의미를 가진다.[139]

그 뒤, 1623년 파하르도(Alonso Fajardo de Entenza) 필리핀 총독은

그림 45. 다테 마사무네가 로마 교황에게 보낸 서한(1613).
라틴어로 쓰여 있다. 바티칸 소장

펠리페 4세의 즉위를 일본에 알리고 일본과 스페인 간의 무역 강화를 위해서 사절단을 보내지만, 막부는 접견을 거절했다. 그리고 에도 막부가 일본 국내의 기독교 신앙을 엄금할 것이며, 선교사가 몰래 들어와 기독교를 확산시키는 것은 일본의 국법에 어긋난 것으로 앞으로 마닐라와 일체의 관계를 단절한다는 방침을 통보하게 되면서 스페인령 필리핀과의 통상은 물론 멕시코와의 관계도 끊어졌다. 이를 계기로 1624년 두 나라의 공식관계는 두절되고 일본에서 스페인인의 추방이 이루어졌다. 스페인 역시 펠리페 4세가 1634년 일본과의 모든 접촉 금지를 천명하면서 양국 간의 관계는 단절되었다.

하세쿠라 사절단

1613년 10월 28일, 하세쿠라 쓰네나가 사절단과 안내인으로서 그들과 동행한 루이스 소텔로 신부 등 총 180여 명의 일행은 산 후안 바우티스타 호를 타고 일본을 출발하여, 1614년 1월 25일 멕시코의 아카풀코 항에 도착했다. 일행은 도중에 은광 마을로 번영을 누렸던 타스코(Taxco)를 경유하여 쿠에르나바카(Cuernavaca)의 대성당(이 성당은 선교 사업으로 아시아에 간 선교사나 멕시코로 귀환한 사람들이 기도를 올렸던 곳이다)을 들른 뒤에 일본 전통 복장을 한 채 멕시코 시티에 들어갔다. 그리고 로드리고 데 비베로의 친척이었던 한 귀족의 저택에 머문 뒤, 성주간(聖週間)의 장엄한 의식에 참석하기도 했다. 대부분의 기독교인들로 구성된 하세쿠라 사절단 수행원 중 78명이 성 프란시스코 성당에서 세례를 받았다. 그리고 일행은 5월 28일에 멕시코 시티를 떠나 6월 10일 산 후안 데 우요아(San Juan de Ulloa, 현재의 베라크루스)에서 배에 승선, 7월 23일에 아바나(쿠바)에 도착했고, 10월 5일에는 신대륙 무역의 관문이었던 스페인의 산 루칼 데 발라메다(San Lucal de Balameda) 항구에 들어갔다. 그들은 과달키비르 강을 거슬러 코리아 델 리오에 체류한 뒤 소텔로의 고향인 세비야에 도착했다. 당시 세비야는 신대륙 무역을 관할하고 운영했던 스페인 왕실의 통상원(Casa de Contratación)이 있던 도시로, 신대륙 및 아시아의 부가 몰려 번영을 누렸던 스페인 최고의 도시였다.

11월 25일, 사절단 일행은 세비야를 출발하여 코르도바, 톨레도를 경유한 뒤, 12월 20일에 마드리드에 입성했다. 1615년 1월 30일 하세쿠라 쓰네나가와 소텔로는 펠리페 3세를 알현하고 도쿠가와 이에야스와 그의 아들인 히데타다 그리고 마사무네의 서한을 전달했다. 그리고 펠리페 국왕으로부터 선교사 요청을 받게 되면서 일본과 스페인 그리고 멕시코와의 우호, 통상 관계 수립을 위한 첫발을 내딛게 되었다. 한편, 하세쿠라는 2월 4일에는 레르마(Lerma) 재상을 방문하고 다테 마사무네의 서한을 전달했으며 국왕을 알현한 자리에서 양국 간의 조약안 체결에 대해서 도움을 요청했다. 이튿날인 2월 5일에는 프란체스코 수도원 부속 교회를 찾아 펠리페 3세의 여동생인 마르가리타 왕녀를 방문하고 세례식을 해달라는 청원을 하였다. 1615년 2월 17일, 레르마 공작과 그의 부인을 대부, 대모로 하고, 펠리페 국왕과 왕족들이 참석한 가운데 하세쿠라 쓰네나가에 대한 세례식이 거행되었고 그에게는 루이스 펠리페 프란시스코 하세쿠라(Luis Felipe Francisco Hasekura)라는 세례명이 주어졌다. 이에 더해 사절단은 스페인 국왕의 후의로 로마행 허가를 받았고 여비 (4,000두카도)까지 받은 뒤, 8월 22일 마드리드를 떠나, 알칼라 (Alcala), 과달라하라를 거쳐 9월 30일에 사라고사에 도착했다. 그리고 바르셀로나에서 배를 타고 지중해를 건너 10월 24일에 로마에 들어가 같은 해 11월 1일에 교황 바오로 5세를 알현했다.

그러는 동안 스페인 국왕의 자문 기관인 인디아스 자문회의(Consejo de Indias)는 다테 마사무네가 파견한 하세쿠라 사절단의 방문 목적, 동행한 신부인 소텔로의 진의, 일본의 의도에 대해서 논의했다. 한편, 멕시코 부왕청에서는 사절단의 목적이 통상 관계 수립 외에 은제련 기술 습

득에 있는지 아니면 항해술의 배움에 있는지 하세쿠라 사절단의 의도를 둘러싸고 논쟁이 있었고, 그 결과 일본 사절단의 방문 목적에 의문을 표시하면서 비스카이노의 보고에 따라서 일본에서의 기독교도 추방과 박해 현실을 열거하면서 일본과의 협상은 신중해야 한다는 결론을 내렸다. 그리고 이와 관련된 모든 정보를 인디아스 자문회의에 보고했다.

한편, 스페인 내부에서도 사절단의 로마행에 대해서 그 목적이 확실치 않으므로 여행 허가는 부적절하고, 일본에 주재하는 선교사의 증가 문제에 대해서도 일본이 포르투갈 및 스페인 사이에서 어느 쪽의 선교사를 받아들일지가 불분명하며, 과거에 도요토미 히데요시가 기독교인들을 십자가형에 처하고 기독교도를 박해했기 때문에 일본과의 우호통상 관계 수립에 대해서는 신중을 기해야 한다는 결론을 내렸다.

이후 하세쿠라 사절단은 2개월 반을 로마에서 보낸 뒤 1616년 1월 7일에 로마를 출발하여 제노바를 거쳐 4월 17일에 다시 마드리드에 도착했다. 그러나 스페인 왕실은 이제까지 보여준 호의적인 태도를 버리고 사절단을 같은 해 6월에 출항하는 스페인 함대에 태워 귀국시키기로 결정했다. 이와 아울러 사절단이 스페인에 머무는 동안 일본에서 기독교도를 박해한다는 소식이 전해지면서 사절단 일행은 고립되어 세비야를 즉시 떠날 것을 명령받고는 실의와 좌절 속에서 귀로에 오르게 되었다. 멕시코로 다시 돌아온 하세쿠라 쓰네나가는 일본을 떠난 지 7년 만인 1620년 아카풀코를 떠나 마닐라로 갔고, 거기서 나가사키로 귀환했다. 그리고 8월 26일에 센다이로 귀환하여 다테 마사무네에게 귀국 보고를 했다. 그러나 그때는 이미 다테 마사무네가 기독교 금지를 영내에 공포한 상황이었다. 스페인 국왕 및 로마 교황의 긍정적인 내용의 답장도 없는 상태에서 하세쿠라 쓰네나가는 구두로 사절단의 성과를 보고했지만, 일본의 사정은 변했고 사절단의 성과에 대한 마사무네 및 일본 막부의 평가는 미미하였다.

12

일본의 해외진출과 무역

일본은 이미 13세기부터 아시아 무역 네트워크에 깊이 연결되었다. 15세기와 16세기에 일본의 대외무역은 급속히 증가하여 멀리는 말라카 해협에까지 일본 상단이 진출했다. 일본은 송나라 말기와 명나라 초기 중국이 세계무역에서 물러나면서 경제가 쇠퇴할 때 극동 무역에 활발히 참여했다. 중국이 세계무역에서 물러나자 그 자리를 채운 나라는 일본이었다.[140]

1560년 이후 일본은 중국과 동남아시아에 은과 구리를 대량 수출했다. 이것 말고도 일본은 금, 유황, 장뇌, 철, 검, 칠, 가구, 술, 차, 쌀 등도 수출했는데 그 범위는 중국, 동남아시아 외에 멀리는 인도와 서아시아도 포함되었다. 그 대신 일본은 중국에서 비단, 인도에서 면직물을 수입했고, 조선, 중국, 동남아시아로부터 납, 주석, 목재, 염료, 설탕, 가죽, 은을 녹이는 데에 쓰는 수은 같은 물건들을 수입했다.[141] 당시 일본은 중국에서 물건을 수입하면서 그 대금은 은으로 결제했다. 당시 일본 상품을 실어 나른 것은 주로 중국 선박이었다. 유럽으로 가는 은은 처음에는 포르투갈이, 그 이후에는 네덜란드가 일본의 은과 구리를 비롯하여 각종 상품을 실어 날랐다. 당시 류큐는 중국 무역이나 동남아시아 무역의 중개지 역할을 했다. 일본은 조선에서 온 도공들에 의해서 도자기 산업이 발전하였고 해외로 도자기를 대량으로 수출하면서 중국 도자기를 대체했다. 명나라에서 청나라로 교체되는 혼란의 와중에서 징더전의 도자기 산업이 붕괴되는 틈새를 이용하여 일본은 아시아, 페르시아 만 주위 국가 및 유럽에 도자기를 수출하면서 당당한 도자기 수출국의 반열에 올랐다.[142]

도요토미 히데요시가 일본을 통일하면서 일본은 많은 양의 은을 생산하게 되어 동남아시아와 활발한 무역활동을 벌였다. 당시 일본 선박은 중국과 직접 교역하는 것이 금지되었기 때문에 마닐라나 베트남의 호이안 항구를 통해서 중국산 비단과 일본의 은이 교환되었다. 1604~1635년에는 한 해 평균 10척의 일본 선박이 허가를 받고 무역을 했다. 31년 동안 베트남에 124척이 갔으며, 필리핀에 56척, 시암에 56척의 일본 배들이 가서 무역활동을 펼쳤다. 그러나 1635년 이 무역을 도쿠가와 막부가 금지하여 중단되었다. 그럼에도 불구하고 17세기 내내 일본의 대외무역은 전반적으로 활발했다고 할 수 있다. 다만 교역의 창구는 나가사키 항구로 단일화되었고 무역 대상국도 네덜란드와 중국으로 엄격히 제한되었다.[143]

당시 일본의 대외수출이 국내총생산에서 차지하는 비율은 10퍼센트에 달했을 것으로 추산된다. 일본은 시암 무역을 장악했고, 1604년부터 1635년까지 355척의 일본 배들이 동남아시아로 공식 출항했다고 기록되어 있다. 이 시기 일본은 중국으로부터 40만 킬로그램의 비단을 수입했다고 하는데, 이는 이전보다 무려 4배 가까이 증가한

물량이었다. 한편, 중국은 정치적, 경제적 위기에도 불구하고 1650년
대에도 매년 200척의 중국 선박이 나가사키에 도착했다.[144]

남만무역

1543년, 포르투갈 상인의 다네가시마 표착을 계기로 이후 포르투
갈 상선들이 규슈 남서부로 몰려오게 된 것은 앞에서 말한 바 있다.
이후 1557년 포르투갈은 마카오의 사용권을 획득했고 이 무역거점
을 통해서 일본과 통상관계를 시작했다.

지리적인 이점을 살린 이 교역활동은 규슈의 시마츠(島津), 오토모
(大友) 가문을 비롯한 여러 다이묘들의 환영을 받게 되어 포르투갈
선박이 이곳을 자주 방문했고 1550년부터 1570년까지 약 30척의
포르투갈 선박(왜구선, 정크 선을 포함하면 그 이상이다)이 일본에
들어왔다.[145] 이 무역은 일본산 은과 중국의 생사나 비단제품의
교환을 주축으로 한 중개무역으로서 포르투갈의 식민 총독부가
있는 고아나 마카오를 거쳐 일본의 가고시마(鹿児島), 보노츠(坊津),
히라도(平戸), 후나이(府内), 나가사키(長崎)에 왔다가 다시 원래의
무역거점으로 돌아가는 여정이었다. 특히 전국시대의 다이묘들은
이 무역을 통해서 총이나 화약은 물론이고 가죽 제품 및 철 등
군수품을 획득할 수 있었기 때문에 포르투갈의 무역선에 대한 관심
이 아주 높았다.

앞에서 언급한 것처럼 당시 규슈의 다이묘들은 이들과의 무역을

활성화하기 위해서 기독교의 포교를 허용했고 동시에 무역선의 유치에도 노력했다. 특히 히젠 오무라(肥前大村)의 영주였던 오무라 스미타다(大村純忠)는 예수회의 요청을 받아들여 1570년 나가사키 항을 개방했다. 이듬해 포르투갈 상선이 나가사키에 최초로 입항한 이후, 이곳은 무역도시로서 발전했다.[146]

한편, 스페인은 포르투갈보다 늦게 태평양 항로를 개척했지만, 루손의 마닐라에 본거지를 두고 일본과 활발한 접촉을 벌였다. 1606년, 도쿠가와 이에야스의 지속적인 요청에 따라 스페인 선박이 처음으로 우라항에 들어왔다. 그리고 필리핀을 중개로 양국 간의 무역활동이 전개되었다.[147]

이렇게 16세기 중반부터 17세기 초반에 걸쳐 일본과 스페인 및 포르투갈 상인들 사이에서 무역 및 상업 활동이 행해졌는데 이것을 남만무역(南蠻貿易, Nanban Trade)이라고 부른다. 당시 일본인은 포르투갈, 스페인인을 일컬어 남만인(南蠻人)으로 불렀다. 남만인은 문자 그대로 "남쪽의 야만인"을 뜻한다. 당시 일본인들은 포르투갈인, 그들과 동행한 시종, 아프리카 노예, 선원, 인도인, 말레인에게 이런 호칭을 붙였다.[148] 포르투갈인과 스페인인은 아시아인은 아니지만 중국의 입장에서 볼 때 남쪽인 인도와 동남아시아에 거점을 두고 무역을 했기 때문에 이렇게 남만인으로 불리게 된 것이다. 반면에 영국인, 네덜란드인은 '빨간 머리털의 사람들'로 불렀다.

남만무역이 탄생하게 된 계기는 명-일무역의 쇠퇴와 밀접한 관계가 있다. 명 조정과 일본 무로마치 막부(室町幕府)의 무역은 책봉과

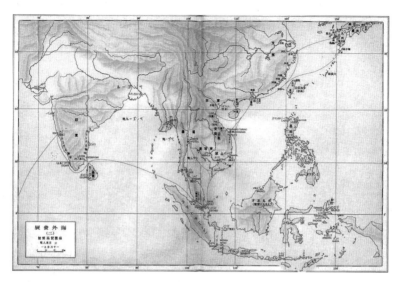

그림 46. 남만무역 루트

감합부(勘合符)를 부여한 무역이었다.[149] 그러나 1523년 명-일 무역을 독점하고 있던 오우치(大內) 가문과 대립했던 호소카와(細川) 가문도 명나라에 무역단을 보내면서 닝보(寧波)에서 이 두 집단이 충돌했고 그로 인해서 외교문제가 불거지면서 명-일 무역은 중단되었다. 1536년 오우치 가문에 의해서 이 무역은 부활했지만, 1547년 명나라의 해금정책으로 기존의 감합무역이 사라지면서 명나라와 일본 간의 무역에 공백이 생기게 되었고, 1551년 오우치 가문이 스에하루카타(淘晴賢)의 반란으로 멸망하면서 중국과 일본의 접촉은 끝나게 되었다.

바로 이 시점에 포르투갈이 끼어들어 양국의 무역을 중개했다.[150] 포르투갈은 마카오를 거점으로 동방 진출과 동방 무역의 성과를 올리기 위해서 국왕으로부터 대리권을 부여받은 행정관이 대일무역을 담당했고 그 이익은 국왕과 행정관이 반반씩 나누어 가졌다. 이런 점에서 보면 남만무역은 포르투갈 및 스페인과 일본 간의 직접 교역이 아니라 일본이 포르투갈과 스페인을 매개로 중국의 물품을 주로 수입한 무역이라고 할 수 있다. 이런 이유로 일본에 들어온 것은 주로 중국 상품이었고 유럽 물품은 그리 많지 않았다.

오다 노부나가와 도요토미 히데요시는 기본적으로 남만무역을 장려했다. 히데요시는 1587년 6월 이 무역을 독점하기 위해서 1588년 예수회의 활동 거점이었던 나가사키를 직할지로 만들었고, 이듬해에는 기독교 신자였던 무장 고니시 류우사(小西隆佐)를 파견하여 그곳의 생사를 독점적으로 구입했다.

한편, 도쿠가와 이에야스 역시 스페인과의 무역에 적극적인 자세를 보였고, 교토의 상인 다나카 쇼스케를 스페인령 멕시코에 파견했다. 또한, 생사무역을 독점하고 있었던 포르투갈을 밀어내기 위해서 교토, 사카이(堺, 지금의 오사카), 나가사키의 상인들로 하여금 '생사할부조직(絲割付仲間)'을 결성하게 했다.[151]

그러나 이후, 막부는 기독교 금지뿐만 아니라 서쪽 지방 다이묘들이 득세할 것을 경계하여 해외무역에 제한을 가했고, 교역 장소도 히라도와 나가사키로 한정시켰다. 그리고 1624년에는 스페인 선박의 입항을 금지시켰다. 그럼에도 불구하고 막부는 포르투갈과의 무역이 계속되기를 희망함으로써, 1636년에는 포르투갈인들을 나가사키의 데지마(出島)에 받아들였다. 그러나 1638년 에도 막부는 시마바라(島原)에서 기독교 신자들의 반란이 일어나자 기독교 금지를 더욱 강화했고 포르투갈과 단교를 꾀하게 되었다.

1639년 막부는 쇄국령 공포를 통해서 포르투갈 선박의 입항을 금지했고, 포르투갈인들을 추방했다. 이후 일본이 쇄국체제로 들어가면서 남만무역은 종료하게 되었다.

주인선 무역

한편, 일본은 남만무역과는 별도로 16세기에서 17세기 전반에 걸쳐 주인선(朱印船)에 의한 대외무역을 진행했고, 이를 통해서 아시아 국가들과 활발한 교역을 벌였다. 원래 주인선 무역은 일본과 명나라 간의 무역이었지만, 1592년 도요토미 히데요시는 이 제도를 통해서 일본과 포르투갈, 스페인, 네덜란드와의 무역을 확대코자 했다. 일본이 이 제도를 통해서 동남아 여러 나라와 직접 교역을 한 이유는 물소뿔, 염색재료, 향신료 등과 같은 물건들을 남만무역을 통해서는 구할 수 없었기 때문이다.

주인선은 바다를 건너 타국에 갈 수 있는 "빨간 인장이 찍힌(red seal ships)"[152] 도항 허가증을 소지한 배로서, 일본은 막부가 공인한 이 주인선을 통해서 합법적으로 안남(베트남), 캄보디아, 시암, 루손(필리핀) 등 동남아 국가들과 무역을 할 수 있었고,[153] 포르투갈, 네덜란드 선박이나 동남아 국가 통치자들의 보호를 받을 수 있었다.

17세기에 들어서 마닐라와 일본의 교역은 활발히 이루어졌다.

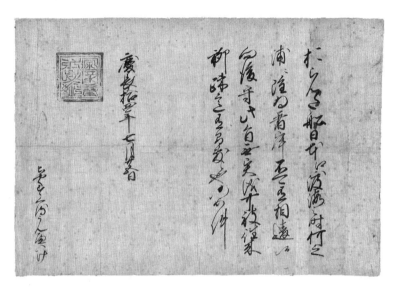

그림 47. 도쿠가와 시대의 주인장

그 계기는, 히데요시의 고압적인 태도와 달리 이에야스는 스페인과의 교역을 강하게 원했기 때문이다. 그는 마닐라 갤리온 선이 일본의 간토(關東) 근해를 항해하는 것을 이미 알고 있었다. 히데요시가 사망하고 얼마 안 된 1598년 12월 이에야스는 프란체스코 수도회의 헤수스(Jerónimo de Jesús) 신부를 접견하고 스페인 선박의 도래와 은광 개발 기술의 전수에 대해서 중개를 의뢰했다.

1601년 10월, 이에야스는 필리핀 총독 앞으로 우호적인 통상관계를 수립하자는 서한을 보냈다. 이에 대한 답으로 필리핀 총독은 이듬해인 1602년 6월 갤리온 무역선을 일본으로 파견하였고 그 배는 분고(豊後)의 우스키(臼杵) 항에 들어왔다.

이 배편에 보낸 서한에서 페드로 아쿠냐(Pedro Acuña) 총독(재임

1602~1606)은 이에야스에게 왜구의 단속을 요구하면서 "매년, 필리핀과의 거래를 위해서 6척, 즉 각 계절풍마다 3척의 일본배가 허가장을 가지고 오면 마닐라에 들어오는 것을 승인하고, 마닐라에 들어온 일본인들은 언제나 우호적으로 대접받을 것이며, 재화를 빼앗기는 일은 없을 것"이라고 언급하였다. 동시에 이 서한에는 일본에 가는 스페인인들도 똑같은 대접을 해주기를 기대한다는 내용을 담고 있었다.

같은 해 10월 마닐라 갤리온 선 에스피리투 산토(Espíritu Santo)호가 폭풍우로 난파하여 토사 시미즈(土佐淸水)에 입항했다. 그때 짐의 일부를 몰수하는 등 현지의 부적절한 처사가 일어났는데, 이에야스는 그것을 처리하면서 동시에 아쿠냐에 무역 허가증인 주인장(朱印狀)을 발부하고 마닐라 갤리온 선의 일본 기항을 요구했다. 그러나 마닐라 상인들은 이것에 반발했다. 이에 따라서 스페인 선박이 우라가(浦賀) 항구에 들어오게 되는 것은 1608년 7월이 되어서였다. 이 배편을 통해서 전해진 아쿠냐 총독의 서한에는 일본의 주인선의 수를 매년 4척으로 줄이도록 제한했다.

에도 막부 첫 해인 1598년을 제외하고는 일본은 마닐라에 지속적으로 주인선을 보냈다. 이에 따라서 17세기 초에는 포르투갈, 스페인의 갤리온 선, 네덜란드 및 영국 배, 중국의 정크 선이 일본의 주인선과 경쟁, 충돌하면서 동아시아 해역에서 활발한 무역을 전개했다. 1604년에서 1635년까지 약 30년간 주인선의 왕래 숫자는 356척에 달했고, 연평균 11척이 무역에 참여하였다.[154]

주인선의 선주들은 주로 규슈 서남부의 다이묘, 막부 관리와 일본 주요 상업도시의 대상인들이었다. 에도 막부는 다이묘에 대한 권력 제한을 지속적으로 강화했기 때문에 무역에 참여했던 다이묘의 숫자는 점차 줄어들었고, 교토, 오사카, 나가사키 등지의 유력 상인들이 이 무역을 전담하게 되었다.[155] 한편 이 무역에는 일본인 외에 일본에 체재하고 있던 중국인과 유럽인도 종사했다.

당시, 일본은 중국으로부터는 초석, 생사, 견직물, 면직물 등을 수입했고, 동남아로부터는 설탕, 사슴가죽, 상아, 후추, 물소뿔, 납, 약재 등을 수입했다. 유럽 상품으로는 총, 화약, 시계, 유리제품, 모직물 등이 있었다. 이 무렵 무역선을 타고 일본에 호박, 수박, 옥수수, 감자, 빵, 카스텔라, 담배, 지구의(地球儀), 안경, 싸움닭 등이 전래되었다. 그리고 일본은 은, 동, 철, 유황, 장뇌, 도검, 칠기 및 각종 잡화를 수출했다.[156]

물론, 일본의 주요 수출품은 은이었다. 앞에서 언급한 것처럼 당시 이와미 은광에서 대량의 은이 산출되었고, 16세기 중반 회취법 이라는 은 제련기술이 확산되면서 일본의 은 생산은 급증하게 되었다. 16세기 말부터 17세기에 걸쳐 일본은 세계 유수의 은 생산국이 되었고 세계 은 생산량의 3분의 1을 차지했다.[157] 그러나 17세기 말부터 일본의 은광맥이 고갈되기 시작하면서 일본의 은 생산은 급격히 감소했고, 1668년 도쿠가와 막부는 은의 중국 수출을 금지했다. 반면, 1545년 스페인의 식민지였던 포토시 및 멕시코에서 은광이 발견되면서 아메리카의 은 생산량은 급증했고, 갤리온 무역을 통해

서 이 은들이 중국으로 유입되었다.[158]

16세기 중국과 무역을 시작한 포르투갈과 스페인은 중국산 비단과 생사, 도자기를 구입하면서 그 대금을 은으로 지불했다. 처음에는 남부 독일의 은으로 대금을 충당했지만 뒤에는 일본과의 무역을 통해서 획득한 일본산 은으로 대체했다. 이 시기, 은은 명나라의 중요한 통화수단이 되었고 새로운 세금제도가 시행되어 모든 세금을 은으로 납부케 하면서 중국의 은에 대한 수요가 높아졌고, 이에 따라서 일본의 은이 중국으로 대량 수출되었다.[159]

당시 세계 굴지의 은 채굴 국가였던 일본의 상인들은 그들의 재력을 통해서 중국의 생사, 견직물 등을 적극적으로 구입했다. 그들의 이런 무역활동은 포르투갈, 스페인, 네덜란드, 영국 상인들에게는 커다란 위협이었다.

한편, 도쿠가와 이에야스는 주인선 무역을 통해서 무역을 통제했다. 에도 막부 첫해인 1598년을 제외하고는 마닐라에 지속적으로 주인선을 보냈다. 이에 따라서 17세기 초에는 포르투갈, 스페인의 갤리온 선, 네덜란드 및 영국 배, 중국의 정크 선이 일본의 주인선과 경쟁, 충돌하면서 동아시아 해역에서 활발한 무역이 전개되었다.

그러나 이렇게 활발하게 움직였던 주인선 무역은 일본이 1635년 쇄국정책을 통해서 일본인의 해외 도항을 전면 금지하고, 포르투갈과 스페인인과의 모든 정치, 교역 관계를 단절하면서 사라지게 되었다. 주인선 무역이 없어지면서 밀려난 나라는 스페인, 포르투갈이었고, 가장 크게 이득을 본 나라는 새롭게 일본에 진출한 네덜란드였다.[160]

그림 48. 주인선 무역 루트

그림 49. 주인선

니혼마치의 형성

'니혼마치(日本町)'라고 불리던 일본인촌은 16세기 후반 이후 동남아시아 여러 지역에 정착한 일본인 이민자들의 집단 거주지였다.

에도 시대 초기, 도쿠가와 이에야스의 무역 장려정책으로 주인선 무역이 전개되었고 이를 통해서 일본 상선의 동남아 항행이 급증했다. 이렇게 적지 않은 일본인들이 동남아에 가면서 일본인의 집단 거주지가 점차 생기게 되었다.[161] 물론, 필리핀의 경우에서 보듯이, 일본인 단속의 필요성에서 현지당국이 일부러 조성한 경우도 있었다.

주요 도시로는 주인선이 자주 왕래했던 타이완의 안핑(安平), 중부 베트남의 호이안(유럽에서는 훼호로 불렀다)과 쯔란, 캄보디아의 프놈펜, 태국의 아유타야, 그리고 필리핀의 마닐라, 딜라오(Dilao), 산 미겔(San Miguel) 등에 수백 명에서 수천 명 인구의 일본인 마을이 형성되었고,[162] 이를 근거지로 상품의 구입과 판매 등 교역이 이루어졌다. 전성기에는 루손 섬에 3,000명을 필두로 아유타야에 1,500~1,600명, 그외 각지에 300~350명 정도의 일본인이 거주하고 있었고 전체 일본인 수는 5,000명 이상에 달했다.

대체로 일본인촌은 치외법권을 인정받아 자치제를 행하고 있었으며, 집단거주지의 유력자가 선정되어 행정을 담당했다. 호이안의 하야시 키에몽(林喜右衛門), 캄보디아의 모리 카헤에(森嘉兵衛), 아유타야의 야마다 나가마사(山田長政)가 그 대표적인 인물이었다. 특히 야마다 나가마사는 아유타야 손탐 왕의 신임을 받아 왕조의

고위직에 올랐고, 뒤에는 왕위 계승
싸움에 말려들어 독살되었다.

니혼마치의 주요 구성원은 무역상
인을 위시하여 주인선의 화물을 하역
하고 판매하는 사람들이었다. 또한
당시 막번체제의 형성 과정에서 전락
한 낭인(浪人 : 실직한 무사), 모험가,
그리고 현지의 내전과 대외전쟁에 참
여한 사람들도 있었다. 그리고 에도

그림 50. 야마다 나가마사

막부의 기독교 탄압이 심해지면서 추방된 기독교인들도 적지 않았
다.[163] 기독교 다이묘였던 다카야마 우콘(高山右近)이 갔던 필리핀의
일본인촌에는 주민의 거의 절반이 일본인 기독교 신도들이었고,
산 미겔에는 예수회 신자들이, 딜라오에는 프란체스코회의 신도들
이 모였으며, 그들이 손수 세운 교회도 있었다.

1635년에 에도 막부가 내린 쇄국정책에 따라서 일본으로부터
사람, 물자, 자본의 보충이 끊어지고, 부녀자도 없는 상태에서 일본
인촌은 점차 쇠퇴해갔다. 그래도 몇몇 '니혼마치'는 17세기 중반에서
18세기 초기까지 존속했다.[164]

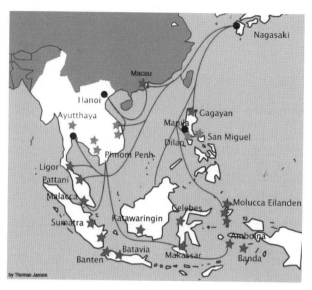

그림 51. 동남아시아의 니혼마치(日本町)

필리핀 니혼마치의 흥망

1565년 레가스피 원정대가 필리핀에 오기 훨씬 전부터 일본 선박
이 이곳을 왕래했고,[165] 이미 그곳에는 수십 명의 일본인들이 있었다.
필리핀에 일본인들이 정주하게 된 것은 왜구와 깊은 관계가 있었
다.[166] 1573년 일본과 루손 섬 사이에는 정기적 교역이 이루어지고
있었고 이에 따라서 필리핀에는 이미 일본인들이 들어와 있었다.
그들이 처음으로 정주했던 곳은 카가얀(Cagayan)이었다. 그러나
스페인의 왜구 진압으로 인해서, 그리고 일본과의 교역이 뜸해지면
서 카가얀의 일본인들은 왜구의 또 다른 근거지였던 링가옌
(Lingayen)으로 이주했다.

링가옌은 이미 1406년 이래 명나라에 조공을 바쳤고 중국, 보르네오, 일본과 정기적으로 무역을 하면서 발전했던 항구로서, 1582년 이후 왜구들이 도시에 대거 들어오면서 이곳은 일본 항구(puerto de los japoneses)라고 불렸다. 그러나 1585년 일본의 주인선이 필리핀에 많이 들어가면서 마닐라의 일본인 수가 늘기 시작했고, 카가얀과 링가옌의 일본인들도 마닐라로 이동했다.[167]

당시 스페인인들은 일본선의 마닐라 입항을 의심의 눈초리로 바라보았는데, 이는 앞에서 언급한 1587년의 예수회 추방과 밀접한 관계가 있었다.[168] 게다가 1587년 마닐라에 들어온 일본인들이 필리핀 원주민의 반란에 가담하자 스페인은 일본 배의 도항을 필리핀 침략의 기도로 간주했다. 이후 스페인은 필리핀에 들어오는 일본인들에 대한 경계심을 늦추지 않았다. 1587년에 마닐라에 두 척의 일본선이 도착했는데, 그중 한 척이 아구스틴 레가스피(Agustín Legazpi)가 주도한 원주민들의 반란에 연루되었다. 몇몇 일본인들이 체포되었고 통역인 디오니시오 페르난데스(Dionisio Fernández)가 처형되었다.

1588년 6월 15일 히라도의 마츠라 다카노부(松浦隆信) 다이묘가 보낸 일본선 한 척이 무기와 보급품을 싣고 마닐라에 도착했다. 일본선의 선장은 마츠라의 우호적인 메시지를 필리핀 총독부에 전했지만, 스페인인들은 경계심에, 함께 온 40명의 일본인 순례자들을 일본이 보낸 첩자로 간주하여 돌려보냈다.[169] 그리고 이에 대응책으로 다스마리냐스 총독은 1592년 마닐라에 거주하고 있던 일본인 모두를 성 밖의 딜라오로 소개시켰고, 무기를 압수했으며 통행을 제한했다. 이때 일본인들은 스페인의 이런 조치에 대항하여 폭동을 일으켰다.

한편, 산 펠리페 호의 난파로 야기된 '26명의 순교' 사건은 마닐라에도 상당한 파장을 불러왔다. 그리고 1592년 일본의 조선 침략을 알게 된 스페인은 언젠가 일본이 필리핀도 침공할 것이라는 두려움을 가지고 있었다. 이에 스페인 당국은 한창 번영일로에 있었던 일본인들을 마닐라에서 쫓아냈다. 이후 한동안 일본인들의 필리핀 거주는 허용되지 않다가 1603년 500여 명의 일본인들이 마닐라에 다시 들어오면서 재개되었다.[170]

한편, 1613년 이에야스는 기독교 금지령을 공포했다. 이 법에 따르면 기독교는 불교와 신도(神道)의 적으로, 일본에 심각한 해를 끼치므로 이 종교를 금지하고 그 종교를 계속 추종하는 사람은 사형에 처해야 한다고 되어 있었다. 이에 따라서 그의 통치가 끝난 뒤인 1614년에도 막부는 기독교 선교사를 포함하여 일본인 기독교 신자 300명을 마카오와 필리핀으로 추방시켰다. 그들 중에는 앞에서 언급했던 다카야마 우콘 같은 크리스천 다이묘도 있었다.[171] 이때 갔던 일본인들은 나이토 조안(內藤如安, 스페인 이름은 후안 나이토 도노[Juan Naitodono])의 지휘 아래 산 미겔에 새로운 일본인 마을을 건설했다.

1615년경, 마닐라의 일본인 수는 1,500여 명에 달했고, 이후로도 점점 많아져 1619년이 되면 마닐라의 니혼마치는 2,000여 명을 거느린 큰 타운으로 발전했다. 이에 스페인 당국은 일본인의 폭동을 우려하여 거주제한법을 실시했다. 1620년 5월 29일에 공포된 이 법에 따르면, 마닐라의 중국인 거주 수는 5,000명을 넘으면 안 되었고 일본인은 3,000명으로 제한되었다. 물론 스페인은 일본과의 통상 및 우호를 유지할 목적으로 관용정책도 베풀었지만, 마닐라의 일본 인 수가 3,000명을 초과하자 일본인 인구를 통제했다.[172]

한편, 일본인의 수가 필리핀에 많아지자 후안 데 실바 총독은 일본인 500여 명을 징집하여 네덜란드와의 전투에 동원했다. 이들은 스페인 함대에 합류했고 이후, 시암 등 동남아 여러 나라로 흩어졌으 며, 나머지는 일본으로 돌아갔다.

1616년에서 1623년 사이, 필리핀의 일본인 수는 크게 늘었고, 최전성기 니혼마치의 일본인 수는 3,000명에 육박했다. 이 3,000명의 인구 중에서 반은 기독교인이었고 반은 비기독교인이었다. 이 해를 정점으로 1624년 에도 막부가 쇄국정책을 공포하면서 일본인들의 필리핀 입국은 완전히 끊기게 되었다.

쇄국칙령 중 도항이나 귀국에 관련된 내용만 보면, "일본인이 몰래 해외로 나가는 것을 금지한다. 만약 발각되면 사형에 처하고, 배와 재산은 몰수한다", "해외 거주 일본인은 즉시 귀국해야 한다. 그렇지 않으면 나중에 사형에 처해진다"로 되어 있다.[173] 이에 따라 서 많은 일본인들이 마닐라를 떠나 일본으로 돌아왔다. 그러나 이런 금지령에도 불구하고 기독교 신자들은 마닐라에 계속 정주했고, 그 뒤 현지사회에 동화되었다.

13

갤리온 무역과 문화의 교류

이국 취향의 붐과 사치품 선호

마닐라 갤리온 선을 통해서 중국의 비단이나 자기, 일본의 칠기나 병풍 등을 위시하여 아시아에서 생산된 많은 동양 상품들이 아메리카로 들어왔다. 인도의 면직물과 페르시아의 융단, 몰루카의 향신료, 그리고 상아, 보석, 비단, 주단, 향수, 가구, 꽃병, 부채, 종이, 함, 의자를 비롯한 가구 등이 있었다.

약 250년간 진행된 이 무역을 통해서 멕시코에는 동양의 상품들이 넘쳐났고, 이것들은 멕시코 시티나, 푸에블라, 과달라하라의 페리아에서 날개 돋친 듯이 팔렸다. 사람들은 이 이국적 상품들에 열광했고 아시아의 사치품들을 계속 주문했다. 16세기, 17세기 멕시코나 페루의 귀족이나 상류층은 중국, 일본, 필리핀에서 온 호화로운 동양 물건들로 집을 장식했고 그들의 사회적 특권을 과시했다.

한편, 멕시코의 장인들은 도자기나 병풍, 칠기 등 동양 공예품의 디자인과 조형 방식을 배우고, 새로운 기법을 도입하여 자신들만의 독특한 공예품, 예술품을 만들었다. 이렇게 해서 동양 물건을 모방한 병풍, 상아 제품, 도자기, 직물, 자개장이 만들어졌고 이런 것들에는 무늬나 문양에서 당연히 중국풍이나 일본풍이 곁들여지게 되었다.

앞에서 언급했듯이 마닐라 갤리온 무역에 의해서 동양의 많은 제조품들이 태평양을 건너 아메리카 신대륙으로 건너갔다. 그 대표적인 상품에는 중국, 일본, 동남아시아의 도자기도 당연히 포함되어 있었다. 중국 징더전(景德鎭)에서 제조된 중국 도자기, 일본의 아리타(有田) 도자기는 스페인의 식민지인 아메리카 대륙에 널리 퍼져 있었다. 특히 이런 동양의 도자기는 푸에블라의 도자기 디자인에 커다란 영향을 미쳤다.[174]

그림 52. 난파선에서 회수한 중국 징더전 자기. 그림 53. 필리핀 해역에서 난파한 산 디에고
출처: Liu Miao(2014), p. 2 호에서 회수한 중국 도자기(1600)

지금도 멕시코의 대표적인 자기인 탈라베라(Talabera)는 중국 것을 모방하여 만든 도자기이다. 원래 16세기 멕시코의 푸에블라와 과달라하라에서는 유약을 바른 흰색 바탕의 오지그릇이 생산되었는데, 통상 탈라베라 포블라나(Talabera Poblana)로 불렀다. 이 도자기

그림 54. 일본의 아리타 도자기(18세기). 세비야 인디아스 고문서관 소장 ⓒ서성철

는 수녀원이나 일반 가정집의 식탁이나 부엌, 식료품 창고 등에서
널리 사용되었다. 식민지 멕시코의 대저택 복도에는 이런 탈라베라
로 만든 화분이 있었고 건물의 벽은 푸른 색 타일로 만든 아술레호
(Azulejo)로 장식되었다. 그러나 마닐라 갤리온 무역을 통해서 아름
답고 질 좋은 중국 도자기가 수입되면서 푸에블라의 도자기 제조업
자들은 중국 도자기를 모방하여 새로운 도자기를 만들었다. 흰색
바탕 위에 입혀진 푸른색 문양, 꽃과 잎과 같은 동양적 문양의
장식 등은 바로 이런 중국 도자기의 영향을 보여준다. 물론 중국의
영향은 유럽을 통해서 간접적인 방식으로 전해졌다. 당시 포르투갈,
네덜란드, 스페인의 공방은 중국 제품을 모방한 자기를 생산하고
있었다.[175)]

그림 56. 탈라베라 도자기(2)

그림 55. 탈라베라 도자기(1)

　비단, 면제품, 칠기, 도자기는 멕시코의 상류계급의 사람들이 애호
하던 물건들이었다. 특히 비단은 부자 및 상층부 사람들뿐만 아니라
하층민들도　선호하던　물건이었다.　당시　멕시코의　믹스테코
(Mixteco) 지역에서도 스페인 비단제품을 생산했지만 중국의 비단
제품과는 경쟁할 수 없었다.

　중국에서 마닐라로 온 상품들 중의 하나로 비단 숄이 있었다.
이 숄은 수가 듬뿍 놓인 정사각형의 천으로서 이것을 삼각형처럼
반으로 접어 여성들은 어깨 위에 걸쳤다. 이 숄은 사실 마닐라가
아니라 광둥에서 제조되었지만 마닐라 숄로 알려지게 되었다. 실제
로 필리핀에는 비단 산업이 존재하지 않았다. 이 마닐라 숄은 스페인
의 세비야, 안달루시아 및 아메리카로 건너가 대단한 인기를 끌었고,
지금도 많은 여성들이 사용하고 있다.[176)] 멕시코에서도 비단으로

그림 57. 마닐라 숄과 쥘부채 ⓒ서성철

숄을 제조했는데, 이런 숄을 걸친 식민지 여성들의 복장은 멕시코 문화를 특징짓는 하나의 예라고 할 수 있다. 당시 마닐라 숄은 여성들의 사회적인 신분이나 계층을 나타냈다. 예를 들면, 초기에 아메리카 대륙에 사는 흑인 여성들은 마닐라 숄을 두를 수 없었다. 그러나 뒤에 그것이 허용되자 그들은 사회적 신분의 상승을 과시하듯이 다른 어떤 인종보다도 이 숄을 많이 하고 다녔다. 여기에 일본에서 건너간 쥘부채는 마닐라 숄과 함께 스페인이나 멕시코의 상류층, 귀족여성의 외출 필수품이 되었다. 한편, 멕시코 여성들은 팔리아카테(paliacate)라는 여러 색상이 혼합된 대형 손수건을 머플러처럼 목에 두르거나 머리에 쓰는데 이것은 인도에서 멕시코로 건너온

그림 58. 치나 포블라나를 입은 멕시코 여성 모습(19세기)

것이다. 이 마닐라 숄과 팔리아카테가 하나로 어울려 멕시코 원주민
인 테우안족(tehuana)의 전통의상이 만들어졌다.

　화려한 색깔에 구슬과 장식 조각이 수놓인 멕시코의 또 다른
전통의상인 치나 포블라나(china poblana : 푸에블라에 사는 중국
여인)는 이름과는 달리 중국에서 온 것이 아니라 인도에서 유래한
것이다. 여기에는 여러 가지 설이 있는데, 한 인도 처녀가 포르투갈
해적에 납치되었다가 우여곡절을 거쳐 필리핀에서 갤리온 선을
타고 멕시코까지 왔다는 것이다. 그녀가 입었던 동양풍의 의상,
아마도 중국제 비단으로 만든 옷은 후에 변형되어 푸에블라에 정착
했고 뒤에 멕시코 여성들에게 최고의 인기를 누린 옷이 되었다.

　갤리온 무역을 통해서 많은 희귀품들이 멕시코에 들어왔지만,
멕시코인들은 특히 중국, 일본의 병풍에 매료되었다. 이들은 이

그림 59. 멕시코에서 만들어진 병풍. 출처: Baena Zapatero(2015), p.175.

동양의 병풍에서 영향을 받아 그들 식으로 변형된 병풍을 제작하기
에 이르렀다. 이 병풍들은 주로 당시 멕시코 시티의 부유함이나
화려함을 보여주는 그림들로 채워졌다. 한편, 이런 호화로운 장식품
들은 멕시코의 예술뿐만 아니라 동양의 미에 대한 멕시코인들의
미학 형성에 결정적이 되었다.

  칠기는 일본에서 전해진 것으로, 멕시코의 치아파스, 게레로, 미초
아카의 원주민들은 이 새로운 기술을 배운 뒤 자신들의 전통공예와
결합시켜 컵이나 쟁반 등 아름다운 멕시코 공예품들을 탄생시켰다.
한편, 멕시코에는 아시아산 가구들이 유입되었고, 동양의 자개 기술
이 소개되어 산수나 자연의 풍경을 새긴 장들이 생산되었다. 이렇게
당시 상류층의 집이나 궁정에서는 이런 동양산 가구에 병풍을 둘러
치는 것이 유행이었다.[177]

그림 60. 18세기 미초아칸에서 만든 책상으로 락카칠이 되어 있다.
출처: BAENA ZAPATERO(2015), p.183

한편, 교회와 관련된 것으로 중국이나 일본 등 아시아에서 들어온 물건도 많았다. 지금 멕시코 시티의 메트로폴리탄 대성당 합창대의 단(壇)은 마카오의 한 중국인이 만들어 고가에 멕시코에 판 것이었다.[178] 기독교 종교를 주제로 마닐라나 마카오에서 상아로 만든 그리스도 조각상이나 성모 마리아 조각상도 멕시코와 페루에 소개되었다. 특히 마리아 조각상에서 나타난 눈이나 전체 모습은 분명히 동양 여성의 모습을 하고 있어 이채롭다.

해산물 요리로 멕시코인이나 페루인이 즐겨 먹는 세비체(ceviche)는 필리핀에서 아메리카 대륙으로 전해진 것이다. 당시 아카풀코의 멕시코인들은 동양인들(아마도 일본인인 듯하다)이 생선을 날로 먹는 것을 보고 자기 식으로 변형하여 생선에 레몬, 토마토와 칠리를 곁들여 먹었다. 한편, 멕시코인들이 좋아하는 타마린드 콩과 중국 파셀리 또는 코리엔더로 알려진 실란트로(Silantro) 풀은 역시 갤리온 무역으로 멕시코에 전해진 것이다. 멕시코인들이 즐겨 마시는 코코넛 와인은 필리핀의 전통주인 투바에서 유래한 것이다. 이를 위해서 갤리온 선을 타고 아카풀코에 들어온 필리핀인들은 태평양 해안가에 야자나무를 많이 심었다. 아카풀코에서는 샌들을 우아라체(huarache)라고 부르는데, 이 말은 일본의 짚신인 와라지(草鞋)에서 유래한 것이다. 필리핀 역시 문화적으로 멕시코에 기여한 바 있는데, 기둥 위에 지붕만 올려 사방을 확 트이게 한 멕시코의 팔라파(palapa) 건축 양식은 필리핀 사마르 섬의 팔라파그(palapag)의 영향을 받은 것이다.[179)]

이렇게 아시아와 아메리카 간에 인적 교류가 이루어지면서 아시아의 전통이나 관습도 자연스럽게 아메리카에 전해졌다. 투계(鬪鷄)는 마닐라에서 아카풀코로 들어오면서 곧 사람들 사이에서 유명해졌다. 멕시코에서는 새를 이용하여 점을 치는 풍습이 있는데, 이역시 중국 또는 일본에서 전해진 것이라고 할 수 있다. 한편 멕시코인들의 전통놀이로서 유명한 피냐타(piñata)는 아랍에서 유래했다는 설도 있지만, 갤리온 무역을 통해서 중국에서 유래했다는 설이 유력하다.

한편, 이와는 반대로, 아카풀코를 출범하여 아시아로 향했던 갤리온 선에는 은만 있었던 것이 아니었다. 아시아 선교에 열정을 불태웠던 선교사들은 이 배를 타고 아카풀코를 출발하여 속속 마닐라로 향했다. 이 배에는 필리핀 식민지 통치를 위한 왕의 칙령, 멕시코 부왕청의 공문서, 아메리카가 원산인 다양한 식물, 소나 말과 같은 동물, 필리핀 생활에 필요한 각종 생활용품들이 실려 있었다. 또 갤리온 선을 통해서 스페인이나 멕시코의 관습이나 전통 등이 아시아에 소개되었다.

여기에서 한 가지 중요한 것은 마닐라 갤리온 무역이 18세기 이후에는 은과 비단의 교환만이 아니라 크로스비(Alfred W. Crossby)의 말처럼 생태학적, 다시 말해 식량의 교역으로 바뀌었다는 점이다. 갤리온 선은 아메리카에 진귀한 물건들만 일방적으로 가지고 온 것이 아니라 감자, 옥수수, 초콜릿, 담배, 카모테(camote, 고구마), 호박, 히카마(jícama, 일종의 감자류), 파인애플, 땅콩(aguacate) 같은 새로운 작물을 동양에 소개하는 가교 역할을 했다. 포르투갈과 네덜란드는 아메리카의 주요 농작물들을 중국에 소개했고, 그 결과 옥수수와 담배 등은 중국의 농업생산과 소비를 증진시키는 데에 크게 기여했다. 특히 감자, 고구마, 토마토, 옥수수, 땅콩 등과 같은 구황작물은 중국에 들어가 여러 지방에서 재배되면서 중국의 기근을 감소시켰고 결과적으로 중국의 인구를 증가시키는 데에 크게 기여했다. 푸젠의 해안 지방에서는 감자가, 화난(華南) 지방에서는 옥수수가 대량으로 재배되었고, 상하이 지방에서는 땅콩이 재배되었다.

한편, 중국에서는 만다린 오렌지, 버찌, 망고, 차와 같은 농작물이 멕시코로 들어왔고 곧바로 멕시코에 이식되었다. 이로 인해서 멕시코의 농업은 발전하게 되었고, 아메리카 대륙에서 다양한 종류의 작물이 재배되었다.

인적 교류

갤리온 선을 따라서 들어온 것은 아시아 상품들만은 아니었다. 다양한 아시아 지역의 사람들이 선원, 상인, 노동자, 노예 등으로 아메리카 대륙으로 흘러들어 오면서 많은 인적 교류가 이루어졌다.

멕시코에 아시아인들이 최초로 출현한 것은 기록상으로 1540년이다. 이 해에 멕시코 최초의 대주교였던 수마라가(Juan de Zumárraga)의 요리사로서 후안 누네스(Juan Núñez)라는 아시아인 노예가 있었다. 이 주교는 아메리카에 오기 전, 인도의 캘리컷 출신 아니면 중국 출신인 이 노예를 스페인에서 샀다고 기록하고 있다.[180]

그러나 아시아인이 아메리카에 본격적으로 유입하게 되는 것은 1565년 태평양 루트가 개척되고 1571년 필리핀이 스페인의 식민지로 바뀐 뒤, 1573년 마닐라 갤리온 무역이 시작되면서부터 본격적으로 시작되었다. 1565년에서 1815년 사이, 갤리온 선을 통해서 멕시코에 들어온 아시아인들은 4만 명에서 12만 명으로 추정되고 있다. 물론 이 숫자는 더 세심하게 연구되어야 할 통계지만, 식민지 멕시코에 아시아인들이 많이 들어왔다는 사실은 여러 문서를 통해서 확인되고 있다. 이들 대부분은 태평양 해안, 즉 아카풀코를 중심으로 인근 지역에 흩어져 살고 있었고, 한편으로는 멕시코의 수도인 지금의 멕시코 시티에도 아시아인들이 살고 있었다.[181]

당시 갤리온 선의 최종 도착지인 아카풀코에는 '스페인인, 물라토(Mulato : 흑인 남성과 원주민 인디오 사이에서 태어난 자식을 일컬음), 흑인 및 동양인들'이 한데 엉겨 살았다. 태평양을 건너온 갤리온 선의 승객이나 뱃사람들 중에는 아시아인들이 있었는데, 그들 대부분은 중국인들이었다.

한편, 콜럼버스의 신대륙 발견 이후 아메리카에 많은 필리핀인들이 마닐라 갤리온 선을 타고 이곳에 왔다. 1587년, 필리핀인들은 산 루이스 오비스포(San Luis Obispo) 근처의 모로(Morro) 만에 발을 디뎠는데, 이는 메이플라워 호의 영국인들보다 33년 앞선 것이다. 1595년에는 또 다른 갤리온 선이 샌프란시스코 만 북쪽의 포인트 레이즈(Point Reyes) 근처에서 난파했고 구조된 생존자들은 북미 어디론가로 흘러들어 갔다.

당시 필리피노(filipino, 필리핀인이라는 스페인어)라는 단어는 존재하지 않았다. 중국인, 필리핀인, 일본인, 말레이인, 캄보디아인, 인도네시아인 등은 일괄해서 치노 인디오인(chino indio)으로 또는 단순하게 치노스(chinos)로 불렸다. 다시 말해서 아메리카 대륙에 들어온 아시아인들은 출신지역과는 상관없이 일반적으로 치노 (chino, 중국인)로 통칭되었는데, 이는 중국인은 말할 것도 없거니와 모든 아시아인들에 해당되는 것이었다.[182]

치노스는 자유의사든 강제적이든 대부분 플랜테이션에서 노동자로 일했다. 치노스로 불렸던 사람들 중에서 필리핀인들은 갤리온 선 운행에 필요한 존재들이었다. 그들은 배를 건조하거나 식량을 공급했고, 갤리온 선의 항해에 크게 기여했다. 그들은 대부분 아카풀코에 도착한 후 필리핀으로 귀환했지만, 일부는 스페인 부왕령에

남아 머물게 되었다. 이들은 아카풀코에서 배를 건조하거나 소규모 가게를 운영하거나 목수, 대장장이, 나무꾼 등의 일을 했다. 멕시코에 들어온 최초의 필리핀인으로 알려진 토마스 팡가시난(Tomás Pangasinan)은 멕시코에 남아 갤리온 선에 실려 온 중국제 옷을 팔았다. 또 다른 사람들은 필리핀 전통주를 위시하여 주류 사업을 벌이기도 했다. 이를 위해서 그들은 16세기 아프리카 노예들이 주로 종사한 카카오 경작을 대체하여 태평양 연안에 야자수를 많이 심었다.

아메리카 대륙에서 중국인들이 정착한 것은 중국과 아메리카가 본격적인 접촉을 하게 된 16세기 후반 명나라 시대로 거슬러 올라간다. 16세기 후반부터 17세기 중엽까지 많은 중국인 상인, 수공업자, 노동자, 선원 등이 중국-필리핀-멕시코 무역선의 항해를 따라서 멕시코에 들어갔고 그곳에서 상업 활동에 종사했다. 그들은 마닐라를 통해서 아메리카 대륙에 갔기 때문에 마닐라의 중국인(chinos de Manila)이라고 불렸다.

이 시기 필리핀에는 많은 중국인이 있었기 때문에 이들 중국인들은 스페인인들과 자연스럽게 많은 접촉을 했다. 중국인들은 스페인 상관(商館)에서 보조 일을 하기도 했고, 갤리온 무역의 생리를 알게 되면서, 멕시코에 가면 그곳에서 많은 부를 얻을 수 있을 것이라고 믿었다. 16세기 말부터 17세기 중반까지 마닐라에 있었던 약 5, 6천 명의 중국인들이 아메리카에 들어간 것으로 추정되고 있다. 마닐라의 몇몇 중국 상인들은 갤리온 선을 타고 아카풀코에 와서 페리아 시장에서 그들이 가지고 온 비단과 도자기를 은과 맞바꾸었다. 사업이 번창하면서 몇몇 중국 상인들은 장사를 지속할 요량으로 아카풀코, 멕시코 시티, 리마, 아바나에까지 진출했다.

16세기에 이미 멕시코 시티에는 중국인들이 모여 살던 차이나타운이 있었다. 1565년에서 1700년까지 7,227명의 중국인들이 있었다고 하는데,[183] 그들의 직업은 주로 선원, 노예, 군인, 상인 등이었다. 한편으로 중국인 중에는 군인도 많았다. 1610년 마카오의 화약전문가인 한 중국인이 멕시코 부왕령의 요청으로 멕시코에 들어왔다. 아시아 출신의 군인들은 스페인 식민지인 필리핀과 멕시코의 초기 군대에서 중요한 역할을 했다.

16세기 말 이래 멕시코에서는 많은 개발과 노동력이 필요했기 때문에 모든 분야에서 노동력이 긴급히 요구되었다. 이런 이유로 스페인 당국은 중국인 노동자들의 아메리카 이주를 허락했고, 그에 따라서 직물, 재단사, 목수, 석공, 이발사 등 1,000여 명이 마닐라를 떠나 아메리카에 왔다. 1635년에는 멕시코 시티에 이미 중국인들이 시의 중심가에 이발소를 차리고 스페인 이발소와 경쟁하고 있었다. 스페인 이발사들은 중국인들로 인해서 경쟁력을 잃자 주지사에게 항의하고 그들을 추방해줄 것을 요구했다. 물론 중국 이발사들은 쫓겨나지는 않았지만, 중국인들은 멕시코에 들어올 때 그 수가 제한되었다.

한편, 멕시코는 하세쿠라 구라파 파견사절단에서 보았듯이 유럽으로 가는 일본인 사절단의 경유지가 되기도 했다. 1613년 하세쿠라 사절단으로 따라간 사람들 중의 일부는 일본으로 귀환하지 않고 스페인 및 멕시코에 주저앉았다. 세비아에서 가까운 코리아 델 리오 (Coria del Río)에는 지금도 하뽄(Japón 또는 Xapón)이라는 성을 가진 사람들이 있는데, 이들이 바로 이때 남은 일본인들의 후손들이다. 한편 멕시코에 잔류한 몇몇 일본인들은 푸에블라나 과달라하라에 거주했다.[184]

아스테카 왕국의 귀족 후손으로서 수도사였던 도밍고 프란시스코 치말파인(Domingo Francisco Chimalpahin)이 원주민 언어인 나우아틀어로 쓴『치말파인의 일기(Diario de Chimalpahin)』에는 교토 출신 다나카 쇼스케를 따라서 1610년 멕시코에 갔던 일본인 상인 사절단 23명 중 3명이 멕시코에 잔류했다고 기록되어 있다.[185] 3년 후인 1613년 외교사절로 멕시코와 유럽을 방문했던 하세쿠라 쓰네나가(支創常長)도 마닐라에서 일본의 아들에게 보낸 한 편지에서 일본인 3명이 멕시코에 남았다고 쓰고 있다. 이 하세쿠라 사절단 일행 중에도 몇 명은 멕시코에 잔류했을 것으로 추측된다.

일본 태생으로 멕시코에 간 몇몇 사람들의 신원도 확인되고 있다. 이들은 루이스 데 벨라스코(Luis de Velasco), 후안 안토니오(Juan Antonio), 루이스 데 엔시오(Luis de Encio), 후안 데 파에스(Juan de Paez) 등으로 알려져 있다. 이들 중 루이스 데 벨라스코와 후안 안토니오 두 사람은 다나카 사절단으로 멕시코에 왔다가 잔류한 세 명 중 두 사람으로 추정된다. 둘 다 멕시코의 부왕을 따라서 스페인으로 갔는데, 루이스 데 벨라스코는 스페인 함선에서 사무장까지 맡는 등 출세했다, 그러나 그 후 빈궁해져 1622년 5월 하인 1명을 대동하고 멕시코로 돌아왔다. 후안 안토니오 역시 스페인에서 10년 거주한 뒤 1624년 2월에 귀국 허가를 요청하고 여비 지급을 인정받은 사실이 확인되는데, 둘 다 그 후의 소식은 전해지지 않는다.

한편 루이스 데 엔시오와 후안 데 파에스에 대해서는 보다 상세한 이야기가 알려져 있다. 루이스 데 엔시오는 후안 데 파에스의 장인이었다. 그는 하세쿠라 사절단의 일원으로 멕시코로 간 것으로 추측은 되지만 확인할 길은 없다. 다만 1595년경에 태어났고 1620년경에 세례를 받아 기독교인이 되었다는 기록이 있다. 멕시코 제2의 도시 과달라하라의 메트로폴리탄 대성당에 남겨진 사망자의 매장 대장에 따르면 "1642년 5월 29일 일본인 아우구스틴 델라 크루스(Agustín de la Cruz)가 과달라하라의 산토 미겔 병원에서 사망했고, 일본인 루이스 데 엔시오가 유언집행인이었다"라고 되어 있다. 당시 루이스 데 엔시오는 소매업을 했던 것으로 추정되는데, 남아 있는 계약서에서 후쿠지 쿠로도(福地藏人)라는 이름의 서명을 볼 수 있다.

그는 스페인과 원주민 사이에서 태어난 메스티소 여성과 결혼하여 10명의 아이를 낳았고 그 딸 중의 하나가 후안 데 파에스와 결혼했다. 그는 나름대로 멕시코에서 경제적 성공을 거두었지만 만년에는 사업에 실패하고 아내의 유산까지도 탕진했다. 그는 1666년 사망했는데, 나이는 71세로 추측된다.[186]

한편, 마닐라 갤리온 선을 타고 많은 흑인 노예들이 아메리카로 들어왔다. 그들은 대부분 모잠비크 출신으로서 노예무역이 폐지된

17세기 후반까지 멕시코로 들어와 하인으로, 수도원, 병원과 같은 종교기관에서 보조원으로, 그리고 석공 및 카카오 플랜테이션에서 노동자로 일했다.

노예의 유입

갤리온 선을 타고 아카풀코에 많은 노예들이 흘러들어 왔다. 이들은 중국인, 일본인, 말레이인, 필리핀인, 자바인, 티모르인, 그리고 벵갈인, 인도인, 실론인, 마카사르인, 티도어인 등 다양한 민족 출신으로 구성되었다. 특히 필리핀인과 중국인이 가장 많았다. 이들 노예들 대부분은 남성으로서 주로 포르투갈 노예상인들이 인도, 벵갈, 말라카, 인도네시아, 일본의 나가사키, 마카오 등 자신의 식민지에서 데리고 왔다. 이들은 노예상인에 의해서 팔려 마닐라로 먼저 왔다가 다시 배를 타고 멕시코까지 오게 되었고, 그들 중 일부는 다시 페루의 리마로 갔다.

당시 스페인인들 사이에서 중국 노예를 거느리는 것은 하나의 유행이었고, 이는 자신이 상층부에 속한다는 것을 의미했다. 이런 배경에서 멕시코의 스페인인들은 멕시코에 거주하던 중국인들을 스페인으로 데리고 갔다. 한 예로 마리아 데 케사다(María de Quesada)라는 여인이 있었는데, 그녀는 마누엘이라는 이름의 중국 태생 중국인을 데리고 있었다. 그는 그녀의 노예가 되기 전에 멕시코에서 세비야로 간 적이 있었는데, 그녀의 아들인 후안 데 케사다가 그를 사서 멕시코로 데리고 오면서 새로운 주인을 만나게 되었다.

최근에 발굴된 자료를 보면, 갤리온 선을 타고 멕시코에 일본인 노예들이 왔다고 한다. 멕시코 국립고문서보관소에 남아 있는 종교 재판 기록에는 가스파르 페르난데스(Gaspar Fernández), 미겔 (Miguel), 벤투라(Ventura)라는 이름을 가진 세 사람이 나오는데, 재판기록에 일본 이름은 언급되어 있지 않지만 그들의 스페인식 이름 뒤에 하뽄(Japón, 일본)이라고 명기된 것을 보면 이들 세 명은 분명히 일본 남성으로 추정된다.

이들 셋은 일본에서 페레스(Peres)라는 포르투갈 노예상인에 의해서 팔려 마닐라로 갔다가 다시 태평양을 건너 멕시코까지 오게 되었다. 그리고 페레스와 함께 종교재판에 연루되었다. 1596년 페레스는 마닐라에 머물 때 "의심스러운 유대인(crypto-judíos)"으로 고발당해 필리핀 식민당국에 체포되어 유죄 판결을 받았고 이단심문을 받기 위해서 1597년 12월 마닐라에서 멕시코로 이송되었다. 이때 그가 받은 종교재판 기록에 함께 나오는 노예들이 바로 그들이다.

가스파르는 일본의 분고(豊後, 현재의 오이타 현) 출생으로 8세 때인 1585년 나가사키에서 7페소에 3년 계약의 노예로 페레스에 팔렸다. 당시 스페인에서 고급 올리브유는 1개당 8페소였다. 자세한 내용은 알 수 없지만, 그는 페레스 밑에서 요리 등 가사노동을 했던 것으로 보인다. 벤투라는 내력이 불분명하지만, 미겔은 1594년 마닐라에서 페레스에게 팔렸다. 가스파르는 종교재판소의 심문에서 식사 내용을 비롯한 페레스 가정의 신앙의 모습 등을 증언했고, 이후

1599년 벤투라와 함께 자신들은 노예가 아니라는 것을 당국에 호소하여 1604년 해방되었다.

마닐라에서 아카풀코에 실려 온 다양한 동양의 상품이나 산물은 멕시코, 페루 및 아메리카의 문화에 큰 영향을 주었다. 그러나 2세기 반에 걸쳐 진행된 갤리온 무역은 단순한 상품의 이동만이 아니라 작물의 교환, 인적 교류, 그리고 유행, 관습, 삶의 스타일, 예술까지도 서로 교환했다. 그리고 이 무역과 연결된 모든 나라들에 건축, 예술, 종교, 관습, 음식 등 정신적, 사회적, 경제적, 문화적으로 깊은 영향을 끼쳤다.

항해와 사고

갤리온 선의 난파와 조난

250년 갤리온 무역의 역사에서 볼 때 갤리온 선의 난파 또는 조난은 하나의 재앙이었다. 대부분의 사고는 필리핀 해역에서 많이 일어났다. 마닐라와 아카풀코 사이의 1만 6,000킬로미터 왕복 여행의 거리에서 해난사고의 90퍼센트는 거의 필리핀, 일본 그리고 마리아나 제도의 서쪽 지역에서 일어났다. 이 중 70퍼센트는 필리핀 해안 및 인근 군도 지역의 해역에서 발생했다. 캘리포니아 북부 해안에서는 단 한 건의 사고만 발생했다.[187]

전부는 아니지만 대부분의 사고는 기상 조건이 좋지 않을 때 일어났다. 태평양 왕복은 그 여정이 상당히 길었음에도 불구하고 왕복 모두 무역풍을 타면 비교적 순탄하게 항해할 수 있었다. 이 점을 고려하여 마닐라-아카풀코 항로를 이용할 때에는 일반적으로 항로 서쪽 끝에 도달할 때까지 순풍 및 바다 상태가 좋을 때 항해하도록 했다. 그리고 엄격한 안전조치의 필요성이 강조되었고, 기상, 지형 및 인간의 오류를 최소한으로 줄여 태평양을 항해토록 했다.

마닐라에서 아카풀코로 가려면 필리핀 군도 지역을 빠져나가야 했다. 그 길은 위험한 조류, 구불구불한 바닷길 암초, 수심 낮은 섬 사이를 지나야 하는데 이것이 보통 어려운 것이 아니었다. 게다가 몬순과 예기치 못한 태풍으로 안전을 보장할 수 없었다. 다시 말해서, 마닐라의 카비테 항을 나와 민도로 섬 사이의 해협을 끼고 남하하여 루손 섬과 사마르 섬 사이의 엔보카데로(Enbocadero)를 거쳐 아카풀코로 가는 항로(paso de Acapulco)로 불렸던 산 베르나르디노 해협을 빠져나와 태평양으로 들어설 때가 가장 힘들었다. 갤리온 선 사고는 주로 여기에서 일어났다.[188] 이는 아카풀코에서 회항하는 배가 다시 여기를 통해서 마닐라로 들어갈 때도 마찬가지였다. 그렇게 장거리도 아닌 이 해역을 통과하는 데에만 통상 1개월에서 2개월 정도 시간이 걸렸다.

이 필리핀 군도 해역의 통과가 어렵다는 사실은 항로 전체에서 갤리온 선들이 난파되었다는 것을 보면 잘 알 수 있다. 태평양에서 아카풀코로 향하는 배들은 서태평양의 태풍 집중 지역을 뚫고 지나가야 했다. 이 해역에서 일어난 모든 해상 사고는 갑작스러운 폭풍이나 태풍 외에 과적, 선체의 누수 때문에 일어났다.

갤리온 선은 250년 동안 마닐라와 아카풀코를 총 400회 운행했는데, 그중에 난파 사고는 59건, 조난이나 표류는 35건이었다. 갤리온 선이 처음 취항하고 35년 동안 13척의 배가 침몰하는 사고가 있었는데, 이는 마닐라-아카풀코, 아카풀코-마닐라 전체 출항 수 40건 중 32퍼센트를 차지한다(아래 도표 참고할 것). 아카풀코로 떠나는 마닐라 갤리온 선은 허가된 양보다 더 많은 화물들을 적재했는데, 이런 과적이 사고의 원인이었다. 당시 많은 사람들은 갤리온 무역의 이득이 엄청나다는 것을 알고 너도나도 투자를 했고, 심지어 여성들까지도 자신의 보석을 팔아 이 무역에 투자했다. 특히 밀무역은 배의 과적을 초래했고 갤리온 선의 지속적인 난파 원인이 되기도 했다.[189]

마닐라 갤리온 선의 해상사고의 빈도와 비율

기간	마닐라-아카풀코 항해 횟수	아카풀코-마닐라 항해 횟수	총 항해 횟수	해상 사고의 수	사고 비율 (%)
1565-1600	18	22	40	13	32.5
1601-1700	71	90	161	27	16.77
1701-1800	86	88	174	18	10.34
1801-1815	13	11	24	1	4.1
총	188	212	400	59	14.75

출처 : Isorena, Efren B.(2015), "Maritime Disasters in Spanish Phillippines: The Manila-Acapulo Galleons, 1565-1815", *IJAPS*, Vol. 11, No. 1, p. 64.

17세기에는 27건의 난파 사건이 있었다. 이 세기에는 선박의 규모가 확대 추세에 있었고 그에 따라서 화물 및 승객 수도 증가하고 있었다. 스페인 왕실의 무역규제에 대한 칙령을 위반하고 갤리온 선의 톤수를 늘이게 되면서 해상 재해의 가능성도 그만큼 증대했다. 그러나 17세기의 사례를 보면 의외로 재난은 50퍼센트 감소했다. 그렇지만 태평양의 전 항로를 횡단한 선박의 규모와 화물의 부피가 증가하여 사상자의 수나 막대한 경제적 손실액을 보면 재난의 규모는 더 커졌다고 할 수 있다. 예를 들면, 1608년에 산 프란시스코 호가 침몰하면서 400명이 목숨을 잃었다.

누에스트라 세뇨라 델라 콘셉시온(Nuestra Señora de la Concepción) 호는 1638년 침몰해 400명이 사망했고, 54명이 행방불명되었다. 1649년에 누에스트라 세뇨라 델라 엔카르나시온(Nuestra Señora de la Encarnación) 호에서는 침몰로 200명이 죽었고 55명이 사라졌다. 산 호세(San José) 호는 1694년에 사고를 당해 400명이 사망했다. 해난 사고로 인한 이런 손실이 사회에 미치는 영향은 대단히 컸다. 경제적 손실을 보면, 콘셉시온 호에는 400만 달러 상당의 화물, 귀중품이 있었는데 사고로 전부 잃었고, 산토 토마스(Santo Tomás) 호는 1601년 재난으로 50만 페소(250만 달러의 가치)의 화물을 잃었다. 1616년 일본에서 난파된 산티시마 트리니다드(Santísima Trinidad) 호는 300만 달러 상당의 화물을 선적하고 있었다. 이제까지 건조된 선박 중에서 가장 대형선이었던 산 펠리페(San Felipe) 호에는 1691년 사고를 당했을 때 평소보다 더 많고 값비싼 상품들이 실려 있었다.

250년 동안 이루어진 총 항해 중 난파선 수는 15퍼센트에 불과하여 사고의 빈도수는 그리 많지 않다고 할지 모르지만, 이러한 사고로

그림 61. 난파한 갤리온 선

인한 인명 손실 및 경제적 손실 그리고 무형의 손해를 포함한 사회적 고통은 엄청났다. 특히 필리핀 식민지의 군인이나 성직자들의 봉급, 그리고 필리핀 총독부의 식민 체제 강화를 위해 멕시코 부왕청이 매년 보낸 '시투아도' 보조금을 실은 배가 해난 사고를 당하면 그 피해는 필리핀 총독부를 비롯하여 현지사회에 즉각적인 영향을 미쳤다. 아무튼 마닐라에서 아카풀코로 가는 배든, 아니면 아카풀코에서 마닐라로 가는 배든, 어느 쪽이든 갤리온 선의 손실은 필리핀 주민들에게 많은 고통을 초래하였다.[190]

산 펠리페 호의 난파와 나가사키 순교

1596년 7월 12일 고가의 화물들을 싣고 마닐라를 출항한 산 펠리페 호는 멕시코를 향해 태평양을 횡단하던 중에 동중국해에서 태풍을 만났다. 펠리페 2세의 이름을 딴 산 펠리페 호는 당시 최대급의 범선으로서 선형(船形)은 날렵했고, 흘수도 얕아 빠른 속도를 낼 수 있었으며 짐도 많이 실을 수 있는 전형적인 갤리온 선이었다. 그러나 안정성이 떨어져 전복 위험은 그만큼 큰 단점이 있었다. 결국 폭풍우 속에서 배는 안정을 잃고 흔들렸고 게다가 방향타마저 고장이 나면서 배가 제대로 움직이지 못하자 선원들은 주 마스트를 없애고 400여 개의 화물을 버리는 등 난관을 극복하고자 했지만, 많은 선원들이 부상을 입었고 선체도 심하게 손상되었다. 결국 거센 바람과 파도에 표류하다가 1596년 8월 28일 일본 시코쿠(四國)의 도사(土佐) 해안에 표착했다.

이 소식을 들은 도사의 다이묘 조소카베 모토치카(長宗我部元親)는 우라도(浦戶) 만으로 배를 견인하고 화물을 내린 뒤 선원들을 나가하마(長浜 : 현재의 고치[高知] 시 나가하마) 마을에 수용했다. 그리고 사건 일체를 히데요시에게 보고했다. 그러자 히데요시는 마시타 나가모리(增田長盛)를 보내 승무원을 전원 억류하고 화물을 몰수했다. 조난자들은 구출되었지만, 화물의 소유권을 둘러싸고 문제가 발생했다. 당시의 일본 자료를 보면 그 화물의 일부를 알 수 있는데, 거기에는 "최고급 공단(繻子) 5만 필, 금란단자(金欄緞子

그림 62. 산 펠리페 호

: 금실을 씨실로 하여 무늬를 놓은 화려한 비단의 일종) 5만 필,
금괴 1,500개, 살아 있는 사향사슴 10마리, 당목면(唐木綿) 26만 필,
생사 16만 근, 사향 상자 1개, 살아 있는 원숭이 15마리, 앵무새
2마리"가 있었다.[191]

당시 스페인의 도선사였던 프란시스코 데 올란디아(Francisco
de Olandia)가 내뱉은 말 하나는 사태를 걷잡을 수 없을 정도로
악화시켰다. 그는 산 펠리페 호의 나포와 관련하여 히데요시가 필리
핀 총독에게 사실과는 다르게 스페인인들을 구조하고 있다는 서한
을 보냈다는 사실을 알게 된 뒤, 이에 분노하여 세계지도를 마시다
나가모리에게 보여주면서 스페인이 얼마나 광대한 영토를 가지고
있는지, 일본은 얼마나 작은 나라인지를 언급했다. 그리고 스페인

국왕은 우선 선교사를 해외로 보내고, 그 뒤 포교사업과 함께 정복사업을 진행한다는 식으로 말했다. 이 말은 히데요시의 귀에 들어갔고 곧 교토와 오사카에서 포교하던 프란체스코회 선교사 및 일본인 신도들이 체포되었다. 그들은 나가사키로 보내졌고 그곳에서 일본 최초의 기독교 순교사건이 생기게 되었다.[192]

한편 산 펠리페 호는 일본에서 수리를 마친 후, 란데초 선장을 비롯하여 선원들은 이듬해 봄 우라도를 떠나 마닐라로 돌아갔다. 당시 필리핀의 테요 데 구스만 총독은 루이스 나바레테 파하르도 선장을 일본에 파견하여 나가사키 순교 사건에 대해서 항의하고 산 펠리페 호의 화물에 대한 배상을 요구하였다. 그러나 그 배상은 이루어지지 않았고, 이에 스페인은 보복 차원에서 마닐라 거주 일본인을 추방했다.

산 프란시스코 호의 조난 : 비베로와 일본의 만남

1609년 9월 필리핀 임시 총독으로서의 임무를 마치고 멕시코로 귀국길에 올랐던 로드리고 데 비베로를 태운 갤리온 선인 산 프란시스코 호가 폭풍을 만나 일본 해안에서 좌초한 사실은 이미 앞에서 언급한 바 있다. 이 사고로 승선자 373명 중 56명이 익사하고 로드리고 데 비베로를 비롯한 나머지 317명은 현지 주민들의 구조 활동으로 목숨을 건질 수 있었다. 산 프란시스코 호와 함께 마닐라를 출범한 같은 선단의 두 척 중 산 안토니오(San Antonio) 호는 아무런 피해 없이 그대로 아카풀코로 직행했고, 또 다른 산타 아나(Santa Ana) 호는 유타카후(臼杵 : 현재의 오이타[大分] 현)에 표착했지만, 수리 후 곧바로 멕시코로 귀환했다.[193]

산 프란시스코 호는 1585년경에 건조된 갤리온 선으로, 무게 915 톤, 전장 35미터, 선폭 10미터로, 이 배에는 22문의 대포가 탑재되어 있었고 67명의 선원과 127명의 군인 및 나머지 승선자들이 타고 있었다. 1588년 영국과 전쟁을 했을 때는 징발되어 기함의 역할도 한 무역선이자 군함이었다.

나중에 비베로가 이 사건과 관련하여 보고서를 썼는데, 여기서 그는 그가 탔던 배가 일본 근해의 정규 항로를 벗어나서 난파당한 원인이, 그의 후임으로 부임한 후안 데 실바 총독이 임명한 후안 에스케라(Juan Esquera) 함대 사령관의 항해 기술에 문제가 있었다는 점을 지적하면서 이에 대한 본국 정부의 결정을 비판하고 있다. 보다 근본적인 이유는 실바 총독이 너무 늦게 마닐라에 오는 바람에 비베로 역시 필리핀을 늦게 출발한 데에 있었다. 비베로는 1609년 7월 25일 마닐라를 떠났는데, 통상 이 시기는 갤리온 선이 태평양을 횡단하기에는 너무 늦은 날짜였다. 왜냐하면 7월은 태풍이 몰려오기 시작하는 무렵이기 때문이었다.

비베로는 멕시코 귀임 후에 『일본과의 관계(Relación del Japón)』 라는 제목의 일본 견문기를 썼는데, 일본에서의 조난 사고를 이렇게 언급하고 있다.

"1609년 9월 30일, 영광스러운 성 헤로니모 축일 때 필리핀 총독부에서의 나의 임무가 종료된 날, 나를 태우고 필리핀을 출발한 갤리온 산 프란시스코 호가 항로를 잃었다. 이 지역에서 폭풍우를 만나고 난파를 당하는 것은 결코 드문 일이 아니지만, 그때의 모습을 기록해두기로 한다. 출항 65일째에 우리는 불운에 직면하게 되었다. 이 끔찍한 재난이 북쪽의 바다에서 일어난 것인지, 남해였는지 확실하지는 않지만, 계속 이런저런 곤란을 겪으면서 배는 일본의 남쪽 끝으로 생각되는 북위 33.5도의 암초에 부딪혀 대파했다. 심한 타격을 받은 배는 파도에 휩쓸리며 정확히 일본 열도의 끝인 북위 35.5도에 겨우 도착했다. 그러나 이것도 하나님의 뜻이었는지 갤리온 선에 실려 있던 200만 두카도 재산도 모두 함께 사라졌다. 배는 흔적도 없이 파괴되었기 때문에 목숨을 건진 사람은 밤 10시에 암초에 올라가서 이튿날 해 뜰 때까지 밧줄을 잡고 밤을 보냈다. 일부 용감한 선원들도 익사하거나 파도에 시달린 시신 50여 구가 흘러가는 것을 보고는 자신도 이제 마지막이구나 하면서 하느님께 기도하기 시작했다. 그러나 하느님의 깊은 자비로 구원을 받은 우리는 선미의 나무 조각과 널조각을 잡고 육지로 향했다. 강인하고, 운 좋게 육지에 도착한 사람들 중에 옷조각을 약간이라도 걸친 사람은 복 받은 사람이었다. 조타원 하나가 이 위도에서 볼 때 여기가 일본이라고 생각할 수 없다고 말했다. 그래서 나는 이 섬이 무인도인지, 도대체 여기가 어디인지, 육지에 오르면 무엇이 보이는지, 높은 곳에 올라가 살펴보라고 두 선원들에게 일렀다. 잠시 후 두 사람이 돌아와서는 기쁜 표정으로 논밭이 보인다고 보고했다. 그러나 문제는 이제 우리의 음식이 얼마 남지 않은 것이었다. 우리의 생명을 지켜줄 무기도, 병력도 조금밖에 남아 있지 않았다. 만약 이 섬의 주민들이 우리를 친절하게 받아주지 않으면 어떻게 하나 생각하던 참에 15분 정도 후에 일본인들이 왔다. 우리는 더할 나위 없이 기쁘기 그지없었다. 특히 나로서는 더 감격하지 않을 수 없었다. 내가 필리핀에 부임하기 전, 필리핀을 통치하고 있었던 아우덴시아(Audiencia : 사법행정원)가 200명의 일본인을 포로로 한 적이 있었다. 그런데 내가 부임 후 조사해보니 일본인 포로들의 변명이 정당했기 때문에 나는 그들을 감옥에서 석방했을 뿐 아니라 고국까지 무사히 귀국할 수 있도록 선박과 여비를 제공한 적이 있었다. 그 후 일본의 고위직으로부터 깊은 감사의 말을 받은 적이 있었다. 나는 이것을 깊이 마음에 새겼고 이들의 후의를 항상 마음에 품고 있었다. 그런데 마침내 그 기대에 부응하는 기회가 도래했다. 다시 이야기로 돌아가서, 5~6명의 일본인이 우리 쪽으로 다가오고 있었는데 그들의 말과 표정에서 우리를 불쌍히 여기는 모습이 역력히 드러났다. 나는 배가 출항한 후 동행했던 기독교 신자인 일본인을 통해서 우리가 어디에 있는지 물어보라고 일렀다. 그랬더니 그들은 조금 생각하고 나서는 이곳은 일본이고 자기들은 여기서 1.5레구아 떨어진 유반다라는 마을 사람이라고 답했다. 그 마을로 가는 도중이었는데, 살을 에는 차가운 바람이 불고 있었다. 일본 열도의 겨울바람은 매서웠고 우리가 상륙했을 때는 이미 초겨울이었다. 우리는 제대로 옷도 걸치지 않은 볼품없는 모습으로 일본 열도의 끝처럼 생각되는 마을에 도착했다. 나는 이곳이 아마도 이 나라에서 가장 외지고 가난한 마을이 아닐까 생각했다. 영내의 혼다(本多) 가문은 300명 미만의 가신만 거느리고 있어 소득이 한정되어 있었다. 후에 접하게 되지만 많은 신하를 거느리고 광대한 영지를 소유한 난공불락의 성과는 비교가 되지 않았다. 마을에 도착하자 나는 동행한 일본인 통역을 시켜 내가 루손 섬의 총독이었음을 전했고, 우리에게 닥친 재난에 대해서 설명했다. 그들은 우리의 처지를 안타깝게 여겼고, 심지어 여자들은 눈물을 흘리기까지 했다. 일본인은 매우 동정심이 강한 것 같았다. 여자들은 남편의 옷을 가져와 우리에게 빌려주었다. 그것은 기모노라는 면으로 된 옷이었다. 여자들은 실제로 우리에게 그 옷을 가져다주었다. 또 그들의 식량인 쌀과 무, 가지 등과 같은 야채 외에도 마을의 바닷가에서는 고기잡이를 할 수 없었음에도 불구하고 우리에게 생선을 종종 대접했다."[194]

이 예기치 않은 해난 사고를 계기로 비베로는 일본에 9개월 동안 머물렀고 일본 각지를 여행했으며, 나중에는 현지에 있던 스페인 신부의 도움을 받아 도쿠가와 이에야스를 접촉했고 이를 통해서 일본과 멕시코 간의 통상 협상을 벌였다. 이 사건이 중요한 것은 비록 성사는 되지 않았지만, 이 사건을 계기로 일본과 멕시코가 공식적인 우호 관계 수립을 향한 발판을 마련했다는 점이다.

한편, 이에야스는 귀환하는 배를 잃어버린 비베로 일행을 위해서 선박을 건조했는데, 그 배가 산 부에나벤투라 호(일본명 : 안진마루 [按針丸])였다. 이 배는 윌리엄 애덤스라는 영국인이 설계한 두 척의 배 중 하나였다. 애덤스는 1600년 네덜란드의 동양 파견 함대의 항해사로 네덜란드 선을 탔다가 배가 일본에 표착했고, 이후 애덤스의 조선 기술과 능력을 높이 산 이에야스에 의해서 그의 고문으로 임명된 인물로서 후에 에도 막부로부터 영지를 하사받았고, 미우라 안진(三浦按針)이라는 일본 이름도 부여받았다.

영국인이 설계는 했지만 산 부에나벤투라 호는 태평양을 횡단한 최초의 일본 선박이었다. 1610년 8월 비베로는 교토, 오사카의 일본 상인들과 함께 120톤급 산 부에나벤투라 호를 타고 우라 항을 출발했다. 당시 이에야스는 비베로에게 귀국 여비로 4,000두카도를 빌려주는 호의를 베풀었고, 비베로에게는 멕시코에 도착하면 산 부에나벤투라 호를 매각하여 그 대금을 일본인들의 귀국 비용에 써달라고 요청했다.

1610년 10월, 비베로는 멕시코 부왕령에 무사히 귀환했고 이후 관리의 길을 순조롭게 갔다. 그리고 그의 조난 기록과 일본에 머무는 동안 일본 곳곳을 여행한 뒤 앞에서 언급한 일본과 일본인에 대한 인상을 쓴 일본 견문기를 출판했다.

15

갤리온 선과 영국 해적

영국 해적과 갤리온 선의 나포

마닐라 갤리온 루트는 멕시코와 필리핀을 잇는 경제적, 정치적 연결고리로서 16세기 중반부터 2세기 반 동안 귀금속과 상품을 운송하면서 광대한 태평양을 횡단했다. 이런 상황에서 마닐라 갤리온 선은 17세기부터 해적들의 좋은 먹잇감이 되었다. 물론 해적들의 횡포는 16세기에도 카리브 제도를 중심으로 스페인과 멕시코 사이의 "인디아스 루트" 선단에 마찬가지로 자행되었다. 그러나 영화나 소설에서 보듯이 영국과 네덜란드의 수많은 해적들에 의한 스페인 갤리온 선의 나포 및 전리품에 대한 이야기는 잘 알려져 있지만, 사실은 많은 부분에서 과장되어 있다. 다시 말해서 갤리온 무역의 역사에서 스페인의 배들은 영국 해적의 목표물이기는 했지만, 2세기 반이라는 긴 기간과 마닐라와 아카풀코 간의 장거리를 고려할 때 실제로 그렇게 많은 사고는 일어나지 않았다. 갤리온 무역이 진행된 1565년에서 1815년 동안 마닐라와 아카풀코를 왕복 횡단했던 108척의 갤리온 선 중에 실제로 나포된 스페인의 갤리온 선은 고작 4척에 지나지 않았다. 17세기에는 단 한 척의 스페인 배도 나포되지 않았다.

1587년 영국의 해적인 토마스 카벤디쉬(Thomas Cavendish)에 의해서 최초로 산타 아나 호가 나포되었고, 이후 1709년 멕시코 동북부 바하 캘리포니아(Baja California)에서 웃즈 로저스(Woodes Rogers)에 의해서 나포된 엔카르나시온 호, 1743년에 조지 앤슨(George Anson)에 의해서 나포된 코바동가(Covadonga) 호, 그리고 1762년에 사뮤엘 코니시(Samuel Cornish) 제독의 영국 프리깃 함에 나포된 산티시마 트리니다드 호이다. 이 4척의 갤리온 선 중 후자의 2척은 필리핀 해역에서 나포되었다. 1704년 로사리오(Rosario) 호와 1709년 베고니아(Nuestra Señora de Begoña) 호는 영국 군함의 습격을 받았지만, 나포되지 않고 무사히 항구에 귀항했다.

영국과 네덜란드는 서로 다른 이유로 언제나 필리핀 섬에 대해서 침략을 기도했다. 16세기 이래 영국은 해적이 지휘하는 대원정대를 조직했는데, 이것은 영국 왕실 자체가 능동적으로 참여한 전략적 사업이었다. 이 원정대의 목적은 그때까지 포르투갈과 스페인의 수중에 있었던 아메리카 대륙과 유럽의 교역을 지배하는 것이었다. 이 원정대는 자주 해적 행위를 하여 스페인의 아메리카 식민지 주변의 바다를 누비면서 스페인령 식민지 해안이나 배를 목표로 노략과 약탈을 일삼았다. 이 시기에 가장 유명했던 해적은 프랜시스 드레이크(Francis Drake; 1545?~1596)였다. 당시 엘리자베스 여왕은 정기적으로 이 사업의 파트너로 참여했고, 이 해적질을 통해서 많은 부를 취했다. 이런 점에서 왜 드레이크가 기사의 작위를 받았는지 잘 알 수 있다. 그럼에도 드레이크는 한 번도 태평양으로는 진출하지 못했고, 그의 활동 범위는 페루, 칠레, 멕시코에만 한정되어 있었다. 물론 그도 캘리포니아 해안에서 마닐라 갤리온 선을 한 번 공격한 적은 있지만 실패했다. 그리고 윌리엄 댐피어(William Dampier), 존 클리퍼튼(John Clipperton) 같은 유명한 해적들도 중국해를 중심으로 마닐라 갤리온 선에 대해서 비슷한 공격을 시도했지만, 성공하지는 못했다.

당시 인디아스 루트, 즉 대서양 항로의 배들과는 달리, 마닐라 갤리온 선은 늘 군함의 호위를 받지는 않았다. 영국과의 전쟁이나 긴장 관계가 고조되었을 경우 스페인은 함대를 보내 마닐라 갤리온 선을 호위했다. 예를 들면 1796년 영국이 스페인에 적대 선언을 하고 전쟁 상태에 들어갔을 때 스페인은 알라바(Ignacio Maria de Alava) 사령관이 지휘하는 호위함들과 프리깃 함을 필리핀에 보내 그곳에 6년간 머무르며 갤리온 무역선을 보호한 경우는 있었다.

산타 아나 호의 나포

영국에 의해서 나포된 최초의 갤리온 선은 산타 아나 호였다. 당시 해적이었던 토마스 카벤디쉬는 포로였던 스페인의 승무원으로

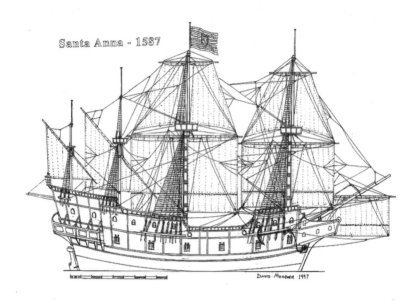

그림 63. 산타 아나 호

부터 산타 아나 호의 아카풀코 도착이 가까워졌음을 미리 알고는
디자이어(Desire) 호, 컨텐트(Content) 호, 두 척의 군함을 거느리
고 캘리포니아의 산 루카스 곶(Cabo de San Lucas)에서 숨어
기다리다가 1587년 11월 4일 이곳을 지나가던 산타 아나 호를
공격했다. 영국의 함선은 크기는 작았지만(디자이어 120톤, 컨텐
트 60톤) 각각 18문과 10문의 대포를 보유하고 있었다. 그러나
토마스 데 알솔라(Tomás de Alzola) 선장이 지휘한 600톤급의
산타 아나 호에는 대포가 없었고 별다른 저항을 하지 못한 채
항복했다.

222

당시 영국 해적이 취한 전리품의 대다수는 호화로운 중국의 비단이었지만, 상당한 양의 금도 있었다. 그들은 전리품으로 금, 비단, 향수 제조용 사향, 향신료, 와인 등 싣고 갈 만한 물건들을 모두 배에 옮겨 실었다. 이 물품들의 가치가 얼마나 되는지 지금으로서는 상세히 알 수 없지만, 당시 돈으로 200만 페소의 가치가 있었다고 한다. 카벤디쉬는 생존자 90여 명을 해안의 산 루카스 곶으로 데리고 가 풀어주었고 산타 아나 호에 불을 질렀다. 생존한 스페인인들은 구조되어 1587년 12월 7일 아카풀코로 귀환했다. 그중에는 앞에서 언급했던, 탐험가로서 이름을 떨치고 나중에 멕시코 부왕이 보낸 외교사절이 되어 일본을 방문하고 금은도를 찾아나섰던 유명한 세바스티안 비스카이노도 있었다.

한편, 영국은 일본 선원 두 명, 필리핀 소년 세 명, 중국 사정에 밝았던 포르투갈 여행자 한 명, 그리고 스페인 항해사 한 명을 데리고 갔다. 11월 30일 이들은 태평양으로 다시 나섰고 괌, 필리핀, 자바 등을 거쳐 희망봉을 돌아 플리머스(Plymouth) 항을 떠난 지 2년여 만인 1588년 9월 9일 영국으로 귀환했다. 그리고 11월 5일에 테임스 강에서 스페인으로부터 약탈한 전리품을 전시했고 엘리자베스 여왕을 선상에 초청하여 만찬회를 열었다. 이때는 영국이 스페인의 무적함대(Armada Invencible)를 격퇴한 후라 영국 전체가 축제 분위기에 휩싸여 있었다.[195]

토마스 카벤디쉬(1560. 9. 19~1592. 5)는 영국의 탐험가이자 해적으로서 항해자(The Navigator)로 알려진 인물이다. 그는 드레이크를 흠모했던 인물로 그를 모방하여 태평양 상에 있던 스페인 항구나 마을 그리고 배들을 습격했다. 지구를 한 바퀴 돌기도 했는데 그보다 먼저 세계일주를 한 마젤란이나 로아이사, 드레이크나 로욜라와 다른 점은 그의 세계일주는 처음부터 의도적인 것이었기 때문이다. 그의 첫 번째 세계일주는 그에게 많은 부를 안겨주었다. 그는 태평양과 필리핀에서 많은 금과 비단, 보물들을 스페인인들로부터 탈취했다. 그가 가장 큰 부자가 되었던 것은 600톤급의 스페인 갤리온 선 산타 아나 호를 나포했을 때였다. 그는 나중에 영국으로 귀환하여 엘리자베스 여왕으로부터 기사 작위를 받았다. 그리고 두 번째 세계일주를 떠났다가 31세의 나이로 바다에서 죽었다.

엔카르나시온 호의 나포

엔카르나시온 호는 멕시코와 필리핀 간을 항행했던 갤리온 선으로서 "데센가뇨(Desengaño)", 즉 "환멸"이라는 별칭으로도 불리고 있었다. 이 배는 아카풀코와 마닐라를 오고 가면서 아시아 지역의 보물, 그리고 군대, 인력, 무역용 물품을 운송했다. 이 배의 선장은 광둥 상관(商館) 출신의 프랑스인 장 프레스베르티(Jean Presberty)였다. 그는 엔카르나시온에 193명의 승무원을 태우고 페르난도 데 앙굴로(Fernando de Angulo) 선장이 이끄는 기함(旗艦) 베고냐 호와 함께 마닐라를 출발했다. 엔카르나시온 호의 선장이 프랑스인이었다는 사실은 갤리온 선의 선장이 될 수 있는 자격이 이베리아 반도 출신이나 식민지 크리오요(criollo)와 같은 스페인인만이 할 수 있었음에 비추어 볼 때 특이한 경우였다. 당시 마닐라에는 갤리온 선을 운행할 선장이 부족했는데, 이런 상황에서 종종 외국인이 선장을 하는 경우도 있었다.

엔카르나시온 호는 태평양을 횡단하는 여정에서 베고냐 호와 따로 떨어져 홀로 아카풀코로 향했다. 1709년 12월 22일, 영국의 소함대는 산 루카스 곶에서 멕시코로 접근하던 이 배를 발견했고, 웃즈 로저스가 지휘하던 함대는 일제히 공격을 시작했다. 로저스의 해적선은 듀크(Duke) 호, 더치스(Duchess) 호 및 마르키스(Marquis) 호 3척이었는데 이 배들은 1709년 5월 프랑스로부터 포획한 것이었다. 이 영국함들은 2개월 전부터 마닐라 갤리온 선의 항해 노선을 미리 예상하고 그 길목에서 기다리고 있었다.

양측은 가까운 거리에서 교전했지만, 승부는 영국의 승리로 쉽게 끝났다. 이 전투로 스페인 측에서는 20명이 숨졌고 영국은 9명이 죽었다. 영국인 몇 명은 포탄 가루에 화상을 입었고, 로저스 역시 턱뼈가 부서지는 심각한 부상을 입었다. 전투가 끝나고 20명의 필리핀 선원들을 제외한 나머지 스페인 포로들은 모두 풀려났다. 물론 선장인 장 프레스베르티는 인질로 남았다.

그리고 며칠 후 엔카르나시온의 기함이었던 베고냐 호가 그 지역에 도착하면서 1709년 12월 25일 다시 로저스 함대와 조우하여

전투가 있었다. 그러나 영국 함대는 베고냐 호를 격퇴시키는 데에
실패했다. 450명의 승무원에 60문의 대포를 가지고 있었던 베고냐
호는 역으로 영국 함대에 강력하게 맞섰고, 이에 로저스 함대는
전투를 중지하고 퇴각했다.

이렇게 해서 남게 된 엔카르나시온 호는 영국인에 의해서 배칠
러(Bachelor)라는 새로운 이름을 가지게 되었고 선장에 토마스
도버(Thomas Dover), 그리고 1등 항해사로 알렉산더 셀커크
(Alexander Selkirk)가 임명되었다. 여기서 하나 흥미로운 것은
로저스는 1709년 1월 초 영국의 브리스톨(Bristol) 항을 떠나 희망
봉을 거쳐 후안 페르난데스(Juan Fernández) 섬에 상륙했고 거기
서 한 스코틀랜드인을 만나게 되는데, 그는 배에서 조난당한 뒤
무인도에서 홀로 4년 넘게 살았던 셀커크였다. 이 사람이 바로
유명한 다니엘 디포의 소설『로빈슨 크루소(The life and Strange
Surprising Adventures of Robinson Crusoe)』의 실제 인물이었다.
아무튼, 로저스가 이끄는 3척의 배는 바하 캘리포니아에서 서쪽으
로 횡단하여 스페인의 식민지였던 괌을 경유해서 1711년 10월
14일에 영국에 귀향했다.

한편 엔카르나시온 호의 나포를 포함하여 해상에서 혁혁한 무공
을 세웠던 로저스는 영국에 기여한 공로를 인정받아 나중에 바하마
의 총독을 두 번이나 역임했고, 자신의 항해 무용담을 담은『멋진
해적들의 약탈과 살인에 대한 이야기(A General History of the
Robberies and Murders of the Most Notorious Pyrates)』라는 책을

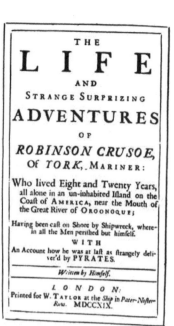

그림 65. 다니엘 디포의 『로빈슨 크루소』 초판본 커버

그림 66. 바하마 총독 재직 시의 웃즈 로저스(오른쪽)

가명으로 출판했다.

엔카르나시온 호가 나포되고 3년 후인 1714년, 이 사건과 관련하여 마닐라의 레알 아우디엔시아(Real Audiencia : 왕립사법행정원)에서 재판이 열렸다. 여기에서 장 프레스베르티는 배를 지휘하거나 원거리 항해를 수행할 자격이나 경험이 없는 무능한 사람으로 판명되었고, 앞으로는 외국인에게는 선장 자리를 허용해서는 안 된다는 주문이 있었으며, 엔카르나시온의 손실은 전적으로 프레스베르티에 있다고 선고했다.

한편, 스페인의 후안 안토니오 피멘텔(Juan Antonio Pimentel) 괌 총독은 엔카르나시온 호와 관련된 전후 사정을 모른 채 양식과 물을 보급하는 등 영국인들을 환대했는데, 이 때문에 그는 나중에 필리핀 법정에 소환되어 처벌을 받아 마닐라의 감옥에 몇 년 동안 수감되었다.

코바동가 호의 나포

코바동가 호는 1730년 쌍둥이선인 필라르(Nuestra Señora del Pilar) 호와 함께 건조되었다. 무게 1,000톤, 전장 36미터, 선폭 9미터였다. 이 배에는 50문의 대포가 설치되어 있었고, 460명의 인원이 탑승할 수 있었다.

1733년 첫 출항 이래 여러 차례 함장과 선장을 바꿔가면서 상품을 싣고 마닐라와 아카풀코 간 태평양을 항해했다. 1742년 7월 22일에 코바동가 호는 루이스 만소 데 벨
라스코(Luis Manso de Velasco)를
지휘관으로 하여 카비테 항구를 떠
나 1743년 2월 18일 아카풀코에 도
착했다. 그리고 4월 15일 130만 페
소 어치의 물품과 다량의 은(3만
5,000온스)을 싣고 아카풀코를 출
발했다. 6월 16일, 에스피리투 산토

그림 67. 죠지 앤슨(1697~1762)

곳에 도달했을 때, 조지 앤슨
(George Anson)이 지휘하는 영국 프리깃 센츄리온 호에 나포되었다.

사실 앤슨의 이런 노략질은 영국 해군이 조직한 것으로서 이는
영국의 중요한 외교정책을 구현한 것이었다. 당시 영국은 스페인이
자신의 식민지와 교역을 독점하는 것에 대해서 자국의 상인들이
많은 불만을 품고 있다는 사실을 잘 알고 있었고, 이런 상황을 타파하
기 위해서는 강력한 군사적 행동이 필요하다는 것을 인식하고 있었
다. 프랑스는 영국보다 먼저 이미 루이 14세 때 이런 전략을 통해서
페루와 칠레에 진출하고 있었다. 영국 정부는 스페인의 남미 식민지
에서 스페인 군사력이 약하다는 사실을 꿰뚫고 있었고, 또 아메리카
대륙의 크리오요가 본국의 간섭을 배제하고 외국과 무역을 하고
있다는 사실도 알고 있었다.

1713년 위트레흐트 조약으로 영국은 페루의 포르토벨로
(Portobelo)에서 교역을 할 수 있는 권리를 획득했다. 그러나 교역선

그림 68. 조지 앤슨의 코바동가 호 나포. 왼쪽이 센츄리온이고 오른쪽이 코바동가임. 사무엘 스코트 작

은 1년에 1척으로 한정되었고, 이에 영국은 스페인의 중개 없이 아메리카 대륙의 태평양 해안에서 직접 교역하기로 정책 방향을 정했다.[196]

당초 영국은 두 함대를 마닐라로 파견할 계획을 세웠다. 제1함대 는 희망봉을 경유한 뒤 자바로 직행하여 거기서 마닐라를 점령하고, 제2함대는 남미를 돌아 태평양을 횡단한 뒤에 마닐라에서 제1함대 와 합류하는 것이었다. 그러나 제1함대의 태평양 횡단 계획은 무산 되었다. 이에 영국은 조지 앤슨 사령관을 센츄리온 호의 함장으로 임명하여 원래 계획했던 대로 태평양을 횡단하여 필리핀으로 진출 하는 결정을 내렸다.

1740년 9월 18일, 6척의 군함과 2척의 보급선으로 구성된 앤슨의 함대는 세인트 헬레나 섬을 출범했다. 이들 함선들에는 236문의 대포가 탑재되었고 승무원은 1,500명이 넘었다. 1741년 3월 7일 마젤란 해협을 무사히 통과했지만, 2개월 반 동안 지속적인 폭풍우를 만났고, 매일 괴혈병으로 4~6명이 죽어가는 등 악전고투의 연속이었다. 1741년 6월 9일, 센츄리온 호는 고대했던 페루 해안의 후안 페르난데스 섬에 도착할 수 있었다. 이곳에서 함대의 모든 배들은 서로 만났지만, 도착한 배는 고작 3척이었고 영국을 떠날 때 961명이었던 선원 중 살아남은 사람은 불과 335명이었다.

후안 페르난데스 섬에 상륙하여 병자들을 간호하고 원기를 찾은 뒤 영국 함대는 남미 쪽 태평양 해안을 북상하여 이듬해인 1742년 1월 늦게 아카풀코 북쪽 연안에 도착했다. 그러나 스페인 갤리온 선은 1월 9일 이미 아카풀코에 입항하여 그의 나포 계획은 무산되었다. 한편 갤리온 선이 3월 3일에 마닐라로 떠난다는 정보를 입수한 앤슨은 그 기회를 노렸지만, 앤슨의 동향을 간파한 멕시코의 부왕이 갤리온 선의 출항을 이듬해로 연기시키면서 이 계획도 수포로 돌아가고 말았다.

이에 앤슨은 1742년 5월 6일 멕시코를 떠나 태평양 횡단에 나섰다. 이때 그에게 남은 배는 5척으로서, 8월 말 센츄리온 호는 라드로네스 제도에, 11월에 마카오에 도착했다. 그리고 이곳에서 센츄리온 호를 완전히 정비, 수리한 뒤 1743년 4월에 마카오를 출발하여 필리핀 제도 동부 연안에서 귀환하는 갤리온 선을 기다리고 있었다. 드디어

5월 20일 에스피리투 산토 곶에서 엔보카데로로 향하고 있던 1척의 배를 발견했는데, 이 배가 아카풀코에서 돌아오는 코바동가 호였다. 센츄리온 호는 코바동가 호를 추격하고 해안으로 도주하지 못하게 가로막은 뒤, 코바동가 호 좌측 가까이에 배를 대고 대포를 발사하였다. 그리고 갑판 위의 병사들도 일제히 사격을 가했다. 이에 코바동가 호도 응사했지만 전투는 두 시간 만에 끝났고 항복했다. 이 전투에서 스페인 측 사망자는 67명, 부상자는 지휘관인 포르투갈인 제로니모 몬테로를 포함하여 84명에 달했다. 영국 측은 고작 사망자 3명, 부상 17명에 그쳤다.

사무엘 스코트(Samuel Scott)의 그림을 보면 코바동가 호는 앤슨이 지휘했던 센츄리온 호보다 훨씬 컸음을 알 수 있다. 당시 코바동가 호에는 530명이 승선했는데, 이 중에서 266명은 선원이었고 177명은 배에서 심부름하는 하인들이었다. 군인은 고작 43명이었다. 이에 반해 센츄리온 호에 탄 승무원은 총 237명이었고, 그중에는 마카오에서 데리고 온 30명의 소년과 인도인 선원, 그리고 네덜란드인 23명이 있었다. 그러나 코바동가 호가 이렇게 맥없이 무너진 것은 대포에서의 절대적인 열세였다. 센츄리온 호에는 60문의 대포가 있었지만 코바동가 호에는 32문만이 있었다. 게다가 코바동가 호의 대포는 센츄리온 호에 비해 훨씬 소형이었고 그나마 작동했던 대포는 5문에 불과했다(센츄리온 : 18파운드와 24파운드 대포, 코바동가 : 12파운드와 8파운드 대포).

코바동가 호에서 획득한 전리품은 131만 페소의 은화, 3만 6,000

페소어치의 은괴였다. 이 스페인의 보물을 센츄리온 호에 옮겨 싣는 데에만 꼬박 1주일이 걸렸다. 앤슨은 코바동가 호를 긴급 보수하여 한 달간 항해한 후 1743년 7월 마카오로 끌고 갔고, 그곳에서 항해 중 많은 부분이 손상된 이 배를 포르투갈인들에게 단돈 6,000페소에 팔아 넘겼다.

산티시마 트리니다드 호의 비극과 나포

오반도 후작은 1750년에 총독으로 마닐라에 부임하자 무역선이 부족하다는 것을 알고는 대형 갤리온 선 1척을 1751년에 건조했다. 이 배의 정식 이름은 산티시마 트리니다드-레알 누에스트라 세뇨라 델 부엔 핀(Santísima Trinidad-Real Nuestra Señora del Buen Fin)이 라는 긴 이름이었지만, 보통은 줄여 산티시마 트리니다드 호로 불렸 다. 이 배는 2,000여 톤의 용적을 가진 대형 범선으로서 엘 포데로소 (El Poderoso, 거대함)라는 별명도 지녔다. 이 배는 전장 51미터에, 선폭은 15미터, 54문의 포를 탑재하고 있었고, 적재량은 5,068피에사 (pieza), 승무원은 413명으로 알려졌으며 총 건조비는 229,852페소에 달했다.

1755년 7월 21일 산티시마 트리니다드 호는 마닐라를 출발하여 1756년 2월 27일, 221일 만에 아카풀코 항에 도착했다. 이때 끔찍한 비극이 일어났다. 항해 중 많은 사람들이 병이나 굶주림, 사고로 죽었고 심지어 아카풀코로의 귀환길에 이 배에 승선했던 오반도 필리핀 총독과 그의 아들도 병으로 선상에서 죽었다.

또 하나의 비극적 사건은 6년 후에 일어났다. 1762년 스페인은 프랑스와 동맹하여 영국과의 7년전쟁에 돌입했고, 그해 9월 22일, 코니시 제독이 지휘하는 13척의 영국 군함이 5,000명의 영국인 병사와 인도인 병사를 태우고 인도의 마드라스를 출발하여 마닐라 항을 점령했고, 군대를 상륙시켰다. 당시 마닐라에는 스페인 수비대 599명이 있었는데, 영국군은 이들과 별다른 전투 없이 10월 5일 마닐라를 함락했다.[197]

영국과의 전쟁이 벌어지기 전인 1762년 9월 3일 산티시마 트리니다드 호는 카비테를 출발하여 아카풀코로 향하고 있었다. 그러나 마리아나 제도 가까운 곳에서 폭풍을 만나 주 마스트가 부러져 항해가 어렵게 되자 선장은 마닐라가 영국 군대의 수중에 떨어진 것을 모른 채 수리를 위해서 필리핀으로 귀항 중이었다. 이러는 와중에 산티시마 트리니다드 호는 해상에서 영국함인 팬터(Panther) 호와 아고(Argo) 호를 만나서 포위되었다. 팬터 호가 먼저 포격을 가했지만 산티니마 트니리다드 호의 견고한 목제 선체는 커다란 손상을 입지 않았고 사상자도 거의 발생하지 않았다. 그러나 기력이 달리고 싸울 의사를 잃은 스페인 군함의 승무원들은 쉽게 항복했다.

배 안에는 150만 달러 상당의 화물이 적재되어 있었고 이 배 자체의 가치만도 300만 달러에 이르렀다. 이 배는 영국의 포츠머스로 옮겨져 그곳에서 팔렸고, 이 배를 나포한 두 함장은 당시 돈으로

3만 파운드의 거금을 벌었다. 이 배가 팔린 후 행방이 어떻게 되었는지는 알려지지 않았지만, 아마 폐기되었던 것 같다.

페루의 갤리온 무역

페루와 멕시코의 무역

스페인의 안달루시아는 견직물 산업을 독점하여 아메리카에 공급했지만, 식민지 아메리카의 수요를 충족시키지는 못했다. 페루 부왕령의 경우에는 포토시를 비롯한 광산 개발로 내국 경제가 활발히 움직이고 있었고 이에 힘입어 직물 산업이나 농업 및 상업 활동도 번창했다. 이에 따라서 페루는 자국 내뿐만 아니라 아메리카의 다른 식민지에도 자국산 상품들을 수출했다.

페루의 카야오 항구는 페루 부왕령 내의 생산지들과 서로 연결되었을 뿐만 아니라, 멕시코의 아카풀코와 칠레의 발파라이소(Valparaiso) 항구로 이어지는 대규모 해상무역 네트워크에 연결되었다. 당시 식민지들 간에는 무역이 성행했는데, 이는 스페인의 독점 시스템을 위협하는 커다란 장애물이었다.

16세기, 페루의 아레키파(Arequipa)와 이카(Ica) 계곡에서는 포도주와 소주(aguardientes)가 많이 생산되었다. 이 상품들은 페루 부왕령 내에서 많이 소비되었을 뿐만 아니라 기타 아메리카 식민지에서

그림 69. 페루와 스페인의 무역

도 많은 수요가 있었다. 17세기 초 페루의 포도주는 스페인산 포도주를 몰아냈다. 이것은 스페인과 식민지 간의 불화를 볼 수 있는 하나의 상징적인 예이지만, 이 사건으로 스페인 왕실은 엄청난 불쾌감을 느꼈고, 결국 스페인은 페루 부왕령이 파나마, 과테말라, 니카라과와 같은 나라들에 물건을 수출하거나 판매하는 것에 강력한 규제를 가했고 금지시켰다.

페루의 포토시 광산에서 생산된 은과 멕시코에서 생산된 상품의 무역을 통해서 페루 부왕령과 멕시코 부왕령은 상업적인 면에서 서로 자극을 받았다. 1570년부터 두 부왕령은 동양과의 무역에 참여하기 시작했다. 아시아 제품이 필리핀으로 들어왔고 거기서 마닐라 갤리온 선을 타고 다시 아카풀코로 이동되었다. 당시 페루인들은 유럽제에 비해 싸고 품질도 우수한 비단, 향수, 보석 등과 같은

그림 70. 18세기의 카야오 항구

동양의 물건에 열광했다. 그러나 스페인 세비야의 독점 행위로 인해서 아메리카 시장에서는 일상적으로 물품이 부족했다. 이런 이유로 멕시코는 마닐라에서 가져온 아시아 상품들을 남겨놓았다가 페루로 재수출했다.

당시 식민지와의 해상무역을 통제하고 있었던 세비야 통상원이 지적했듯이 대서양 무역이 약화된 주요 원인은 필리핀과의 무역에 있었다. 이런 맥락에서 스페인은 세비야의 이익을 보호하기 위해서 무역규제를 했고, 1631년에는 페루의 은이 아시아로 유출되는 것을 막기 위해서 페루와 멕시코 간의 모든 무역을 금지시켰다. 그럼에도 페루와 필리핀의 무역은 은밀하게 그러나 활발하게 지속되었다.

페루와 스페인의 직접 교역

방금 언급한 것처럼 두 부왕령 간에 무역이 성공적으로 이루어지자 유럽 열강들은 이에 지대한 관심을 보였다. 프랑스, 이탈리아, 플랑드르 및 영국의 상인들은 스페인이 아메리카 식민지에 상품을 충분하게 공급할 수 없다는 것은 알고는 대서양 무역에 적극적으로 참여했다. 1680년경에 갤리온 무역의 중심 항구였던 카디스 항에서 무역 에이전트로 일했던 사람들의 80퍼센트는 외국인이었다. 페룰레로스(Peruleros)라고 불렸던 페루 상인들도 이와 같은 상황을 잘 이용했다. 그들은 값비싼 물건들로 넘쳐나는 포르토벨로 시장을 피해 세비야의 무역 시스템과 과세 제도를 무시하면서 외국의 공급자들로부터 물건을 직접 사기 위해서 스페인으로 출항했다.

한편, 프랑스, 네덜란드, 영국은 아메리카의 식민지와 무역을 하기 위해서 카리브에 거점을 마련했고 17세기 말경에는 아메리카 식민지와의 직접 교역체제를 구축했다. 이미 17세기 중반에는 과세 체제가 붕괴되었다. 이 때문에 스페인은 갤리온 무역에 대해서 과도한 세금을 징수했고 이는 밀수가 성행하는 계기가 되었다. 스페인 왕위 계승 전쟁(1701~1704)의 혼란스러운 상황을 겪은 뒤에 선단제도와 갤리온 무역체제는 1739년에 공식적으로 폐지되었다.[198]

페루와 필리핀 간의 교역

스페인의 아메리카 식민지화 초기에 페루(현재의 볼리비아를 포함한다)는 포토시를 통한 은의 생산량이 멕시코를 훨씬 능가하여 수도 리마는 번영을 구가했다. 그리고 중국의 고급 비단에 대한 수요가 늘자 페루는 필리핀과의 직접 교역을 간절히 바라고 있었다.

당시 필리핀에서 아시아 상품이 페루로 가는 길은 아카풀코의 페리아를 경유하는 것으로 한정되어 있었기 때문에 페루의 상인들은 이른바 리마 선(Galeón de Lima)을 건조하여, 아카풀코의 페리아 (Feria)에서 상품을 매입했다.

1579년에 필리핀 총독부는 스페인 왕실로부터 멕시코와 함께 페루, 과테말라, 티에라 피르메(Tierra Firme : 현재의 베네수엘라)와 무역을 할 수 있는 허가를 받았다. 곤살로 롱키요(Gónzalo Ronquillo) 필리핀 총독은 리마의 항구인 카야오에 한 척의 갤리온 선을 처음으로 보냈고, 이듬해에 한 척을 더 보냈다. 이것이 양측에 많은 이익을 가져다주자 페루나 마닐라는 이 무역을 지속하고자 했다. 그러나 양측의 직접 교역은 1582년에 금지되었다. 그 이유는 앞에서 언급한 것처럼 스페인 본국의 갤리온 선에 실린 상품과 포르토벨로를 떠난 페루 갤리온 선의 상품이 극심한 경쟁을 불러일으켜, 궁극적으로 스페인의 무역을 위협했기 때문이었다.[199]

1587년 펠리페 2세는 스페인 본국의 직물(주로 비단) 산업계의 강력한 반대에 직면하자 페루와 멕시코 간의 통상을 금지했고 멕시코 부왕은 그해에 마닐라 갤리온 선의 도착이 불확실해지자 멕시코에서의 물품 부족을 염려하여 페루와 일체의 거래를 금지했다. 스페인 왕실의 페루에 대한 무역금지 칙령은 여러 차례 나왔는데, 이런 조치들이 계속 취해졌다는 것은 그만큼 밀수 활동이 심했고 도저히 근절될 수 없었다는 사실을 잘 보여주는 것이었다.

마닐라와 페루의 직접교역이 허가된 것은 1779년 이후부터였다. 이런 조치가 나온 것은 아메리카 대륙이 독립전쟁에 휘말리면서, 필리핀과 아메리카 식민지 양쪽이 경제적으로 핍박해지자 그 상황을 타개하기 위해서였다. 다만 그 기간은 2년으로 한정되었다.[200]

17

무역의 규제

허가와 무역 규제

마닐라 갤리온 무역이 시작된 후 20~30년 동안 이 무역은 법률에 따라서 규제를 받지 않았다. 그러나 스페인 본국의 비단 산업이 경쟁력을 잃고 은이 국외로 유출되면서 이에 위협을 느낀 스페인은 본격적으로 무역규제를 하기 시작했다.

이 규제 조치가 제일 먼저 적용된 곳은 페루였는데, 그 이유는 앞에서 말했듯이 동양 상품이 소비되는 출구로서 페루 부왕령의 시장 규모가 멕시코를 능가했기 때문이다. 당시 페루의 귀족들이 아시아에서 온 호화로운 사치품들을 열망한 것은 잘 알려진 사실이었다. 페루의 귀족들이나 상류계급은 아시아의 값비싼 물건들을 계속 주문했고 그 대금은 은으로 지불했다.[201]

1579년, 스페인은 국왕의 칙령을 통해서 멕시코, 페루, 과테말라의 중국 및 필리핀과의 무역행위에 제재를 가했다. 스페인은 1581, 1582년, 페루가 2년 연속으로 갤리온 무역을 통해서 큰 이득을 보자 1582년에 마닐라와 카야요 사이의 직접 항해를 통한 교역을 금지시겼다.[202] 이런 조치는 모두 갤리온 선에 실려 온 상품과 스페인 본국의 상품이 서로 경쟁하지 못하도록 하기 위한 의도에서였다.

당시, 다스마리냐스 필리핀 총독은 파나마로 배를 보내 페루와의 무역을 시도했는데, 이런 규정 위반에 대하여 스페인 왕실은 벌칙을 강화하여 강력하게 대처했다. 이것을 보면 스페인이 자국의 산업 보호 및 제국 내에서 귀금속을 지키려는 데에 얼마나 많은 관심을 기울였는지 잘 알 수 있다.[203]

이미 스페인에는 1523년의 카를로스 1세의 칙령에서 보았듯이, 필리핀 점령 이전에도 자국의 비단 산업을 보호하는 법들이 존재했다. 이런 보호정책이야말로 스페인이 가장 중시했던 무역정책 중의 하나였다. 사실 갤리온 무역 행위에 대한 규제나 칙령은 스페인이 이 무역을 통해서 커다란 손실을 입을 때나 또는 스페인 비단 생산자들의 불평이 있을 때마다 스페인 왕실에 의해서 공포되었다.[204] 아메리카 시장으로 유입된 아시아의 비단은 안달루시아산 비단보다 훨씬 싼 값에 팔렸다. 1590년대 멕시코로 유입된 중국산 비단은 스페인 제품보다 약 1/9이라는 지극히 싼 가격에 거래되었다. 이렇게 중국제품의 등장으로 마닐라 갤리온 무역은 번영했지만, 스페인 본국의 견직물 산업은 쇠퇴했고 비단 수출을 직접 담당했던 세비야 특권상인의 이익은 현저히 훼손되었다. 그러자 인디아스 자문회의는 내국산 제품의 이익을 보장하기 위해서 동양산 비단의 유입을 저지할 필요가 있었다. 한편, 스페인 본국에서는 아메리카 식민지로부터 막대한 양의 은이 유입되면서 시장질서가 교란되고 혼란스럽

게 되었다.[205)]

   그러나 이런 엄격한 규제에도 불구하고 필리핀-페루 무역은 일시
적으로 재개되었는데, 양측의 입장이 호혜적이었던 이유는, 페루는
아카풀코 항구를 통해서 들어온 동양의 비단을 획득할 수 있었고,
마닐라 상인들은 페루의 은과 멕시코의 은을 서로 경쟁시켜 은의
가격을 낮출 수 있었기 때문이었다. 그러자 1585년에 누에바 에스파
냐(멕시코)의 만리케(Alvaro Manrique de Zúñiga) 부왕은 페루로
가는 모든 배에 수출세를 부과했고, 1587년에 펠리페 2세는 두 부왕
령 간의 외국상품 교역을 금지시켰다. 그리고 펠리페 2세는 1593년,
1599년 무역금지 칙령을 공포했는데, 이런 조치로 인해서 그동안
페루에 일시적으로 허락되었던 동양 상품의 유입은 전면적으로
끊어지게 되었다. 그러나 이런 와중에서도 스페인 왕실은 2만 두카
도 정도의 가치를 지닌 멕시코산 상품들이 페루로 가는 것은 허락했
다. 물론 페루인들은 이런 조치를 이용하여 스페인의 법망을 피해
불법으로 무역을 했다.[206]

   한편, 스페인 본토 상인들의 요구에 따라서 멕시코와 페루 간의
교역을 금지하는 법이 1604년에 나왔고, 다섯 차례(1609, 1620, 1634,
1636, 1706년)에 걸친 금지령을 통해서 중국 상품의 페루 유입이
완전히 막히면서 갤리온 무역을 통해서 번영했던 페루 시장은 완전
히 폐쇄되고 말았다.

   이런 상황에서 동방의 비단, 제조품, 그리고 기타 상품들의 수출입
이 활발했던 멕시코의 시장만이 유일한 시장이 되었다. 카디스나

세비야의 상인들은 페루 시장보다 규모가 훨씬 큰 멕시코 시장에서도 자신들의 독점적 지위를 계속 누리기를 원했지만, 스페인 왕실은 페루의 경우와는 달리, 멕시코와 필리핀 간의 갤리온 무역을 존속시켰다.

여기에는 필리핀만의 특수한 상황이 있었다. 당시 필리핀은 스페인 본국보다는 멕시코의 직접 통치를 받았으며 이로 인해서 스페인의 행정력은 필리핀에 제대로 미치지 못했다. 게다가 필리핀은 식민지 중에서 스페인에서 가장 멀리 떨어진 곳이었다. 따라서 그곳에 관리나 군인, 또는 식민지를 개척할 사람들을 대규모로 파견할 수 없었다. 이런 상황에서 스페인이 유일하게 할 수 있었던 것은 필리핀에 존재했던 스페인 사회가 갤리온 무역에 참여하여 이득을 보게끔 하고, 이를 통해서 스페인 왕실의 정책을 충실히 수행하면서 필리핀을 유지하는 것이었다.[207]

당시 스페인이 필리핀을 쉽게 포기하지 않았던 것은 다음과 같은 세 가지 이유에서였다. 첫째로, 필리핀은 스페인 제국의 전성기에는 스페인이 동방으로 진출할 수 있는 교두보였고, 스페인 원정대가 극동으로 나아갈 수 있는 전진기지였다. 스페인의 힘이 쇠퇴했을 때 필리핀은 신흥 해상세력으로서 이 지역에 몰려들었던 영국이나 네덜란드의 공격으로부터 아메리카 식민지 가장 서쪽의 해안을 지키기 위한 방어요새였다. 두 번째로, 스페인이 제국으로서 지녔던 전통적 자존심이었다. 비록 필리핀이 스페인에서 가장 멀리 떨어진 곳에 위치한 식민지이기는 했지만, 영국이나 네덜란드와 같은 적국의 수중에 떨어지는 것을 스페인으로서는 결코 용인할 수 없었기 때문이다. 마지막으로 스페인 식민정책의 가장 중요한 요소 중의 하나였던 종교적 동기가 있었다. 스페인 교회는 가톨릭을 전파하고 유지하기 위해서 필리핀을 "신앙의 창고(almacén de la fe)"로 간주했기 때문에 스페인의 이런 식민정책을 언제나 지지했다.[208]

따라서 펠리페 2세는 갤리온 무역을 완전히 금지시키고 필리핀을 포기하느냐, 아니면 필리핀은 유지하되 제한을 두어 갤리온 무역을 지속시키느냐 하는 두 가지 대안 사이에서 후자를 택하게 되었다. 이렇게 스페인은 동양과의 무역을 완전히 금지시키지 않고 제한적 조치에 기반을 둔 무역의 지속을 통해서 안달루시아 지방의 이익을 보호하기로 결정하는데, 이때 나온 것이 아카풀코 갤리온 무역의 역사를 통해서 가장 중요한 규정이라고 할 수 있는 1593년의 허가(permiso) 칙령이었다.[209]

허가 칙령은 지금의 기준으로 말하면 일종의 무역 쿼터 제도였다. 이 칙령에 따라서 연간 아카풀코와 마닐라를 횡단하는 갤리온 선은 두 척으로 제한되었고 갤리온 무역 루트는 오로지 아카풀코-마닐라로 한정되었다. 그리고 배의 톤수는 300톤 이하로, 적재화물의 가치는 마닐라로 갈 때는 25만 페소, 아카풀코로 돌아올 때는 50만 페소 이하로 규정되었다. 한 번 배에 실리는 물품의 개수는 4,000개로 제한했고, 관리들을 보내 마닐라와 아카풀코를 횡단하던 갤리온 선들을 검사하게끔 했고, 갤리온 선의 상품에 대해서 세금을 부과했다. 그러나 이런 제한 규정과 규제는 결코 준수된 적이 없었다.

이에 따라서 본격적인 무역제한 조치가 내려지는 것은 1603년이 되어서였다.

당시, 갤리온 무역 상인들은 갤리온 선에 더 많은 화물을 싣기 위하여 보다 큰 배들을 건조했다. 최초에 300톤으로 건조가 시작된 갤리온 선은 1593년에 제정된 규정을 어기고 점점 커져 나중에는 수천 톤에까지 이르렀다. 1614년 전의 갤리온 선들이 770톤급을 유지했다면, 1718년 대부분의 갤리온 선들은 1,000톤급이었다. 1746 년에서 1761년까지 아카풀코-마닐라를 운항한 로사리오 호는 1,710 톤이었고 1762년에 영국에 의해서 나포된 산티니시마 트리니다드 호는 2,000톤이었다.

보다 심각한 위반으로서, 정해진 물품 가치를 넘는 화물 적재가 수두룩했는데, 원래의 아카풀코로 귀환하는 배들은 적재화물의 총 가치가 50만 페소로 규정되었지만 1601년의 산토 토마스(Santo Tomás) 호는 규정을 어기고 200만 페소 가치의 화물을 적재했으며, 1600년대 말, 대부분들의 배들은 200만 페소의 수준을 유지하고 있었다. 1698년의 산 프란스시코 하비에르(San Francisco Xavier) 호나 1699년의 로사리오 호는 규정보다 4배 이상인 207만 페소 가치의 상품을 싣고 아카풀코로 떠났다.

이렇게 제한 규정을 어기는 사례가 빈번하자 스페인 왕실은 1702 년, 허가 규정을 바꾸어 마닐라로 들어오는 화물은 30만 페소, 아카풀코로 가는 화물은 60만 페소로, 1734년에는 그것을 다시 각각 50만 페소, 100만 페소로 상향 조정했다. 1734년에는 50만 페소(아카풀코는 100만 페소), 1776년에는 75만 페소(아카풀코는 150만 페소)로 올랐고, 이 규정은 마닐라 갤리온 무역이 끝나는 1815년까지 지속되었다.

스페인 왕실은 이렇게까지 공식적으로 제한 규정을 완화했지만, 이것 또한 반드시 지켜진 것은 아니었다. 1743년, 멕시코를 출항한 코바동가 호에 실린 물건의 총 가치는 규정보다 3배나 많은 150만 페소였다. 한편, 공식적으로 허가된 화물 개수는 4,000개였지만 대부분의 경우 6,000에서 7,000개 정도의 화물이 적재되었는데, 이 수치는 규정된 양을 훨씬 상회하는 것이었다. 심지어 산 호세(San José) 호의 경우에는 화물의 총 개수가 1,200개였고, 18세기 중엽에 운항했던 로사리오 호는 놀랍게도 18,667개였다.[210]

이렇게 스페인 왕실은 아카풀코-마닐라 무역을 제한하고 억제하려고 했지만, 실제로는 성공하지는 못했다. 갤리온 무역을 통해서 공동의 이익을 공유했던 멕시코, 페루, 필리핀 상인들은 스페인 왕실에 중국과 아메리카의 교역이 계속되기를 지속적으로 청원했고, 무역제한 정책에 반대하여 공개적으로 맞서 싸웠다. 그들이 허가 이상의 큰 배들을 건조한 것은 바로 이에 대한 반발의 한 예였다. 그리고 그들은 스페인의 규제에도 불구하고 무수한 밀무역에 참가했는데, 이런 이유들로 인해서 갤리온 무역에 대한 스페인의 억제정책은 깨질 수밖에 없었다.

관세

스페인의 갤리온 무역이 황금시기를 구가하고 있을 즈음, 이 무역의 쇠퇴 조짐이 여러 군데에서 생겼다. 이론상으로 보면 스페인은 인디아스 법을 통해서 필리핀의 수출입 상품에 대해서 세금을 부과해야 했지만, 갤리온 무역 초기에는 그런 조치가 취해지지 않았다. 그 이유는 외국과의 무역, 특히 중국과의 무역을 고무시키기 위한 필요성 때문이었다. 가끔 필리핀 총독들이 다른 목적을 위해서 세금을 부과하기는 했지만, 스페인 본국은 국왕의 칙령을 통해서 이를 금지시켰다.

갤리온 무역에서 하나의 특징이라면 세금 부과는 대부분 무역의 종착지인 멕시코에서 이루어졌다는 점이다.[211] 아카풀코 항에 도착한 상품에 대해서 스페인은 톤당 12페소의 세금을 부과했고, 1586년에는 45페소로 올렸다. 1591년, 스페인의 세금 정책은 이전의 무게가 아닌 상품 가격(ad valorem)에 따라서 10퍼센트의 세금을 일괄적으로 부과하는 것으로 바뀌게 되었다. 그러나 이 정책은 널리 시행되지 않았고, 이에 따라서 이 세금 부과로 인해서 갤리온 무역은 심각하게 피해를 입지는 않았다.[212]

당시 마닐라의 스페인 식민정부는 중국의 작은 정크 선에 실린 아시아 상품들에 대해서 관세를 부과함으로써 막대한 수입을 올리고 있었다. 1582년, 롱키요 필리핀 총독은 스페인 또는 중국에서 수입되거나 또는 그곳으로 수출되는 상품에 대해서 3퍼센트의 세금을 부과했고 1591년, 다스마리냐스 총독은 2퍼센트의 수출세를 부과했다. 이런 세금 징수를 통해서 필리핀 총독부가 연간 거두어들이는 세금은 40~60만 페소였다.[213)]

아카풀코에서 마닐라로 들어오는 갤리온 선에는 세금을 부과하지 않았고 그 배가 다시 회항하여 아카풀코에 귀환할 때 세금이 부과되었다. 다시 말해서, 갤리온 무역에 대한 세금은 아카풀코에 도착해서 멕시코 세관에 지불하는 것으로 되어 있었다. 여기에서 스페인 국왕은 스페인의 재무부와 멕시코의 세관사무소를 통해서 자신의 수익을 확실히 보장받을 수 있었다.[214)]

한편, 이 허가 금액에는 카를로스 5세의 칙령으로 1543년부터 시작된 알모하리파스고(almojarifazgo)라는 관세가 부과되었는데, 이 관세는 스페인 제국 전체의 해상 수출과 수입에 부과된 기본적인 세금이었다. 상당히 오랜 기간에 걸쳐 관세는 17퍼센트를 유지했는데, 이는 상품 가격에 따른 것으로서 마닐라에서 아카풀코에 상품을 싣고 갈 때, 즉 마닐라 출항 시에 2퍼센트, 아카풀코 입항 시에 5퍼센트, 그리고 아카풀코에서 다시 10퍼센트가 부과되어 합계는 17퍼센트나 되었다. 이 과세금액은 아카풀코에 도착한 뒤에 상품 가격을 평가하여 멕시코 부왕령이 결정했지만, 부정이 횡행하자 부왕 세르다(Tomás de la Cerda)는 1684년에 배 한 척마다 74,000페소를 부과했다. 그러나 이 일괄 징수는 1697년 국왕의 칙령으로 폐지되었다.

실제로 이 징수는 강제징세(ejecución)였는데, 미화시켜 "사면

방법(via de indulto)"으로 불렸다. 그러나 그 후 필리핀의 상인들은
사면 방법으로 회귀해달라고 탄원했기 때문에 국왕은 파레데스
부왕이 도입한 방식을 참고하여 1702년에 "제반 세금의 조정
(regulación de derechos)"이라는 제도를 공포했다. 이는 세금 명목으
로 10만 페소를 내면 "가는 길과 귀로의 항해"에서 두 차례 상거래
중 부담하게 될 모든 세금을 한 번에 지불하는 것이었다. 이는 아카풀
코 측의 허가금액 60만 페소의 17퍼센트에 맞먹는 금액이었다. 필리
핀의 상인들은 이를 수용했고, 1726년까지 이 제도는 계속되었다.
그러나 스페인 본국에서 중국 견제품의 수입을 금지하는 움직임이
강했기 때문에 마닐라의 상인들은 이 10만 페소에 더해 화물상자의
크기에 따라서 1개당 45페소나 30페소를, 도자기를 넣은 상자는
1개당 12페소 등을 추가로 지불하겠다는 제안을 했으며, 스페인
당국도 이를 수용했다. 세금 측면에서 볼 때 바람직한 것은 아니었
지만, 견제품에 대한 제한 조치를 무조건 강화할 수만은 없었다.
이런 상황에서 관세는 17퍼센트 수준을 계속 유지하고 있었다.
그러다가 1769년에 33과 1/3퍼센트로 크게 올렸고, 일시적인 인하
기간(1779~1781년, 18퍼센트)을 제외하고는 이 세율은 끝까지 유지
되었다.

기타 세금으로 톤수세(tonelaje)가 있었는데, 짐의 할당 공간당
1톤에 일정 금액(17세기 초에는 12페소, 1702년에는 약 51페소)을
부과하는 세금이었다. 그리고 알미란타스코(almirantazgo)라는 해
군세(海軍稅)가 있었는데, 18세기 스페인은 왕실의 세입을 늘리기

위해서 식민지를 포함한 스페인 제국 전체에 이 세금을 부과했다. 필리핀에서 멕시코로 항해하는 배의 경우에는 매년 2,000페소를 부과했고, 아카풀코에서 징수했다. 한편 스페인 왕실이 부과한 세금으로 알카발라(alcabala)라는 거래세가 있었다. 적을 때는 2퍼센트, 많을 때는 14퍼센트 등 일정하지 않았는데, 이는 스페인 제국의 다양한 지역성을 고려한 조치였다. 법적으로는 아카풀코에서 상품을 처음 판매할 때 거래세는 걷지 않는다고 정해졌으나, 실제로는 관세와 함께 징수되었다.[215)

갤리온 무역과 관련하여 스페인이 시행한 전체적인 세금 목록이나 내역, 그리고 징수 방법 등에서 아직까지도 불분명한 점이 많다. 왜냐하면 지금까지 세금과 관련하여 남아 있는 기록이 그리 많지 않고, 또 그 내용 자체도 천차만별이라 혼란스럽기 때문이다. 또 당시 세금을 징수하는 데에 적용된 방법이 명확하지 않아 마닐라-아카풀코 무역에 부과된 각각의 세금의 세부내용과 성격을 명확히 규명하는 것은 지금으로서는 어려울 수밖에 없다.

피에사 : 화물의 적재 공간

스페인 왕실이 내린 허가(permiso) 규정에 따라서 무역 규제를 위한 첫 단계로 갤리온 선의 화물 공간에 대한 배분이 정해졌다.

갤리온 선의 화주(貨主)들에게 분배된 선적 공간은 그해 항해를 떠날 갤리온 선의 용적에 따랐다. 화물 적재공간은 같은 크기로

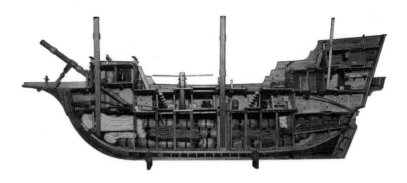

그림 71. 갤리온 선의 내부

정확하게 분할된 파르도(fardo)에 맞추어졌다. 그리고 다시 이 공간
은 4개의 피에사(pieza)로 분할되었다. 피에사의 평균 치수는 세로
75센티미터, 가로 60센티미터, 높이 25센티미터로 정해졌는데, 이
크기는 절대적이거나 획일적이지 않았다. 초기 마닐라 갤리온 선의
경우, 규정에 따르면 선적 공간은 4,000피에사였으나 이후 6,000에서
7,000, 그리고 산 호세 호의 경우처럼 12,000피에사를 가진 배도
있었다. 슈르츠(William Lytle Schurtz)에 따르면 1763년부터 1770년
사이 갤리온 선 35척 중에서 규정에 맞춰 4,000피에사를 적재한
것은 단지 5척뿐이었고, 대부분의 배는 2,000~3,000피에사 사이였다
고 한다. 1764년 산타 로사(Santa Rosa) 호는 마닐라가 일시적으로
영국에 점령된 후에 운항한 배였는데, 화물 공간은 불과 389.5피에사
였다고 한다.

볼레타 : 화물 적하증 또는 교환권

한편, 1피에사 단위마다 누구의 짐이 실릴 것인지를 정한 증명서가 발행되었는데, 이를 볼레타(boleta)라고 했다. 다시 말해 이 볼레타는 화물을 실을 수 있는 적하증(積荷證), 또는 교환권이었다. 예를들면, 적하증 5장을 가지고 있는 사람은 5피에사만큼의 화물을 실을수 있었다. 볼레타의 가격은 화물의 허가 금액과 화물공간의 크기에따라서 정해졌다. 예를 들면, 그해 떠날 갤리온 선에 실린 총화물가격이 50만 페소이고 화물 적재 공간이 4,000피에사였다면, 볼레타한 장의 금액은 125페소가 되었다. 그러나 꼭 이런 식으로 되는법은 없었다.[216]

볼레타의 실제 가격은 몇 가지 요인에 따라서 매겨졌다. 즉 중국인과의 거래 결과, 멕시코에서 상품을 판매할 때의 예상되는 이득전망, 필리핀 현지에서 지불할 수 있는 현금의 양, 그해 갤리온선의 적재공간 규모, 그리고 얼마나 볼레타가 팔렸는지 그 수에따랐다.

마닐라 갤리온 무역이 처음 시작되었을 때 볼레타를 배분하는것은 전적으로 총독의 재량이었다. 그러나 뒤에는 마닐라의 고위관리들과 협의하에 결정되었다. 1593년에 나온 법을 보면 필리핀에거주하는 모든 사람들은 자신의 부와 비례하여 볼레타를 받을 자격이 있었다. 마닐라 갤리온 무역 초기, 마닐라에 거주하는 스페인인들사이에 확연한 빈부격차는 없었다. 이에 마닐라 시민들과 상인들은 너도나도 볼레타를 구입한 뒤 자신의 물건이나 상품을 배에 실을 수 있었다.

1602년 펠리페 2세는 볼레타의 분배 문제에 있어서 피해를 받는 사람이 없고, 또 형평성을 기하기 위해서 칙령을 공포했다. 이에 따라서 갤리온 무역과 관련된 이해 관계자들로 구성된 배분평의회 (Junta de Repartimiento)가 만들어졌다. 그리고 이 평의회에서 화물 공간의 분배를 결정했다. 평의회의 구성원은 총독, 아우디엔시아의 수석 판사, 회계관, 2명의 시평의회 의원(regidor), 마닐라 대주교 해서 총 6명이었다.

이렇게 필리핀에 거주하는 모든 스페인 사람들한테는 마닐라 갤리온 선에 상품을 실을 수 있는 권리가 주어졌다. 필리핀 식민정부 에 할당된 천 단위 이상의 피에사를 제외한 나머지 화물공간이 일반인들에게 할당되었다. 엄밀히 말하면 볼레타는 식민정부의 지 도자(총독과 수석 판사, 그리고 2명의 시평의회 의원)와 교회 지도자 (마닐라 대주교와 성당 참사회), 마닐라 시민(실질적으로는 사업가) 이라는 3개 집단으로 분류되어 할당되었다.

그중에서도 교회는 특별 우대를 받았는데, 교계 지도자는 100볼레 타 이상을, 또한 미세르코르디아(Misercordia)와 같은 종교단체, 후 안 데 디오스(San Juan de Díos) 자선병원, 프란체스코회 같은 교단에 도 특별히 할당되었다. 그리고 군인 미망인에게는 복지수당으로 1.5~2볼레타를 할당했다.

그러나 볼레타의 배분과 관련하여 평의회는 설립 초기부터 구성원으로 참가한 각자의 이해관계에 따라서 항상 분규가 일어났다. 특히 갤리온 무역을 통해서 자신의 영향력을 키우려고 획책하는 총독들도 많았고, 또 국왕의 공평한 정책을 구현하겠다는 총독들도 있었지만, 어쨌든 이 평의회의 구성원들과 그들을 대표하는 파벌의 이해타산이 늘 충돌했다. 필리핀 식민정부의 고위관리나 유력자, 오브라스 피아스(Obras Pias)와 같은 종교단체, 그리고 상인들은 볼레타를 서로 더 얻겠다고 싸움을 벌였다. 마닐라 대주교이자 총독이었던 로호 델 리호(Manuel Antonio Rojo del Río)는 이를 두고 "말로는 형용할 수 없는 비열함의 극치"라고 언급했고, 오반도 총독은 국왕에게, 이 제도는 시작부터 이기주의와 분파로 가득 찼다고 보고하고 있다.[217)

더군다나 갤리온 무역이 본격화하면서 볼레타에도 많은 변화가 일어났다. 사실 볼레타 자체를 구입하거나 그것을 소지하는 것은 아무런 의미가 없었다. 갤리온 선에 상품을 실을 수 없는 일반인들한테 볼레타는 그저 화물 예약권에 지나지 않았다. 실제로 갤리온 선에 물건을 실어 보내려면 많은 자금이 필요했는데, 보통 사람들한테 그것은 어려운 일이었다. 따라서 현실에서는, 식민정부의 수없는 경고에도 불구하고, 볼레타는 실질적으로 갤리온 무역을 독점한 마닐라의 대상인들에 의해서 매점되었고, 일반 마닐라 시민들의 수익하고는 아무런 관계가 없었다.

시간이 흐르고 시민들 간에 빈부 격차가 크게 벌어지면서 초기에 다수를 차지했던 투자성 모험상인들은 줄고 부유한 상인 집단이 새롭게 형성되었다. 1586년에는 성직자를 제외한 196명의 시민이 산 마르틴(San Martín) 호에 상품을 실었지만, 2세기가 지난 후 산 안드레스(San Andrés) 호에 상품을 실은 사람은 고작 28명이었다. 물론 안토니오 파체코(Antonio Pacheco)나 프란시스코 다비드 (Francisco David)와 같은 부자 상인들은 매년 자신들의 이름을 올렸다. 1700년대 아란디아(Pedro Manuel de Arandia Santisteban) 총독은 국왕에게 자신의 현금으로 장사할 수 있는 사람들은 필리핀 에 고작 10명밖에 없다고 보고하고 있고, 1767년 라온 구티에레스 (José Antonio Raón Gutiérrez) 총독은 볼레타를 가진 700~800명의 사람들 중에서, 자기 자금으로 물건을 구입하여 갤리온 선에 보낸 사람들은 40여 명도 채 안 된다고 언급하고 있다. 즉, 자본을 가진 소수의 사람들만이 볼레타를 통해서 막대한 수익을 챙겼고, 갤리온 무역은 그대로 황금알이 되었다.

물론 법적으로 볼 때 마닐라 거주 모든 스페인인들은 공평하게 볼레타를 받을 수 있다는 당초의 취지에 따라서 법은 바뀌지 않았지 만, 현실적으로 배분의 대상자 기준과 관련하여 서로 다른 해석이 나왔다. 1638년의 법령은 평의회의 중개 없이 볼레타를 타인에게 양도하는 것을 금지했다. 그리고 1734년의 규정을 보면 "가난한 사람과 과부"는 볼레타를 무역거래에 활발히 종사하는 상인들에게 넘길 것을 권고하고 있다. 이렇게 상황이 변하고 필리핀에 빈부격차 가 심해지자 생활이 궁한 사람들은 가지고 있던 볼레타를 상인들한 테, 아예 어떤 경우에는 볼레타를 손에 쥐자마자 곧바로 판매했다.

마닐라 갤리온 선이 한 번 뜨면 400만 페소 정도의 수익을 올린 것으로 추정되고 있다. 선장은 한 번 항해에 5~15만 페소를 벌었고, 승무원도 모두 할당된 화물공간을 사용하여 장사에 열을 올렸다. 마닐라 갤리온 선은 30척 이상이 침몰했는데, 그 대부분이 과잉 적재가 원인이었다. 아무튼 이 무역은 마닐라에 광적인 열기를 불러일으켰다.

팡카다 : 일괄 거래

당초 필리핀의 스페인 상인들은 중국선에 실려 온 상품들을 소위 팡카다(Pancada)라는 일괄 대량구입 방식을 취했다. 스페인 본국 정부나 멕시코 부왕청이 이런 방식을 택한 것은 이 무역을 통제, 관리하기 위해서였다. 우선, 스페인 본국 정부는 스페인 재정의 주요 부분을 차지하고 있는 은의 생산과 유출을 관리할 필요가 있었다. 또 이런 관리하에 무역을 안정시켜 식민지 필리핀의 발전을 도모하고 왕실의 재무 부담을 덜기 위해서는 개인차원의 거래나 장사는 하등 도움이 되지 않는다고 생각하였다. 한편, 정크 선을 타고 오는 중국인 가운데는 귀국하지 않고 중국인촌(파리안)에 머무는 사람이 늘었는데 스페인인들은 자신들의 안전이 이런 중국인들 때문에 위협을 받는다고 느껴 팡카다 식으로 거래를 하면 이 중국인들이 돌아갈 것이라고 생각했다. 또 개인차원의 거래에서 스페인인들이 중국인에게 휘둘리는 일이 많아, 규정된 거래를 하게 되면 중국인의 횡포를 막을 수 있으리라 여겼다.

팡카다를 위해서 총독부와 시청은 2명 내지 3명의 적절한 인물을 임명하여 까다로운 상품이나, 그 샘플을 검사하고 등급을 매기게끔 하였다. 한편, 팡카다와는 별도로 마닐라 항으로 배가 들어오기 전 밀수입이 교묘하게 이루어졌고, 갤리온 선이 아카풀코로 출항한 후에는 섬들 내에서 밀수출이 횡행했다. 이런 밀수는 중국이나 스페인 양측의 상인들에게 막대한 이익을 가져다주었다. 밀수꾼들은 사전에 해당 규칙을 정하는 등 다양한 틈새를 이용하여 물건을 거래했다. 이에 따라 획일적인 팡카다는 그 실효성을 잃게 되면서 일괄 거래는 사라지게 되었다. 1594년에 나온 칙령을 보면 팡카다는 고급 상품에만 한정되었고, 1599년에 테요 총독은 스페인 국왕에게 팡카다 거래는 사라졌지만 중국과 스페인 양측은 서로가 만족스럽게 거래를 하고 있다고 보고하고 있다. 17세기 초 모르가는, 상품은 파리안에서 "자유롭게 팔렸다"고 썼다. 이후, 페리아(Feria : 시장) 방식의 시장이 열리게 되었는데, 중국인은 8,000페소의 기부금을 내면 페리아에서 장사를 할 수 있었다. 원칙적으로 페리아는 6월 4일에 열리는 것으로 정해졌다. 스페인은 1696년에 나온 칙령을 통해 팡카다를 시작하게 된 당초의 목적이 사라졌다고 선언했고, 1703년의 칙령을 통해서 페리아가 팡카다를 정식으로 대신한다고 공포하였다.

아카풀코의 페리아

레가스피의 원정대는 아카풀코의 북쪽에 위치한 나비닷 항구에서 출항했지만, 우르다네타가 아메리카 대륙의 도착지로 아카풀코를 택했을 때부터 이 항구는 마닐라 갤리온 무역이 끝날 때까지 멕시코의 기지로 바뀌었다. 그 이유는 아카풀코가 항구로서 수심이 적당하고 아주 안전했으며, 무엇보다 멕시코 시티와 가깝기 때문이었다.

아카풀코는 주위가 산으로 둘러싸이고, 고온다습한 기후로 인해서 많은 사람들이 살기에는 적당하지 않았고 선박 건조도 용이치 않았다. 16세기 초, 아카풀코의 인구는 약 4,000명 정도였지만, 마닐라 갤리온 선이 도착하여 페리아가 열렸던 무렵에는 단기간에 9,000명 정도로 증가했다.

아카풀코의 행정기구의 장은 성주(Castillán)로 불렸는데, 그 이유는 아카풀코에 산 디에고 요새 성이 있었기 때문이었다. 성주는 당연히 성을 수비해야 할 책임이 있었다. 그뒤, 1769년 아카풀코 성주는 총독의 직함을 얻게 되었다. 그가 통치하는 지역은 광대했지만, 그의 주된 임무는 갤리온 선의 입항 제반 처리와 파견, 그리고 페리아의 운영이었다. 이곳 관리들 사이에서는 돈으로 모든 것이 움직이는 악습이 만연하고 있었고, 성주인 카스티얀 역시 특권을 이용하여 자신이 받는 급여의 몇 배 이상의 수입을 올렸다.

초기에 아카풀코에는 세관 업무를 담당할 독립된 기관은 없었고 수도인 멕시코 시티가 직할로 그 기능을 수행했다. 1597년에 아카풀

ACAPULCO, een stadt in Nieu Spanje, gelegen aen de zuid zee, nevens het flex S. Diego.   AQUAPULCO, sive ACAPULCO, Hispaniae novae Civitas, ad mare pacificum, portu jucundissimo praedita.

그림 72. 아카풀코 항구

코 항구에 대한 특별한 재무 조치가 확립되었고 회계와 조달, 두 부문의 기관이 창설되었다. 이들 기관의 장은 멕시코의 지방 회계 부처를 구성하여 세관 업무를 관할했고 이를 통해서 세금을 징수하고 왕실 재무와 관련된 모든 거래 전반을 감독했다.

이들 기관의 장은 갤리온 선의 출항 이후에도 4월 중순까지 아카풀코에 머물러야 했고 부왕의 허락을 받은 뒤 수도인 멕시코 시티로 돌아갈 수 있었다. 그리고 다음의 갤리온 선의 도착 준비를 위해서, 12월 초 멕시코 시티에서 아카풀코로 돌아왔다. 이들의 주된 임무는 조달 부문으로서 갤리온 선의 귀로에 양식이나 무기, 그리고 기타 필요한 물품을 공급하는 것이었다. 중앙에서 온 그들 관리들은 아카풀코 성주 및 그 휘하의 지방 관리들과 협력하여 일했지만 그 관계는 그리 원만하지 않았다.

아카풀코 항구 뒤의 높은 언덕에 세워진 초소에서 갤리온 선이 접근하는 것이 보이면 거룻배를 보내 입항하는 배를 계류했고, 항구의 담당관들이 올 때까지 어느 누구도 배에 접근할 수 없도록 했다. 배는 항구 밖에서 하룻밤 대기하다가 야음을 틈타 밀수품을 내려놓기도 했다.

배가 지정된 장소에 계류되면 성주와 회계관이 제일 먼저 와서 승선했고, 검사를 했다. 재무관이 배의 등록서류와 화물 목록을 배의 사무장이나 회계로부터 받으면 보조원은 그 등록증을 회계관이 있는 멕시코 상부기관에 배달했다. 그 내용을 근거로 관세가 매겨졌고 그러면 급사는 즉시 아카풀코로 돌아갔다. 최초 방문에서 밀수품을 검색하는 세세한 규정이 있었지만, 실제로는 선창을 대충 검사하는 것으로 끝났다. 이렇게 정규 절차가 끝나면 화물의 하역작업이 시작되었다. 우선 승객들은 허락을 받아 배에서 내렸고, 건강한 사람들은 성모상을 앞세우고 교회까지 행렬을 지어 갔으며, 병든 사람들은 병원으로 이송되었다. 이어 여객의 수하물이 우선 들어왔고, 그것의 하역이 끝날 때까지는 창구는 닫혀졌다. 그리고 일반 화물이 육지로 내려졌다. 화물은 화주(貨主) 자신이 진술한 내용을 그대로 인정했고, 이런 이유로 화물이 실제로 개봉되는 일은 좀처럼 없었다. 1636년에 페드로 데 키로가(Pedro de Quiroga)라는 한 관리는 무차별적으로 포장을 뜯어 검사를 실시하기도 했지만, 기존의 신사협정을 깬 것으로 생각되어, 2년 후에는 사전에 짐의 발송자, 또는 그 대리인에게 그 사실을 통지하지 않고 함부로 개봉하는 것은 금지되었다. 1640년에는 화물 개봉과 관련하여 금지 조치가 내려졌다. 1769년에는 특별히 의심스러운 화물만 개봉할 수 있도록 조치가 이루어졌고, 이 경우에도 통상적이 아닌, 특별한 경우에만 적용된다는 점을 명시했다.

한편, 항구의 통상 관리들과는 별도로 부왕은 멕시코 시티의 통상 대표자 2명을 지명하여 푸에블라에서 온 대리인과 함께 마닐라 측의 대리인과 상품의 등급별 가격 등과 같은 거래 내용을 협상했다. 양측은 싸게 팔 것을 피하고 허가 금액의 한도가 지켜지도록 지도하는 역할을 했지만, 현실에서는 협상은 그리 간단한 문제가 아니었다. 그러나 갤리온 선이 귀환하는 기간을 짧게 하여 마닐라 측의 상인을 초조하게 하거나, 페루 부왕령의 상인과 멕시코의 상인이 결탁하여 마닐라 측에 불리하게 되는 경우가 많았고 이에 필리핀의 스페인인 들은 항상 피해의식을 가지고 있었다.

멕시코 시티의 대상인들은 배가 아카풀코에 입항하기 전, 되도록 빠른 시점에 캘리포니아 연안에서 배와 접촉하여 사전에 이미 거래 의 대부분을 내부적으로 마무리지었다. 그들은 페리아에서 이루어 진 모든 매매를 상세하게 기록하여 상품을 내륙으로 운송할 때 매매증명서를 같이 보냈다. 또 이 기록에 따라 상품 대가로 마닐라에 보낸 은의 가치가 모두 얼마인지 계산하였다. 페리아가 끝난다는

그림 73. 아카풀코 페리아

고지가 정식으로 공지될 때까지 상품은 다른 곳으로 이동할 수
없었다.

아무튼 화물이 통관 서류와 일치하면 상품들은 창고로 옮겨졌고
보세 유치 상태에서 페리아가 열릴 때까지 보관되었다. 몰수 상품이
나오는 경우에는 국왕에게 귀속되어 그것이 매각될 때까지 왕실
창고에 보관되었다. 화물이 다 내려지면 선내에 숨겨져 있거나 남아
있는 물건이 없는지 확인하기 위해서 2차로 선내 검사가 행해졌다.
모든 상품이 하역된 것이 확인되면, 갤리온 선은 귀로의 항해를
위해서 배의 손상된 부분을 수리하기 위해서 조선소로 넘겨졌다.
또 수도인 멕시코 시티에서 과세금액이 정해진 서류를 들고 급사가
돌아오면, 재무 관리들은 세금의 일괄 부과를 위한 준비 절차를
진행했다.

그리고 모든 사무 절차가 끝나면 훔볼트(Alexander von Humboldt)가 "세계에서 가장 유명한 시장"이라고 불렸던 아카풀코 페리아가 열렸다. 부왕이 지정한 날짜에 맞추어 수천 명이 행렬을 이루어 아카풀코로 갔다. 여기에는 멕시코 시티의 대상인에서 소매상, 행상인, 노새에 상품을 실은 사람, 군인, 관리, 탁발승 같은 온갖 종류의 사람들이 다 있었다.[218]

1579년 이래 아카풀코에서는 페리아가 열렸고, 거기에서 멕시코의 대상인들은 갤리온 선이 머나먼 이국땅에서 가지고 온 모든 물건들을 도매로 산 뒤 멕시코 시티로 가지고 와 비싼 가격에 팔았다. 멕시코 시티로 물건들이 들어오면서 이것은 하나의 멕시코 전통을 탄생시켰고 일명 파리안(parian)이라 불리는 페리아가 형성되어 상인들은 극동에서 들어온 새로운 물건들을 판매했다.

갤리온 선에서 상품이 내려지면 진정한 페리아가 시작되었다. 아카풀코 페리아는 일반적으로 1월에 열렸고 배가 출항하는 3월에 끝났다. 페리아는 마치 한 번 가면 안 가고는 못 배길 정도로 생각하는 수많은 사람들을 끌어모았다. 이렇게 페리아가 열리는 한편에는 배에 짐을 싣거나 배에서 짐을 내리는 사람들, 짐 검사하는 세관원들, 페리아를 감시하는 감시원들, 배의 선원들이나 수많은 방문객들에게 음식을 공급하는 사람들이 있었다. 한마디로 아카풀코 항구는 사람들로 분주하고 떠들썩했다. 집의 임대료는 비쌌고 외래객들이 머무는 여관의 숙박료는 올라갔다. 그리고 생필품도 비싸졌다. 심지어 생필품이 부족하자 물건 값은 원래 가격보다 4배로 뛰기도 했다.

아카풀코의 인구도 4,000명에서 9,000명, 그리고 12,000명으로 증가했다.

이 시장에서는 많은 물건들이 거래되었는데, 비싼 물건도 많이 팔렸다. 페리아가 들어선 아카풀코의 대로나 거리에는 일단의 호객꾼이나 안내인들이 배치되어 규정에 따른 자릿세를 받았다. 그리고 멕시코 내륙으로 들어갈 물건들이 포장이 제대로 되었는지 아닌지 엄격하게 규제했다.

지방의 상인들, 그리고 수도인 멕시코 시티나 다른 지역의 소상인들은 갤리온 선을 타고 온 사람들로부터 직접 물건을 구매하지 않았다. 일반적으로 그들은 멕시코 시티의 대상인, 다시 말해서 소위 파리안으로 알려진 마요르 대광장(Plaza Mayor)에 위치한 대상인 가문들과 흥정을 벌였다. 이들 대가문들은 갤리온 선이 가지고 온 물건들을 일괄적으로 도매하여 소매상들에게 팔았다.

갤리온 무역 초기부터 멕시코의 성직자들은 이 수지맞는 장사에 참여하여, 소비자들에게 직접 판매하거나 상인들이나 동업자들에게 물건들을 넘겼다. 성직자들은 막대한 자금을 그들의 대리인에게 주고 물건들을 매점토록 했고, 100만에서 200만 페소에 이르는 구매 대금의 2/3를 현금으로 지불했다.

이런 식의 상거래는 부왕청, 감사원, 멕시코나 마닐라의 레알 콘술라도(Real Consulado : 상인 길드 조직), 아우디엔시아, 그리고 필리핀 총독에 의해서 규제받았음에도 불구하고, 이들은 이런 식의 거래를 통해서 100퍼센트에서 400퍼센트의 수익을 올렸다.

상품 매매는 스페인이나 멕시코 재무부, 아카풀코에서 주조된 오초 레알(8레알) 은화가 사용되었다. 무게 단위는 스페인을 포함하여 모든 식민지에서 동일했다. 그러나 상품의 이송이나 판매를 위해서 포장의 차이에 따라서 발라(bala, 다발), 추를로(churlo, 자루), 탄칼(tancal, 필리핀 원주민어로 포대를 의미한다), 마르케타(marqueta, 덩어리), 피에사(pieza, 조각), 사코(saco, 부대) 등의 다양한 방식이 동원되었다.[219]

18

갤리온 무역의 쇠퇴와 종말

중상주의의 몰락과 자유주의의 등장

코르푸스(Onofre Dizon Corpuz)에 의하면 갤리온 무역의 역사는
다섯 시기로 나뉜다. 1580~1620년은 확장의 시기, 1620~1670년은
위축의 시기, 1670~1720년은 회복의 시기, 1750년은 완만한 후퇴의
시기, 그리고 마지막으로 18세기 말까지의 확장이 재개되었던 시기
로 구별된다.

당시 마닐라로 보내진 은의 평균 톤수를 살펴보면, 1600년대 첫
10회 동안에는 12톤(1601~1610), 1610년대에는 19.4톤, 1620년대에
는 23.1톤, 1630년대에는 18.4톤, 1640년대에는 10.1톤, 1650년대에
는 9톤, 1660년대에는 8톤이었다. 마닐라에 들어온 상품들의 가치는
전성기인 1616~1645년에 연 56만 4천 페소였고, 1651~1670년에는
연 21만 8천 페소였다.[220] 따라서 갤리온 무역의 전성기는 1610~1630
년이라고 할 수 있었다. 월러스틴의 근대 세계체제론에 따르면,
이 갤리온 무역의 시기는 중상주의 시대로서 유럽을 주축으로 한
세계경제가 공고화되는 시대(1640~1815)에 해당되었다.[221]

이 시기, 스페인 제국은 위트레흐트 조약(1713)으로 유럽 대부분의 영토를 잃었고 중상주의에 기반한 무역 패턴도 변화하기 시작했다. 그 대신 무역 제한이나 장벽의 철폐, 국경을 넘어선 자유교역을 주장하는 자유주의(laissez faire)가 중상주의를 대체하게 되었다. 스페인 역시 왕실 주도로 자유주의 개혁을 실시했다. 그러나 스페인에서의 자유주의의 부상은 스페인 내에서 자유주의와 보수주의 정부의 잇따른 교체로 인해서 확고한 뿌리를 내리지 못하게 되었는데, 이런 정치적 불안정으로 인하여 스페인은 일관된 자유주의 정책을 추구하지 못했다.[222]

마닐라-아카풀코 무역과 관련하여 보호주의 무역을 철폐하자는 움직임은 자유주의 개혁 이전인 18세기 중엽부터 일어났다. 1765년 이후, 자유무역 제도가 도입되면서 첫째로, 식민지들 사이의 직접 무역거래에 대한 금지가 철폐되었다. 그리고 둘째, 이제까지 세비야와 카디스 두 항구에 의해서 독점되어오던 인디아스 제도의 무역이 종지부를 찍고 스페인의 모든 주요 항구에서 수출이 자유롭게 이루어졌다. 마지막으로, 크리오요들에게도 본국 스페인으로의 자유항행 권리가 허용되었다.[223] 카를로스 3세(재위 1759~1788)는 지금까지의 각종 세금 제도를 일원화하여 개별 상인이 이 세금을 납부하면 무역을 허락하는 조치를 취했는데, 이를 통해서 라틴아메리카의 식민지 지배자와 결합한 상인 자본가가 탄생하게 되었다.[224]

그러나 스페인 내에서의 이와 같은 움직임은 당시의 자유주의의 분위기에서 지지를 받았지만, 갤리온 무역의 경우에 한정해서 볼 때, 스페인만의 특수한 상황도 고려하지 않을 수 없었다. 유스테 (Carmen Yuste)는, 당시 스페인이 가장 중요시했던 점은 무역에 의한 이득이었다고 주장하면서, 1765년 이래, 스페인 왕실이건 민간인이건, 갤리온 무역을 통해서 더 이상 이득을 취할 수 없게 되자 수익 없는 교역을 포기하자는 움직임이 스페인에서 일어났던 것은 자연스러운 일이었다고 말한다.[225]

갤리온 무역의 존속에 대한 스페인 내부의 회의적인 분위기 속에서 필리핀과의 교역을 전담하고 관장한 회사가 1785년 스페인 왕실에 의해서 세워진 필리핀 왕립회사(Compañia Real de las Filipinas)였다. 이때부터 아시아의 산물들이 두 개의 루트, 즉 멕시코와 대서양을 건너는 루트와 희망봉, 또는 케이프 혼을 통해서 멕시코를 거치지 않고 마닐라와 카디스를 직접 연결시키는 루트를 통해서 식민지 본국에 도착했다. 거대한 규모의 이 회사는 아시아 무역을 총괄하고, 아메리카에 아시아 산물들을 직접 팔았다. 특히 희망봉을 돌아 마닐라와 세비야 사이를 직접 운행하는 루트를 개척하여 그동안 멕시코인들이 누렸던 중간 이득을 없앴다. 필리핀 왕립회사의 설립은 서쪽 루트(Carrera de Poniente)를 이용한 무역에서 그동안 멕시코인들이 담당했던 독점무역 시스템을 사라지게 했지만, 이는 역으로 그동안 인디아스 루트(Carrera de Indias)를 통해서 독점적 지위를 누렸던 스페인의 쇠퇴를 의미하는 것이었다. 한마디로, 그동안 스페인이 마닐라 갤리온 무역을 통해서 많은 이득을 볼 수 있었던 데에는 무역장벽과 관세가 커다란 기여를 했는데, 이런 혜택과 이점이 사라

졌다는 것은 스페인이 결정적으로 몰락하고 있었다는 단적인 증거였다.[226]

한편, 갤리온 무역의 쇠퇴는 영국이나 네덜란드 등 스페인을 제외한 여타 유럽 세력과 중국 간의 무역 확대에 기인하는 것으로서 스페인이 일찍부터 유럽 시장에서 누렸던 특혜는 사라지게 되었다. 매년 24척에서 30척의 영국, 프랑스, 네덜란드, 스웨덴, 덴마크의 배들이 중국에 들어와 광둥 지방을 중심으로 무역을 하고 있었다. 1778년의 무역자유화로 인해서 멕시코에 아시아 상품을 공급했던 스페인의 특권은 사라지게 되었고 스페인은 경쟁력도 잃게 되었다. 당시 멕시코 시장에는 영국, 네덜란드를 위시한 외국의 상품과 필리핀 왕립회사가 보낸 상품이 유입되면서 그동안 멕시코에서 누렸던 스페인의 독점 혜택은 사라졌다. 1790~1792년, 심지어 필리핀 왕립회사는 영국의 동인도회사가 가지고 온 상품들(45만 페소 가치)을 베라크루스 항에 하역했는데, 그 결과 마닐라 갤리온 선들이 가지고 온 상품들은 멕시코 시장에서 도저히 경쟁력을 가질 수 없었다. 당시, 동방의 모슬린 천만이 유일하게 멕시코 시장에서 명맥을 유지했는데 그것도 유럽산 제품, 특히 카탈루냐 제품에 밀리면서 시장 경쟁력을 잃었다. 1804년에 레이 카를로스(Rey Carlos) 호, 몬타녜스(Montañes) 호, 카수알리닷(Casualidad) 호는 마닐라에서 가지고 온 상품들을 아카풀코 항에 하역했지만, 처분할 수 없었다. 그 결과, 대규모 현금을 가지고 갤리온 선에서 쏟아내는 상품들을 항구에서 일괄 구입하여 도매를 전담했던 멕시코 대상인들도 자연스레 사라

지게 되었다.[227)]

1794년 멕시코의 레비야 헤히도(Revilla Gigedo) 부왕은 스페인 국왕에게 보내는 편지에서 갤리온 무역의 쇠퇴는 유럽의 산업발전, 영국과 유럽산 면화에 대한 증가하는 수요, 아시아의 비단이나 면화에 대한 수요의 감소에 따른 필연적 결과라고 쓰고 있다.

정치적, 경제적, 사회적 지형의 변화

아메리카 대륙을 통해서 아시아와 유럽 사이의 교역이 실현되었던 주요 이유로서 운송로나 운송수단의 부재 및 당시의 정치적 상황으로 인하여 육로교역이 불가능했기 때문이라는 점은 앞에서 언급한 바 있다. 아시아와 유럽 사이에는 이슬람 세력이 존재했고 기독교 유럽과 중동의 오스만 제국 사이의 적대감으로 인하여 육로를 통한 교역은 비용 면이나 성공 면에서 마닐라 갤리온이나 희망봉을 통한 해상 교역과 경쟁할 수 없었다.

그러나 19세기에 들어서면서 이런 상황은 변하게 되었다. 이 시기, 오스만 제국의 힘이 약화되면서 기독교 유럽과 오스만 제국의 관계는 이전처럼 적대적이지 않게 되었다. 다시 말해, 육로를 통한 교역이 재개되면서 태평양 횡단 교역은 비합리적이고 비현실적으로 바뀌게 되었다. 따라서 필리핀 왕립회사를 통한 필리핀과 스페인 사이의 직접 교역 역시 갤리온 선이 사라지고 얼마 되지 않는 1834년에 끝나게 되었다.[228)]

그리고 19세기 중반에 증기선이 발명되고 1869년에 수에즈 운하가 개통하면서 이 운하를 통해서 스페인에서 필리핀까지 항해에 걸렸던 기간은 약 40일 정도로, 이전의 갤리온 무역의 아카풀코-마닐라 노선보다 훨씬 더 단축되었다.

한편, 18세기에 들어오면서 스페인의 무역 패턴에도 변화가 오기 시작했다. 그 이유는 스페인 해군력의 약화 이외에도 식민지에서의 귀금속 생산량이 장기간 감소하면서 야기된 여러 가지 변화 때문이었다. 유럽의 여러 나라들이 식민지 개척 경쟁을 하면서 독점적 지위를 상실한 스페인은 이제는 일종의 화물 집산지(entrepot), 다시 말해서, 유럽 각지에서 수입된 온갖 상품을 식민지에 공급하는 중개지로 전락하고 말았다. 특히 식민지에서의 은 생산이 줄면서 갤리온 무역은 부담스러운 무역으로 바뀌게 되었다. 이는 스페인 선단 무역의 최전성기에 약 10,000톤에 달하는 멕시코 선단의 선적량이 18세기 후반으로 가면 종전의 1/2 또는 1/3로 줄어든 사실에서 알 수 있다.[229]

결론적으로 원자재를 공급하는 중심지로서의 아메리카 대륙과 이제는 정치적, 경제적으로 쇠퇴하고 있었던 동양이 접촉할 필요성도 점점 더 적어지고, 멕시코를 통한 교역도 더 이상 불필요해진 상황에서 갤리온 무역이 사라지는 것은 당연한 수순이었다.

영국의 등장과 스페인의 몰락

대부분의 학자들은 스페인의 국력이 쇠퇴하고 그 국제적 위상이 눈에 띄게 약화된 시점을 1640년대 말로 잡는다. 1600년대 초기, 스페인은 유럽이나 중국에서 필요로 하는 막대한 양의 은 수요 덕분에 강력한 제국주의를 구현할 수 있었다. 그러나 1630년대부터 아메리카에서 반입되는 은의 양이 급격히 줄면서 스페인의 국가수입은 감소하게 되었다. 아메리카에서 스페인으로 들어간 은의 양은 17세기 전반기에 1/3로 감소했고, 스페인의 수입은 2/3나 줄었다. 이런 추세는 1640년을 전후하여 더욱 급속하게 진행되었다.[230] 이로 인해서 스페인은 유럽에서 주도권을 잡고 방대한 식민지를 통치하기 위한 군사력을 더 이상 유지할 수 없게 되었다.

한편, 스페인 내부에서 일어났던 모순이나 압력과는 별도로 당시 유럽에서 일기 시작한 제국주의적 식민지 쟁탈과 해외시장의 확보라는 명제 앞에서 마닐라 갤리온 무역과 같은 거대한 규모의 사업을 두고 유럽 국가들 사이에서 치열한 경쟁이 벌어졌다. 스페인은 왕위계승전쟁의 결과로 소위 "허가 항해(navíos de permiso)"라는 칙령을 공포하고 그 조치의 하나로 영국으로 하여금 매년 500톤의 선박에 한해 남미 대륙의 스페인 식민지와 교역할 수 있도록 허가했다. 그러나 영국과 남미 사이에는 허가 규모를 훨씬 상회하는 교역이 이루어지고 있었다. 그러자 영국은 1750년 "허가 항해"의 조건을 일방적으로 폐기했고, 불법적인 방법을 통해서 아메리카와의 교역

을 지속해 나갔는데 19세기 초가 되면 그 무역량은 상당한 수준에 이르렀다.[231]

특히 영국인에 의한 밀무역이 성행했는데, 이것이 마닐라 갤리온 무역에 심각한 타격을 입혔다. 많은 갤리온 선들은 마닐라에서 가지고 온 상품들을 멕시코에서 팔 수 없어 마닐라로 그냥 돌아가거나 아니면 아카풀코 항에 오랫동안 정박해 있을 수밖에 없었다. 더 이상 필리핀에서 들어오는 갤리온 선의 상품은 가격 경쟁력을 가질 수 없었다. 예를 들면, 1811년 마젤란 호는 아카풀코에 도착했으나 가격이 비싸 물건을 판매할 수 없었다. 결국, 마젤란 호는 북쪽의 산 블라스 항구로 가서 싼 가격에 어렵게 처분할 수밖에 없었다. 게다가 필리핀으로 가는 갤리온 선에는 더 이상 아시아의 상품을 구매할 수 있는 은이 실려 있지 않았고, 그동안 멕시코 부왕령이 필리핀을 지원하기 위해서 귀금속으로 보낸 시투아도(Situado)도 더 이상 없었다.

중상주의 시대에는 스페인 제국이 아메리카 대륙에 방대한 식민지를 소유하고 있었던 것이 스페인이 아시아와의 교역에서 여타 유럽 나라들에 비해 유리하게 작용했었다. 그러나 "허가 항해"의 폐지와 자유무역주의의 사상의 출현은 영국이 이제 스페인을 대신해서 전세계 바다의 제해권을 가지게 된 것을 의미하였다. 스페인의 갤리온 선이 마지막으로 항해했던 1815년 시점에 오게 되면 교역의 유불리는 더 이상 광대한 지리적 점유가 아니라 경제력과 기술력의 차이에서 비롯되었다.[232]

당시 영국은 유럽 어느 나라보다도 앞서 산업혁명 단계에 진입했고 해상무역과 관련된 새롭고도 효과적인 체제 및 방법을 고안했으며 산업 및 생산기술에서 선두에 있었다. 영국이야말로 산업혁명을 통해서 다양한 상품들을 생산하고 그것들을 수출할 수 있는 유일한 나라였고, 또 식민지 상품들을 유럽이나 아메리카 대륙에 재수출할 수 있었다. 1820년경에는 영국이 주도하는 진정한 세계경제의 국제화가 이루어졌다. 여기에 덧붙여 영국의 수출상품 중에는 이전에 마닐라 갤리온 선이 담당했던 직물, 도자기, 향료, 비단 등이 들어 있다는 것을 고려할 때, 스페인의 갤리온 무역은 더 이상 영국과 경쟁할 수 없었다.[233]

멕시코의 독립

18세기 말 스페인은 경제가 나락에 빠지고 사회는 부정부패가 만연하면서 유럽에서 가장 뒤처진 나라 중의 하나가 되었다. 18세기 후반과 19세기 초반 영국 해군의 봉쇄로 스페인의 무역 경쟁력은 점점 더 추락했고 국내경제도 침체에 빠지게 되었다. 이제 더 이상 스페인은 태평양 항로를 통한 갤리온 무역을 유지할 수 없게 되었다.

한편, 1808년 나폴레옹의 프랑스 군은 스페인을 침공했고 1810년에는 스페인 전역을 장악하여 나폴레옹의 형인 조제프 보나파르트가 페르난도 7세 국왕을 대신하여 잠시 스페인 왕위(1808~1813)에 오르기도 했다. 이제 스페인 왕실은 더 이상 해외의 식민지들을 유지할 수 없었다. 디군다나 이제까지 자신들을 통치했던 정통적인 스페인의 국왕이 사라지자 아메리카 대륙의 지도자들은 스페인의 지배에 대항하여 독립운동을 시작했다.

특히 멕시코인들의 봉기는 갤리온 무역을 종식시킨 하나의 요인이 되었다. 1810년에는 멕시코에서 이달고(Miguel Hidalgo) 신부가 이끄는 독립운동이 시작되었고, 스페인 왕당군과 독립군과의 전쟁이 일어나면서 갤리온 무역은 붕괴될 수밖에 없었다. 1811년 멕시코의 혁명군대는 갤리온 선을 공격했고 많은 양의 은을 탈취했다.[234] 1813년에 아카풀코 항구는 전쟁으로 파괴되었고, 같은 해 9월 27일 스페인은 멕시코와 아시아와의 무역을 중지하라는 국왕의 칙령을 발표했다. 1815년에 멕시코에서 출발한 마젤란 호가 마닐라에 도착했다. 그러나 배는 텅텅 비어 있었다. 왜냐하면 그나마 배에 얼마 실려 있지도 않은 소량의 은을 멕시코 반군들이 압수했기 때문이다.

아카풀코 갤리온 무역의 몰락의 이유로서 일부 학자들은 스페인 제국과 아메리카 식민지 간의 갈등과 충돌, 그리고 1803년 나폴레옹의 스페인 침략을 든다.[235] 물론 당시의 멕시코 독립주의자들이 마닐라 갤리온 무역은 식민지 착취를 통해서 이루어진 것으로 간주했던 점을 고려하면 타당한 설명이라고 할 수 있다. 그러나 아메리카의 독립 과정은 아시아와 유럽 사이의 교역을 멈추게 한 요소로 작용했을 뿐 근본적인 원인은 될 수 없었다.[236]

투자 수익의 감소와 은 가치의 하락

마닐라 갤리온 무역의 쇠퇴와 관련하여 몇 가지 이유를 들었지만, 이 무역이 결정적으로 단절된 것은 무엇보다 경제적인 이유에 있었다.[237] 다시 말해서, 모든 상업 활동에서 보았듯이 마닐라 갤리온 무역이 몰락하게 된 주원인은 초기와는 달리 갤리온 무역의 수익률이 투자에 비해 낮았고, 이 때문에 더 이상 교역활동이 지속될 수 없었기 때문이었다. 한마디로, 갤리온 무역은 이제 더 이상 매력적인 투자대상이 되지 못했고, 국가가 인위적으로 무역을 장려하거나 인센티브를 제공할 정치적 명분이나 의지가 사라지면서 종말을 고하게 되었다.

갤리온 무역이 결정적으로 쇠퇴하게 된 것은 무엇보다도 그동안 스페인과 중국의 무역에서 중요한 역할을 했던 은의 용도가 이전만큼 힘을 발휘하지 못했던 역사적 상황의 변화를 들 수 있다. 그동안 중국은 비단, 도자기 제조 등 막강한 제조업을 통해서 세계경제에 지대한 영향을 끼쳤다. 그러나 중국은 늘 은이 절실한 세계 최대의 은 수입국이었다. 중국은 마닐라 갤리온 선을 통해 들어온 아메리카의 은으로 그 수요의 많은 부분을 충당했다. 웨먼(Frederic E. Wakeman)은 당시 중국에서 일어났던 경제적 위기가 전 세계를 위기로 몰아넣었다고 하면서 "갤리온 무역의 성쇠는 중국 대륙의 무역에 따라서 좌우되었다"고[238] 확언했고, 플린과 히랄데스(Dennis Flynne and Arturo Giraldez)는 "스페인 제국의 흥망은 중국을 중심으로 하는 세계경제를 배경으로 깔았을 때 가장 명쾌하게 파악된다"고[239] 결론을 내렸다. 다시 말해서, 중국에서 은의 수요가 급증하고 은 가격이 상승하면서 스페인은 그동안 많은 이득을 얻었지만, 은의 공급 과잉으로 인해서 은 가격이 생산비에도 못 미치는 수준으로 하락하면서 커다란 타격을 받았다. 결국 아메리카로부터 은의 반입이 증대하면서 스페인 국내의 은 가치는 떨어졌고, 이것이 결국 은으로 거둔 세수의 구매력 하락으로 이어져 스페인 왕실은 경제적으로 회복 불능의 상태에 빠지게 되었다.[240]

19세기 초, 유럽을 시작으로 그동안 전 세계적으로 통화수단의 역할을 해왔던 은이 폐기되고, 영국을 필두로 유럽 대부분의 나라들이 금본위제도로 이행했다.[241] 19세기 말, 일본을 비롯한 아시아에서도 똑같은 과정을 겪었다. 이에 따라서 세계시장에서 은에 대한 수요도 감소했고 따라서 은의 가치도 현저히 하락했다. 이제 근대사회의 도래와 함께 금이 새로운 통화수단으로 등장하고 전 세계적으로 통용되면서 그동안 갤리온 무역의 동인이었던 은의 교환가치도 떨어지게 되었다. 금과 은의 상대적 가치는 인도에서 1 : 9에서 1 : 14(1575~1750)로, 중국에서는 1 : 9에서 1 : 15(1500~1750), 심지어 유럽에서도 1 : 11에서 1 : 15(1500~1750)로 하락했다.

갤리온 무역의 종말

1813년 스페인의 카디스
(Cádiz) 의회에서는 갤리온 무
역의 존속을 두고 논쟁이 벌어
졌고, 결국 갤리온 무역의 폐기
를 결정했다. 유일하게 반대한
의원은 필리핀 출생으로 오랜
기간 중국과 영국을 상대로 갤
리온 무역에 종사한 벤투라 데
로스 레이에스(Ventura de los
Reyees)였다. 프랑스가 물러가
고 왕위에 복귀한 페르난도 7

그림 74. 페르난도 7세

세는 의회의 이런 결정에 1813년 10월 25일 갤리온 무역의 폐기를
칙령으로 공포했다. 다만 필리핀의 상인들에게는 민간 선박에 한해
아카풀코로 향할 때 50만 페소, 그리고 마닐라로 귀환할 때 100만
페소의 허가 금액 안에서 아카풀코와 산 블라스의 항구를 이용하여
교역하도록 했다. 그러나 멕시코가 1821년 스페인으로부터 독립하
면서 필리핀과의 무역은 누에바 그라나다 부왕령(지금의 콜롬비아
를 중심으로 1717년에 세워진 부왕령)에 속한 카야오와 과야킬
항에서만 이루어졌다. 1815년 4월 23일, 페르난도 7세는 갤리온
무역의 폐지를 공식적으로 선언했다. 그리고 같은 해 마젤란 호가

아카풀코를 떠나 마닐라로 귀환하면서 약 250년간 지속된 갤리온 무역은 종말을 고하게 되었다.

주

1. 柳沼孝一郎(2013),「スペイン帝国の環太平洋関係史 - フィリピン諸島における植民統治施政の変遷」『神田外語大学紀要』第25号, pp. 287-288

2. 山田義裕(2011),「マニラ・ガレオン」, 日本海事史学会, 2011年9月例会, p. 7.

3. Borrao Mateo(2007), "The arrival of the Spanish galleons in Manila from the Pacific Ocean and their departure along the Kuroshio stream(16th and 17th centuries)", *Journal of Geographical Research*, No.47, pp. 19-21.

4. 山田義裕, op. cit. p. 10.

5. Driver, Marjorie G.(1988), "Cross, Sword, and Silver: The Nascent Spanish Colony in the Mariana Islands", Pacific Studies, Vol. 11, No. 3, pp. 22-23.

6. 서성철(2013),「삼각무역: 아카풀코 갤리언 무역의 탄생과 몰락」, 『라틴아메리카연구』, 제26권 2호, p. 138.

7. Ibid., p. 134.

8. Flynn, Dennis & Giráldez, Arturo(1996a), "China and the Spanish Empire", *Revista de Historia Económica-Journal of Iberian and Latin American Economic History*, 2, pp. 309-338 참조함.

9. Kim, Dong-Yeop(2012), "The Galleon Trade and It's Impact on the Early Modern Philippine Economy", Donseoyeongu, Vol. 24, No. 1, p. 64.

10. 서성철, op. cit., p. 134.

11. Mejía Cubillos, Javier(2011), "Una interpretación neoclásica del fin del Galeón de manila", Contribuciones a la Economía(Málaga), p. 5.

12. 서성철, op. cit. p. 135.

13. Navarro García, L.(1965), "El comercio interamericano por la Mar del Sur en la Edad Moderna", *Revista de Historia*, IV, núm. 23, p. 20.

14. 서성철, op. cit. p. 136.

15. Mejía Cubillos, op. cit. p. 5.

16. Ruescas, Javier & Wrana, Javier(2009), "The West Indies & Manila Galleons: The First Global Trade Route", *Presented at the International Conference The Galleon and the Making of the Pacific of the Intramuros Administration*, Manila, November 9. 참조함.

17. Smith, Robert S.(1971), "Spanish Mercantilism: A Hardy Perennial", *Southern Economic Journal*, 38, (1), pp. 1-11.

18. 서성철, op. cit. p. 137.

19. Martín-Ramos, Clara(2007), "Las Huellas de la Nao de China en Méico". http//www.scribd.com/doc/13984088/LasHuellas_de_laNao_de_laChina(2016.8.16).

20. Mejía Cubillos, op. cit. pp. 10-11.

21. 서성철, op. cit. p. 138.

22. Ibid., p. 140.

23. Corpuz, Onofre Dizon(1997), *An Economic History of the Philippines*, Quezon City: University of the Philippines Press, 312 p. 참조함.

24. Cushner, Nicolas P.(1967), "Merchants and Missionaries: A Theologian's View of Clerical Involvement in the Galleon Trade", *The Hispanic American Historial Review*, 47(3), p. 369.

25. Legarda, Benito Jr.(1955), "Two and a Half Centuries of the Galleon Trade", *Philippine Studies*, 3, (4), p. 352.

26. 서성철, op. cit. p. 140.

27. Legarda, op. cit. p. 352.

28. 서성철, op. cit, p. 140.

29. Schurtz, William Lytle(1918), "Mexico, Peru, and the Manila Galleon", *The Hispanic American Historical Review*, 1, (4), p. 392.

30. 서성철(2015), 「신세계에서의 포르투갈 유대인과 종교재판」, 『이베로아메리카』, 제17권 1호, p. 79.

31. Quiroz, Alfonso W.(1986), "La expropiación inquisitorial de cristianos nuevos portugueses en los Reyes, Cartagena y México, 1635-1649",

Histórica, Vol. 10, No.2, pp. 237-260 참조함.

32. Metz, Allan(1992), "Those of the Hebrew Nation..., The Sephardic Experience in Colonial Latin América", *Jewish Archives-Sephardim in the Americas*, Volume XLV, Number 1, Hebrew Union The American College-Jewish Institute of Religion, p. 213.

33. Legarda, op. cit. p. 354.

34. Quiroz, op. cit. p. 240.

35. 서성철, op. cit. p. 80.

36. Núñez Sánchez, Jorge(2004), "Inquisición y diáspora judía: Los sefarditas de Chimbo", *Cartilla de divulgación cultural*, #42, p. 11.

37. Quiroz, op. cit. p. 246.

38. Ibid., p. 244.

39. 山田義裕, op. cit. pp. 11-12.

40. Spate, O.H,K.(1979), "The Spanish Lake, the Pacific since Magellan". http://press.anu.edu.au/spanish_Lake/mobile_devices/index,html, p. 222.

41. Sales Colin, Oswald(2000a), "Las cargazones del galeón de la carrera de poniente: primera mitad del siglo XVII", *Revista de Historia Económica*, 8, (3), pp. 629-661.

42. Mejía Cubillos, op. cit. pp. 7-8.

43. 서성철(2013), p. 137.

44. Ibid., 138.

45. Driver, op. cit. pp. 24-25.

46. 山田義裕, op. cit. p. 27.

47. Ibid., p. 27.

48. Pinzón Ríos, Guadalupe(2014), "Desde tierra y hacia el horizonte marítimo. Una reflexión sobre la relevancia de los establecimientos portuarios de Pacífico Novohispano", *Análisis*, núm. 50, pp. 72-74.

49. 「スペインのマニラと中国・日本との交易」参照함. http://koekisi.web.fc2.com/koekisi5/page005.html(2016. 10. 14).

50. 山田義裕, op. cit. pp. 29-30.

51. Ibid., p. 32.

52. 「スペインのマニラと中国・日本との交易」 참조함.

53. Ibid.

54. 山田義裕, op. cit. p. 33.

55. Ibid., p. 36.

56. 「スペインのマニラと中国・日本との交易」 참조함.

57. Legarda, op. cit. p. 355.

58. Sales Colin, op. cit. 참조할 것.

59. 서성철, op. cit. p. 144.

60. Barker, Tom(2006), "Silver, Silk and Manila: Factors Leading to the Manila Galleon Trade". http://hdl.handle.net/10139/37.(2017. 2.20), p. 19.

61. 山田義裕, op. cit. p. 11.

62. Barker, op. cit. p. 19.

63. Latasa, Pilar and Fariñas del Alba, Maribel(1991), "El comercio triangular entre Filipinas, México y Perú a comienzos del siglo XVII", *Revista de Historia Naval*, No. 9, (35), p. 13.

64. Tremml-Werner, Birgit(2015), *Spain, China, and Japan in Manila, 1571-1644 Local Comparisons and Global Connections*, Amsterdam University Press, pp. 18-21.

65. Hernández Contreras, Fernando & Jiao, Zhenheng(2007), "Las Relaciones Comerciales de México y China en la Historia", en *Observatio de la Economía y la Sociedad de China*, No. 05, diciembre 2007. http://www.eumed.net/rev/china(2016.7.3).

66. 山田義裕, op. cit. p. 11.

67. 「スペインのマニラと中国・日本との交易」 참조함.

68. Hernández Contreras & Jiao, op. cit. p. 11.

69. Ibid., p. 10.

70. Ibid.

71. 프랑크 안드레(2003), 『리오리엔트』, 서울 : 이산, pp. 207-208.

72. Hernández Contreras & Jiao, op. cit. p. 10.

73. 프랑크, op. cit. p. 206.

74. 서성철(2013), op. cit. p. 142.

75. 山田義裕, op. cit. p. 12.

76. Barker, op. cit. pp. 1-4.

77. García-Abásolo, Antonio(2004), "Relaciones entre españoles y chinos en Filipinas. Siglos XVI y XVII", *España y le Pacífico. Legazpi*. Ed. L. Cabrero, Sociendades Estatal de Conmemoraciones Culturales, Tomo II, Madrid, p. 235.

78. Schurz, op. cit. p. 395.

79. Hernández Contreras & Jiao, op. cit. p. 14.

80. Ibid., p. 16.

81. Ruiz-Stovel, Guillermo(2009), "Chinese Merchants, Silver Galleons, and Ethnic Violence in Spanish Manila, 1603-1686", *México y la Cuenca del Pacífico*, Vol. 12, num. 36, p. 56.

82. Hernández Contreras & Jiao, op. cit. pp. 18-20.

83. 이덕훈(2014a), 「스페인 식민지 시기의 필리핀에서의 중국계 메스티조 (Mestizo de Sanglay)의 등장과 역할」, 『동남아시아연구』, 24권 4호, p. 247.

84. Min, Zhou(2006), "The Chinese Diaspora and International Migration", *Social Transformation in Chinese Societies*, 1, pp. 161-190. 이덕훈(2014a), op. cit. p. 248에서 재인용.

85. 이덕훈, op. cit. p. 248.

86. García-Abásolo, op. cit. p. 235.

87. 이덕훈(2014), 「글로벌무역으로서의 마닐라 갈레온 무역과 중국인과 일본인의 교역 -대항해시대의 유럽의 가톨릭포교와 무역을 중심으로-」, 『일본문화학보』, 제62집, p. 270.

88. Ruiz-Stovel, op. cit. p. 47.

89. De Viana(2001), *Three Centuries of Binondo Architecture, 1594~1898: A Socio-Historical Perspective*. España, Manila: University of Santo Tomas Press. pp. 10-18. 이덕훈, op. cit. p. 271에서 재인용.

90. 이덕훈(2014a), op.cit. p. 258.

91. García-Abásolo, op. cit. pp. 236-237.

92. Ibid., p. 236.

93. 官谷成子(2000),「18世紀中葉フィリピンにおける中国人移民社会のカトリック化と中国系メスティーソの興隆」,『東洋文化研究所紀要』, 139冊, 東京大学東洋文化研究所, p. 439.

94. 이덕훈(2014a), op. cit. pp. 262-264.

95. Ibid., pp. 259-260.

96. García-Abásolo, op. cit. pp. 232-233.

97. Ibid., op. cit. p. 233.

98. Ibid., p. 234.

99. TePaske, John Jay(1983), "New World Silver, Castile, and the Philipines, 1590-1800", In *Precious Metals in the Late Medieval and Early Modern Worlds*, edited by J.F. Richards. Durham, N.C.: Carolina Academic Press, p. 433.

100. Chuan, Han-Sheng(1969), "The Inflow of American Silver into China from the Late Ming to the Mid-Ch'ing Period", *The Journal of the Institute of Chinese Studies of the Chinese University of Hong Kong*, p. 2. 프랑크, op. cit. p. 239에서 재인용.

101. 서성철, op. cit. p. 142.

102. Ibid.

103. 프랑크, op. cit. pp. 250-251.

104. Castro, Amado A.(1982), "Foreign Trade and Economic Welfare in the Last Half-Century of Spain Rule", *Philippine Review of Economics*, vol. 19, issue 1, p. 98.

105. Alfonso Mola, Marina & Martínez Shaw, Carlo(2004), "La era de la plata española en Extremo Oriente", *Revista Española del Pacífico*, pp. 45-46.

106. 서성철, op. cit. p. 143.

107. 鎮目雅人(2016),「銀貨の歴史: 激動の時代をささえた貨幣」, 現代政治経済研究所, 早稲田大学, p. 6.

108. 永積洋子(1999),「日本から見た東アジアにおける国際経済の成立」, 研究年報(シンポジウム第2報告), p. 70.

109. Palacios, Héctor(2008), "Los primeros contactos entre el Japón y los

españoles: 1543-1612", *Análisis*, Vol. 11, núm. 31, p. 36.

110. 柳沼孝一郎(2013), 東西交流の起源：大航海時代のイベロアメリカとアジア(16, 17世紀における日本とイベロアメカ)」, 『神田外語大学紀要』, 第26号, p. 94.

111. Palacios, op. cit. p. 37.

112. Reyes, Melba Falck & Palacios, Héctor(2014), "Los primeros japoneses en Guadalajara", *Análisis*, número 17, p. 93.

113. 片岡瑠美子(1995),「長崎における東西文化の融合」, オフィス・オートメ(基調講演), Vol. 16, No. 21.

114. 柳沼孝一郎, op. cit. pp. 92-93.

115. Ichigawa, Shinichi(2004), "Los galeones de Manila y los gobernantes japoneses del siglo XVII", 『地中海研究所紀要』, 2巻, pp. 1-2.

116. Kaibara, Yukio, *Historia del Japón*, Fondo de Cultura de Económica, México, DF, 2000, pp. 139-191. Palacios, op. cit. p. 43에서 재인용.

117. 서성철(2016),「일본과 스페인의 초기 교류에 대한 고찰：무역과 선교를 중심으로」, 『중남미 연구』, 제35권 2호, p. 120.

118. Borao Mateo(2005), op. cit. p. 5.

119. 柳沼孝一郎, op. cit. pp. 95-96.

120. Palacios, op. cit. p. 43.

121. 柳沼孝一郎, op. cit. p. 96.

122. Borao Mateo(2007), "The arrival of the Spanish galleons in Manila from the Pacific Ocean and their departure along the Kuroshio stream(16th and 17th centuries)", *Journal of Geographical Research*, No. 47, p. 8.

123. Reyes & Palacios, op. cit. p. 93.

124. Ibid., p. 94.

125. 서성철, op. cit. pp. 123-124.

126. Ibid., p. 124.

127. Ibid.

128. Borao Mateo(2005), op. cit. p. 8.

129. 서성철, op. cit. p. 125.

130. 柳沼孝一郎, op. cit. pp. 96-97.

131. 柳沼孝一郎, op. cit. p. 99; Ichigawa, op. cit. p. 8.

132. 柳沼孝一郎, op. cit. pp. 101-102.

133. Reyes & Palacios, op. cit. p. 95.

134. Hirata, Wataru(2008), "Costa de tipo rías que enlaza Galicia y Japón", Universidad de Coruña, p. 136.

135. 柳沼孝一郎, op. cit. p. 106.

136. 서성철, op. cit. p. 128.

137. Hayashiya, Eikichi(2003), "Los japoneses que se quedaron en México en el siglo XV. Acerca de un samurai en Guadalajara", *México y la Cuenca del Pacífico*, vol. 6, núm. 18, p. 13.

138. Hirata, op. cit. pp. 137-138.

139. 서성철, op. cit. p. 128.

140. Sanderson(1975), *Civilization and World Systems. Studying World Historical Change.* Walnut Creek, California: Altamira, p. 153. 프랑크, op. cit. p. 197에서 재인용.

141. 프랑크, op. cit. p. 198.

142. Ibid.

143. Tarling, Nicolas(1992), ed. *The Cambridge History of Southeast Asia.* Vol. 1, From Early time to c. 1800, Cambridge: Cambridge University Press. pp. 467-468. 프랑크, op. cit. p. 199에서 재인용.

144. 프랑크, op. cit. p. 199.

145. 安野眞幸(1978),「ポルトガル豊後同盟の研究: 長崎開港前南蛮貿易の分析を中心に」,『文化紀要』, 12-1, pp. 150-151.

146. 片岡瑠美子, op. cit. p. 2.

147. 서성철, op. cit. p. 130.

148. Planella Llorens, Teresa, Maria(2015), *Silk, porcelain and lacquer: China and Japan and their trade with Western Europe and the New World, 1500-1644. A survey of documentary and material evidence*, Leiden: Leiden University, p. 33.

149. 丹野勲(2014),「日本のアジア交易の歴史序説- 古代・中世・近世・幕末・明治初期まで」,『国際経営論集』, 48巻, pp. 3-4.

150. Barker, op. cit. 참조함.

151. Flynn, Dennis & Giráldez, Arturo(1996b), "Silk for Silver: Manila-Macao Trade in the 17th Century", *Philippine Studies*, Vol. 44, No. 1, pp. 56.

152. Iaccarino, Ubaldo(2008), "Manila as an International entrepot: Chinese and Japanese Trade with the Spanish Philippines at the Close of the 16th Century", *Bulletin of Portuguese-Japanese Studies*, vol. 16, junio, p. 73.

153. 丹野勲, op. cit. p. 9.

154. 松竹秀雄(1989),「朱印船時代とそれ以後の長崎의海外貿易」, 長崎大学経済学会, 69巻 第2号, pp. 170.

155. 重藤威夫(1968),「東南アジアと御朱印船貿易」,『研究年報』, pp. 100-101.

156. Ibid., p. 103.

157. Alfonso Mola & Martínez Shaw, op. cit. p. 40.

158. 서성철, op. cit. p. 133.

159. 프랑크, op. cit. pp. 207-208.

160. 서성철, op. cit. p. 133

161. 丹野勲, op. cit. p. 10.

162. 프랑크, op. cit. pp. 188-189; 丹野勲, op. cit. p. 12.

163. 丹野勲, op. cit. pp. 12-13.

164. 니혼마치의 전반적인 내용에 대해서는 岩生成一(1966),『南洋日本町の研究』, 岩波書店, pp. 1-432 참조함.

165. Hayashiya, op. cit. p. 12.

166. Borao Mateo, op. cit. p. 1.

167. Reyes & Palacios, op. cit. p. 94.

168. Borao Mateo, op. cit. p. 3.

169. Ibid., pp. 3-4.

170. 서성철, op. cit. p. 136.

171. Hayashiya, op. cit. p. 12.

172. Borao Mateo, op. cit. pp. 15-16.

173. Kimura, Masahiro(1987), *La Revolución de los precios en la cuenca del pacífico, 1600-1650: la plata México-Peruana y el aislamiento Japonés*

(Sakoku), México: UNAM, p. 204.

174. Minguez, Victor & Rodríguez, Inmaculada(2009), "Japan in the Spanish Empire Ciruculation of Works of Art and Imagings of Cipango in Metropolitan Spain and the Amerian Viceeroyalties", *Bulletin of Portuguese-Japanese Studies*, vol. 18-19, p. 211.

175. Ruíz Gutiérrez, Ana(2010), "Influencias artísticas en las artes decorativas novohispanos", A: San Ginés, P.(ed.), *Cruce de miradas, relaciones e intercambios, Colección Española de Investigación sobre Asia Pacífico*, No. 3, Granada: Editorial Universidad de Granada, p. 336.

176. Minguez & Radríguez, op. cit. p. 202.

177. Baena Zapatero, Alberto(2013), "Intercambios culturales y globalización a través del galeón de Manila: comercio y producción de biombos(S.XVII y XVIII", *La Nao de China, 1565-1815: Navegación, comercio e intercambios culturales*(coord. Salvador Benabéu), Sevilla: Universidad de Sevilla, pp. 216-231 참조함.

178. Carillo, Rubén(2014), "Asia llega a América Migración e influencia cultural asiática en Nueva España(1565~1815), *Asiadémica*, p. 85.

179. Ibid., p. 88.

180. 이성형(2003), 『콜럼버스가 서쪽으로 간 까닭은?』, 서울: 까치, p. 147.

181, Carillo, op. cit. p. 82.

182. Ibid., p. 83.

183. García-Abásolo(2011), "Los chinos y el modelo colonial español en Filipinas", *Cuadernos de Historia Moderna*, X, p. 228.

184. Hirata, op. cit. p. 137.

185. León-Portilla, Miguel(1981), "La embajada de los japoneses en México, 1614. El testimonio en náhuatl del cronista Chimalpáhin", *Estudios de Asia y Africa: El Colegio de México*, Vol. XVI, No. 2, pp. 215-241 참조함.

186. Reyes & Palacios, op. cit. pp. 98-117.

187. Isorena, Efren B.(2015), "Maritime Disasters in Spanish Phillippines: The Manila-Acapulo Galleons, 1565⁻1815", *IJAPS*, Vol. 11, No. 1, pp. 53.

188. Ibid., p. 55.

189. Ibid., p. 63.

190. Ibid., pp. 63-64.

191. 箭内健次・沼田次郎編(1976),『海外交渉史の視点』2巻(近世), 日本書籍, pp. 89-90.

192. Borao Mateo(2007), op. cit. pp. 25-26.

193. Ibid., pp. 27-28.

194. Rodrigo de Vivero(1609), *Relación del Japón*, Biblioteca Virtual Universal(2013) 참조함.

195. 山田義裕, op. cit. p. 40.

196. Ibid., p. 42.

197. Ibid., p. 37.

198. Historia de Perú. http://historiaperuana.pe/periodo-colonial/virreinato /comercio-virreinato(2016.12.1)

199. Schurz, op. cit. pp. 395-396.

200. Ibid., p. 397.

201. Ibid., p. 394.

202. Alfonso Mola & Martínez Shaw, op. cit. p.36.

203. Legarda, op. cit. p. 354.

204. Smith, Robert S.(1971), "Spanish Mercantilism: A Hardy Perennial", *Southern Economic Journal*, 38, (1), p. 4.

205. 서성철(2013), op. cit. p. 145.

206. Legarda, op. cit. p. 354.

207. 서성철, op. cit. p. 146.

208. Legarda, op. cit. p. 355.

209. 서성철, op. cit. p. 147.

210. Legarda, op. cit. pp. 361-362.

211. 서성철, op. cit. p. 144.

212. Ibid., p. 145.

213. Legarda, op. cit. p. 352.

214. Corpuz, Onofre Dizon(1997), *An Economic History of the Philippines,*

Quezon City: University of the Philippines Press, p. 40.

215. 山田義裕, op. cit. pp. 15-16.

216. Driver, op. cit. pp. 25-26.

217. 山田義裕, op. cit. p. 16.

218. Ibid., p. 19.

219. Dopazo Duran, Rosa(2006), *El Galeon De Manila: Los Objectos Que Llegaron De Oriente*, Ediciones Castillo, pp. 1-48 참조함.

220. Reid, Anthony(1990), "The Seventeenth-Century Crisis in Southeast Asia", *Modern Asian Studies*, 24, (4), pp. 646-647.

221. 서성철, op. cit. p. 148.

222. Castro, op. cit. p. 96.

223. 푸르타도, C.(1983), 윤성옥 역, 『라틴 아메리카 經濟發展史: 植民地 經濟構造와 그 遺産』, p. 44.

224. 菓山靖司(1985), 『라틴아메리카 변혁사』, 서경원 옮김, 서울: 백산서당, p. 77.

225. Mejía Cubillos, op. cit. pp. 14-15.

226. 서성철, op. cit. p. 150.

227. Legarda, op. cit. p. 364.

228. 서성철, op. cit. pp. 150-151.

229. 푸르타도, op. cit. p. 43.

230. 프랑크, op. cit. p. 388.

231. 서성철, op. cit. p. 152.

232. Price, Jacob M.(1989), "What did merchants do? Reflections on British Overseas Trade, 1660-1790", *The Journal of Economic History*, 49, (2), pp. 267-284 참조함.

233. O'Rourke, Kevin H. and Williamson, Jeffrey G.(2000), "When did Globalization Begin", *European Review of Economic History*, 6, (01), pp. 23-50 참조함.

234. Legarda, op. cit. p. 364.

235. Mejía Cubillos, op. cit. p. 16.

236. 서성철, op. cit. p. 153.

237. Mejía Cubillos, op. cit. p. 16.

238. Wakeman, Frederic E.(1986), "China and Seventeenth-Century Crisis", *Late Imperial China*, Vol. 7, no. 1(june), pp. 1-23. 프랑크 op. cit. p. 214에서 재인용.

239. Flynn, Dennis & Giráldez, Arturo(1995), "Born with a 'Silver Spoon': The Origin of World Trade", *Journal of World History* 6, no. 2 (Fall), pp. 201-222. 프랑크, op. cit. p. 390에서 재인용.

240. 프랑크, op. cit. p. 390.

241. 鎭目雅人, op. cit. p. 9.

참고문헌

서성철(2013), 「삼각무역 : 아카풀코 갤리언 무역의 탄생과 몰락」, 『라틴아메리카연구』, 제26권 2호, pp. 131-157.

_____(2015), 「신세계에서의 포르투갈 유대인과 종교재판」, 『이베로아메리카』, 제17권 1호, pp. 61-91.

_____(2016), 「일본과 스페인의 초기 교류에 대한 고찰 : 무역과 선교를 중심으로」, 『중남미 연구』, 제35권 2호, pp. 113-142.

菓山靖司(1985), 서경원 옮김, 『라틴아메리카 변혁사』, 서울 : 백산서당, 254 p.

이덕훈(2014), 「글로벌무역으로서의 마닐라 갈레온 무역과 중국인과 일본인의 교역—대항해 시대의 유럽의 가톨릭포교와 무역을 중심으로」, 『일본문화학보』, 제62집, pp. 259-286.

_____(2014a), 「스페인 식민지 시기의 필리핀에서의 중국계 메스티조(Mestizo de Sanglay)의 등장과 역할」, 『동남아시아연구』, 24권 4호, pp. 239-280.

이성형(2003), 『콜럼버스가 서쪽으로 간 까닭은?』, 서울 : 까치사, 332 p.

푸르타도, C.(1983), 윤성옥 역, 『라틴 아메리카 經濟發展史 : 植民地 經濟構造와 그 遺産』, 347 p.

프랑크, 안드레(2003), 『리오리엔트』, 이희재 옮김, 서울 : 이산, 608 p.

菅谷成子(2000), 「18世紀中葉フィリピンにおける中国人移民社会のカトリック化と中国系メスティーソへの興隆」, 『東洋文化研究所紀要』, 139冊, 東京大学東洋文化研究所, pp. 420-444

丹野勲(2014), 「日本のアジア交易の歴史序説—古代・中世・近世・幕末・明治初 期まで」, 『国際経営論集』, 48巻, pp. 1-51.

柳沼孝一郎(2014), 「東西交流の起源 : 大航海時代のイベロアメリカとアジア

—16, 17世紀における日本とイベロアメリカ」,『神田外語大学紀要』, 第26号, pp. 89-115.

_____(2012), 「スペイン帝国の太平洋覇権確立~海外領土拡張政策と東アジア進出の歴史背景」,『神田外語大学紀要』, 第26号, pp. 203-223.

山田義裕(2011), 「マニラ・ガレオン」, 日本海事史学会, 2011年9月例会, pp. 1-58.

松竹秀雄(1989), 「朱印船時代とそれ以後の長崎의海外貿易」, 長崎大学経済学会 69巻, 第2号, pp. 165-199.

安野眞幸(1978), 「ポルトガル豊後同盟の研究:長崎開港前南蛮貿易の分析を中心に」, 文化紀要, 12-1, pp. 147-187.

岩生成一(1966),『南洋日本町の研究』, 岩波書店

野上建紀(2015), 「清朝の海禁政策と陶磁器貿易」,『金沢大学考古学紀要』, 37, pp. 43-52.

永積洋子(1999), 「日本から見た東アジアにおける国際経済の成立」, 研究年報(シンポジウム第2報告), pp. 67-73.

箭内健次・沼田次郎編(1976),『海外交渉史の視点』2巻(近世), 日本書籍, 338 p.

重藤威夫(1968), 「東南アジアと御朱印船貿易」,『研究年報』, pp. 97-115.

鎮目雅人(2016), 「銀貨の歴史:激動の時代をささえた貨幣」, 現代政治経済研究所, 早稲田大学, pp. 1-14.

片岡瑠美子(1995), 「長崎における東西文化の融合」, オフィス・オートメ(基調講演), Vol. 16, No. 21.

Alfonso Mola, Marina and Martínez Shaw, Carlo(2004), "La era de la plata española en Extremo Oriente", *Revista Española del Pacífico,* pp. 33-53.

Alonso Alvarez, Luis(2008), "Formación y desarrollo del proyecto colonial español en las Islas Filipinas 1565-1762", En G. Cano y A. Delgado(eds), *De Tartessos a Manila,* Siete estudios coloniales y poscoloniales. Valencia: Universidad de Valencia.

_____(2009), *El costo del imperio asiático: la formación colonial de las islas filipinas bajo dominio español 1565/1800,* A Coruña: Universidad de A Coruña, 374 p.

Baena Zapatero, Alberto(2013), "Intercambios culturales y globalización a través del galeón de Manila: comercio y producción de biombos(S.XVII y XVIII", *La Nao de China, 1565-1815: Navegación, comercio e intercambios culturales*(coord. Salvador Benabéu), Sevilla: Universidad de Sevilla, pp. 213-245.

_____(2015), "Apuntes sobre la elaboración de Biombos en la Nueva España", *Archivo Español de Arte*, LXXXVIII, 350, pp. 173-188.

Bañas Llanos, M. Belén(2000), *Las islas de las especias (Fuentes etnohistóricas sobre las Islas Molucas)* S.XIV-XX, Extremadura: Universidad de Extremadura. Servicio de Publicaciones. Cáceres, 160 p.

Barker, Tom(2006), "Silver, Silk and Manila: Factors Leading to the Manila Galleon Trade", http://hdl.handle.net/10139/37(2016.11.20), pp. 1-13.

Barker, Thomas W.(2009), "Pulling the Spanish out of the 'Christian Century': Re-evaluating Spanish-Japanese relations during the seventeenth century", *Eras Edition 11.* http://www.arts/monash.edu.au/pulications/eras(2017.1.30).

Barrett, Ward(1990), "World Bullion Flows, 1450-1800", In *The Rise of Merchant Empires: Long-Distance Trade in the Early Modern World, 1350–1750*, ed. James D. Tracy, pp. 24-54.

Bernabéu Albert, Salvador y Martínez Shaw, Carlos(eds)(2013), *Un océano de seda y plata: el universo económico del Galeón de Manila*, Sevilla: Colección universos americanos, CSIC, 444 p.

Borao Mateo, José Eugenio(2005), "La colonia de japoneses en Manila en el marco de las relaciones de Filipinas y Japón en los siglos XVI y XVII", *Cuadernos CANELA*, No. 17, Tokyo, pp. 25-53.

_____(2007), "The arrival of the Spanish galleons in Manila from the Pacific Ocean and their departure along the Kuroshio stream(16th and 17th centuries)", *Journal of Geographical Research*, No. 47, pp. 17-37.

Carillo, Rubén(2014), "Asia llega a América Migración e influencia cultural asiática en Nueva España(1565~1815), *Asiadémica*, pp. 81-97.

Castro, Amado A.(1978), "Foreign Trade and Economic Welfare in the

Last Half-Century of Spain Rule", pp. 95-114.

Chaunu, Pierre(1974), *Las Filipinas y el Pacífico de los Ibéricos siglos XVI—XVII—XVIII*, Mexico D.F.: Instituto Mexicano de Comercio Exterior.

Chuan, Han-Sheng(1969), "The Inflow of American Silver into China from the Late Ming to the Mid-Ch'ing Period", *The Journal of the Institute of Chinese Studies of the Chinese University of Hong Kong*, pp. 61-75.

Corpuz, Onofre Dizon(1997), *An Economic History of the Philippines*, Quezon City: University of the Philippines Press.

Cushner, Nicolas P.(1967), "Merchants and Missionaries: A Theologian's View of Clerical Involvement in the Galleon Trade", *The Hispanic American Historial Review*, 47(3), pp. 360-369.

Dáz-Trechuelo, María Lourdes(1956), "Dos nuevos derroteros del Galeón de Manila(1730 y 1773)", *Anuario de Estudios Americanos XIII*, pp. 1-83.

Driver, Marjorie G.(1988), "Cross, Sword, and Silver: The Nascent Spanish Colony in the Mariana Islands", *Pacific Studies*, Vol. 11, No. 3, pp. 21-51.

Elliott, John(1986), *La España Imperial 1469-1716*, Barcelona: Editorial Vicens Vives, 458 p.

Fish, Shirley(2011), *The Manila-Acapulco Galleons: The Treasure Ships of the Pacific*, Keyenes: AuthorHouse, 552 p.

Flynn, Dennis; Arturo Giráldez; James Sobredo (eds.)(2001), *European Entry into the Pacific. Spain and the Acapulco-Manila Galleons*, Vermont: Ashgate Publishing Company.

Flynn, Dennis & Giráldez, Arturo(1994), "China and the Manila Galleons", In: A. J. H. Latham and Heita Kavakatsu(eds.), *Japanese Industrialization and the Asian Economy*, London: Routledge, pp. 71-90.

_____(1996a), "China and the Spanish Empire", *Revista de Historia Económica-Journal of Iberian and Latin American Economic History*, 2, pp. 309-338.

_____(1996b), "Silk for Silver: Manila-Macao Trade in the 17th Century", *Philippine Studies*, Vol. 44, No. 1, pp. 52-68.

García-Abásolo, Antonio(2004), "Relaciones entre españoles y chinos en Filipinas. Siglos XVI y XVII", *España y el Pacífico. Legazpi*. Ed. L. Cabrero, Sociedades Estatal de Conmemoraciones Culturales, Tomo II, Madrid, pp. 231-250.

_____(2011), "Los chinos y el modelo colonial español en Filipinas", *Cuadernos de Historia Moderna*, X, pp. 223-242.

Giraldez, Arturo(2015), *The Age of Trade: The Manila Galleons and the Dawn of the Global Economy(Exploring World History)*, London: Rawman and Little Field, 270 p.

Hamilton, Earl J.(1948), "The Role of Monopoly in the Overseas Expansion and Colonial Trade of Europe Before 1800", *The American Economic Review*, 38, (2), pp. 33-53.

Hernández Contreras, Fernando & Jiao, Zhenheng(2007), "Las Relaciones Comerciales de México y China en la Historia", en *Observatio de la Economía y la Sociedad de China*, No 05, diciembre 2007. http://www. eumed.net/rev/china(2016.7.3).

Hayashiya, Eikichi(2003), "Los Japoneses que se quedaron en México en el siglo XVII. Acerca de un samurai en Guadalajara", *México y la cuenca del pacífico*, vol. 6, núm, 18, pp. 10-17.

Hirata, Wataru(2008), "Costa de tipo rías que enlaza Galicia y Japón", Universidad de Coruña, pp. 133-140.

Iaccarino, Ubaldo(2008), "Manila as an International entrepot: Chinese and Japanese Trade with the Spanish Philippines at the Close of the 16th Century", *Bulletin of Portuguese-Japanese Studies*, vol. 16, junio, pp. 71-81.

Ichigawa, Shinichi(2004), "Los galeones de Manila y los gobernantes japoneses del siglo XVII", 『地中海研究所紀要』, 2巻, pp. 1-13.

Isorena, Efren B.(2015), "Maritime Disasters in Spanish Phillippines: The Manila-Acapulo Galleons, 1565-1815", *IJAPS*, Vol. 11, No. 1, pp. 53-83.

Kim, Dong-Yeop(2012), "The Galleon Trade and It's Impact on the Early Modern Philippine Economy", *Donseoyeongu*, Vol. 24, No. 1, pp. 55-84.

Kimura, Masahiro(1987), *La revolución de los precios en el Pacífico, 1600-1650:*

la plata México-Peruana y el aislamiento Japonés (Sakoku), México: UNAM, 244 p.

Latasa, Pilar and Fariñas del Alba, Maribel(1991), "El comercio triangular entre Filipinas, México y Perú a comienzos del siglo XVII", *Revista de Historia Naval*, No. 9, (35), pp. 13-28.

Legarda, Benito Jr.(1955), "Two and a Half Centuries of the Galleon Trade", *Philippine Studies*, 3, (4), pp. 345-372.

_____(1999), *After the Galleons: Foreign Trade, Economic Changes and Entrepreneurship in the Nineteenth-Century Philippines*, Quezon City: Ateneo de Manila University Press.

León-Portilla, Miguel(1981), "La embajada de los japoneses en México, 1614. El testimonio en náhuatl del cronista Chimalpáhin", *Estudios de Asia y Africa: El Colegio de México*, Vol. XVI, No. 2, pp. 215-241.

Martín-Ramos, Clara(2007), "Las Huellas de la Nao de China en Méico". http//www.scribd.com/doc/13984088/LasHuellas_de_laNao_de_laChina (2016.8.16).

Martínez Shaw, Carlos & Alfonso Mola, Marina(Comisarios)(2000), *El Galeón de Manila*, Catálogo, Madrid: Ministerio de Educación, Cultura y Deporte. Fundación Focus-Abengoa.

Martínez Shaw, Carlos & Palacios, Héctor(2008), "Los primeros contactos entre el Japón y los españoles: 1543-1612", *Análisis*, Vol. 11, núm. 31.

Mejía Cubillos, Javier(2011), "Una interpretación neoclásica del fin del Galeón de Manila", *Contribuciones a la Economía*(Málaga), pp. 1-23.

Miguel Bernal, Antonio(1987)(Coord.), *El "comercio libre" entre España y América (1765-1824)*, Madrid: Banco Exterior de España, 324 p.

Mínguez, Víctor & Rodríguez, Inmaculada(2009), "Japan in the Spanish Empire Ciruculation of Works of Art and Imagings of Cipango in Metropolitan Spain and the Amerian Viceeroyalties", *Bulletin of Portuguese-Japanese Studies*, vol. 18-19, pp. 195-221.

Morga, Antonio de (1609), *Sucesos de las Islas Filipinas*, Mexico, (ed. by José Rizal, and reprint in Manila.

Navarro García, L.(1965), "El comercio interamericano por la Mar del Sur en la Edad Moderna", *Revista de Historia*, IV, núm. 23, pp. 11-55.

Núñez Sánchez, Jorge(2004), "Inquisición y diáspora judía: Los sefarditas de Chimbo", *Cartilla de divulgación cultural*, #42, pp. 1-33.

Ollé, Manel(2002), *La empresa de China: de la armada invencible al Galeón de Manila*, Barcelona: Ediciones Acantilado, 2002, 302 p.

O'Rourke, Kevin H. and Williamson, Jeffrey G.(2000), "When did Globalization Begin", *European Review of Economic History*, 6, (01), pp. 23-50.

Palacios, Héctor(2008), "Los primeros contactos entre el Japón y los españoles: 1543-1612" *Análisis*, Vol. 11, núm. 31, pp. 35-57.

Peterson, Andrew(2011), "What Really Made the World go Around?: Indio Contributions to the Acapulco-Manila Galleon Trade", *Explorations*, Volume 11, Issue 1, pp. 3-18.

Phelan, John Lady(1960), "Authority and Flexibility in the Spanish Imperial Bureaucracy", *Administrative Science Quarterly*, 5, (1), pp. 47-65.

Pinzón Ríos, Guadalupe(2014), "Desde tierra y hacia el horizonte marítimo. Una reflexión sobre la relevancia de los establecimientos portuarios de Pacífico Novohispano", *Análisis*, núm. 50, pp. 67-87.

Planella, Llorens & Teresa, Maria(2015), *Silk, porcelain and lacquer: China and Japan and their trade with Western Europe and the New World, 1500-1644. A survey of documentary and material evidence*, Leiden: Leiden University

Pozo, A.(2005), "Historia de Sevilla en el siglo XVI". http://www.personal.us.es/alporu/inicio.htm(2017.2.18).

Price, Jacob M.(1989), "What did merchants do? Reflections on British Overseas Trade, 1660-1790", *The Journal of Economic History*, 49, (2), pp. 267-284.

Reid, Anthony(1990), "The Seventeenth-Century Crisis in Southeast Asia", *Modern Asian Studies*, 24, (4), pp. 639-659.

Reyes, Melba Falck & Palacios, Héctor(2012), "El japonés que conquistó

Guadalajara: la historia de Juan de Páez en la Guadalajara del siglo XVII",
Relaciones, 131, pp. 323-337.

_____(2014), "Los primeros japoneses en
Guadalajara", *Análisis*, número 17, pp. 89-123.

Ruiz-Stovel, Guillermo(2009), "Chinese Merchants, Silver Galleons, and
Ethnic Violence in Spanish Manila, 1603-1686", *México y la Cuenca del
Pacífico*. Vol. 12, num. 36, pp. 47-63.

Sales Colin, Oswald(2000a), "Las cargazones del galeón de la carrera de
poniente: primera mitad del siglo XVII", *Revista de Historia Económica*,
8, (3), pp. 629-661.

_____(2000b), *El movimiento portuario de Acapulco. El
protagonismo de Nueva España en la relación con Filipinas, 1587-1648*,
México: Plaza y Valdés.

Schurtz, William Lytle(1918), "Mexico, Peru, and the Manila Galleon", *The
Hispanic American Historical Review*, 1, (4), pp. 389-402.

_____(1992)(1ª ed, 1939), *El Galeón de Manila*, Madrid:
Instituto de Cooperación Iberoamericana, 358 p.

Silva Herzog, Jesús(1956), "El comercio de México durante la época colonial",
Cuadernas Americanas, 153, pp. 43-73.

Slade, Magaret E.(1982), "Trends in Natural Resource Community Prices:
An Analysis of the Time Domain", *Journal of Environment Ecocomics
and Management*, 9, pp. 122-137.

Smith, Robert S.(1971), "Spanish Mercantilism: A Hardy Perennial",
Southern Economic Journal, 38, (1), pp. 1-11.

Spate, O.H,K.(1979), "The Spanish Lake, the Pacific since Magellan".
http://press.anu.edu.au/spanish_Lake/mobile_devices/index,html(2016.9.
30).

Tarling, Nicolas(1992), ed. The Cambridge History of Southeast Asia. Vol.
1, *From Early time to c. 1800*, Cambridge: Cambridge University Press.

Takizawa, Osami & Míguez Santa Cruz, Antonio(co-ord.)(2015), *Visiones
de un Mundo Diferente Política, literatura de avisos y arte namban*, Archivo

de la frontera, Libros Colecion Lejano Oriente.

TePaske, John Jay(1983), "New World Silver, Castile, and the Philipines, 1590-1800", In *Precious Metals in the Late Medieval and Early Modern Worlds*, edited by J.F. Richards. Durham, N.C.: Carolina Academic Press.

Tremml-Werner, Birgit(2015), *Spain, China, and Japan in Manila, 1571-1644 Local Comparisons and Global Connections*, Amsterdam University Press, 411 p.

Uscanga, Carlos(2005), "Un portal para dos mundos". *Revista de la Universidad de México*, pp. 95-96.

Wallerstein, Immanuel(1979), *El moderno sistema mundial: la agricultura capitalista y los orígenes de la economía-mundo europea en el siglo XVI*, Madrid: Siglo XXI.

Yuste, Carmen(1987), "Francisco Ignacio de Yraeta y el comercio transpacífico", *Estudios de Historia Novohispana*, 9, pp. 189-217.

_____(2013), "De la libre contratación a las restricciones de la permisión", En Bernabéu Albert, Salvador y Martínez Shaw, Carlos (eds): *Un océano de seda y plata: el universo económico del Galeón de Manila*, Sevilla: Colección universos americanos, CSIC.